Antje Heimsoeth

Mein Kind kann's

Mentaltraining für Schule, Sport und Freizeit

pietsch

Einbandgestaltung: Kerstin Mühl
Titelbild: iStockphoto-Troels Graugaard

Bildnachweis: S.1 Fotolia_1484083_Marzanna Syncerz, 4 Fotolia_40195422_papa, 8 istock 3899723, 13 Fotolia_25520555_akf, 25 Fotolia_11886426_pictonaut, 28 Fotolia_41673343_robhainer, 31 Fotolia_33670828_Fotofreundin, 43 Maslow Fotolia_39274609, 45 Fotolia_36032626_XtravaganT, 46 Fotolia_19538867_Monkey Business, 48 Fotolia_25520948_akf, 50 ©Fotofreundin-Fotolia.com, 52 Fotolia_43245094_kobbecomics.de, 55 Fotolia_8633102_pressmaster, 61 Fotolia_4130518_Anchels, 66 Fotolia_47681922_Yuri Arcurs, 68 Fotolia_7042963_theogott, 69 iStock_000006884789, 70 iStock_000009619042, 73 iStock_000020351273-Jana Blašková, 80 Fotolia_29377102_ contrastwerkstatt, 81 Fotolia_47277325_Yuri Arcurs, 91 Fotolia_39503777_ frenta, 95 Fotolia_33434274_Yuri Arcurs, 98 Fotolia_28717019_Voigt, 110 Kinderyoga_Anja Greiner Adam, 111 Fotolia_21896908Lucky Dragon, 114 Fotolia_3675985_Winner, 115 Fotolia_2418215 Franz Metelec, 121 Fotolia_45415093, 130 Fotolia_45475228_VRD, 137 Fotolia_21902834Werner Dreblow, 138 Fotolia_18086048_BEAUTYofLIFE, 140 Fotolia_21559815_VRD, 142 Fotolia_34783047_S.Kobold, 146, Fotolia_2579196_NSfotogyrl, 146 Fotolia_39320408_Köpenicker, 148 Fotolia_22826896_LEX, 151 iStock_000017968743, 158 iStock_000017968743, 159 Fotolia_15300396_GünterMenzl, 160 iStock_000003357467, 161 Fotolia_15525469

Orhidea Briegel: S. 176
Kerstin Diacont: S. 6, 7, 9, 11, 12, 16, 17, 20, 22, 23, 26, 27, 32, 34, 36, 38, 39, 42, 51, 54, 56, 59, 62, 71, 72, 75, 79, 82, 84, 85, 86, 87, 88, 90, 92, 93, 96, 97, 99, 102, 103, 105, 106, 107, 112, 117, 118, 119, 128, 129, 135, 144, 152, 162, 163, 165, 166, 167, 168
Antje Heimsoeth: S. 14, 47
Elisabeth Sennhenn: S. 141 (Sonne)

ISBN 978-3-613-50716-6

1. Auflage 2013

Sie finden uns im Internet unter www.pietsch-verlag.de

Lektorat: Susanne Fischer
Innengestaltung: Kerstin Diacont
Druck und Bindung: Druck- und Medienzentrum GmbH, 70839 Gerlingen
Printed in Germany

Vorwort

Liebe Eltern, liebe Trainer, liebe Trainerinnen, liebe Leserinnen, liebe Leser!
Jedes Kind ist anders und einzigartig. Jedes Kind bringt eine eigene Persönlichkeit mit. Und jedes Kind kann mentale Stärke entwickeln und sie ausbauen. Zum Glück kann man sagen, dass sich Mentaltraining auch für Kinder und Jugendliche durchsetzt.

Dieses Buch ist entstanden, weil ich immer öfter gefragt werde, welche Übungen helfen, um z.B. Konzentrationsvermögen, Vorstellungskraft, emotionale und mentale Stärke bei Kindern, das Selbstvertrauen, den Glauben an sich und das Selbstbewusstsein zu stärken. Zudem stützen inzwischen zahlreiche wissenschaftliche Studien die Erkenntnisse aus dem Mentaltraining und zeigen, dass mentale Stärke ein wichtiger Baustein ist für langfristigen (schulischen und sportlichen) Erfolg, für Ruhe, Zufriedenheit, persönliches Wohlbefinden und für das Abrufen optimaler Leistung am Tag X.

In »Mein Kind kann's« fließen all meine Erfahrungen aus jahrelangem Mentaltraining und Coaching ein sowie mein Wissen aus Aus- und Weiterbildungen, aus dem Literaturstudium, meiner Dozententätigkeit und dem Austausch mit Kollegen und Fachleuten sowie mit Kindern und Jugendlichen. Die Inhalte stammen aus dem Bereich der Gehirnforschung, dem Neuro-Linguistischen Programmieren (NLP), dem Mentaltraining, dem »Ich schaff's!«-15-Schritte-Programm von Ben Furmann, der Kinesiologie, der Emotionsforschung, dem ZRM®, aus den Klopftechniken (EFT) und wingwave®. Was in »Mein Kind kann's« steht, ist nicht von mir neu erfunden, sondern die Essenz aus bewährtem Wissen, das ich für Sie zusammengetragen habe und das sich in der Praxis sehr bewährt hat. Während das Buch entstand, bekam ich auch immer wieder wertvolle Rückmeldungen von Eltern und Teilnehmern zum Manuskript, die mir sehr weitergeholfen haben.

Bitte benutzen Sie dieses Buch als Übungs- und Arbeitsbuch, schonen Sie es nicht – lesen Sie es in Ruhe durch. Manches werden Sie eventuell mehrmals lesen, falls Mentaltraining noch ganz neu für Sie ist. Sie haben Zeit! Suchen Sie sich die Kapitel heraus, die gerade relevant sind für Ihr Kind (und für Sie). Kopieren Sie sich für Ihren eigenen Gebrauch Seiten mit Übungen, um sie stets griffbereit zu haben und leiten Sie Ihr Kind an, auch für unterwegs Übungen parat zu haben. Üben Sie selbst mit, nutzen Sie das Wissen aus diesem Buch auch für sich selbst. Haben Sie Freude dabei, sie mit Ihrem Kind zusammen auszuprobieren!

»Mein Kind kann's« liefert Ihnen keine Patentrezepte. Denn jeder Mensch ist einzigartig und daher müssen für jedes Kind und jeden Jugendlichen individuelle Lösungen gefunden werden. Ich gebe Ihnen Anregungen und Impulse, dass es einen ganzen Strauß an Möglichkeiten zur Veränderung gibt, die eine gesunde Entwicklung der Kinder in jeder Hinsicht unterstützen. Nicht zuletzt soll das Buch zum Nachdenken anregen – zur Auseinandersetzung mit sich selbst und Ihrem Kind. Mein Anspruch ist es, Körper, Geist, Seele und Herz bei Lesern und Kindern zu erreichen. Der ganzheitliche Ansatz ist mir wichtig.

Beachten Sie bitte, dass die Kindheit ein Reifeprozess ist und dass jedes Kind sein eigenes Tempo hat in seiner Entwicklung und beim Lernen und Umsetzen von neu Erlerntem. Sie, liebe Leser und Leserinnen, können die Kinder liebevoll dabei begleiten, verborgene Potentiale zu heben, ihr Selbstbewusstsein zu entwickeln, ihre Stärken zu stärken, Leistungsbereitschaft in bestimmten Bereichen zu steigern. Sie werden fasziniert sein, wie Mentaltraining der Schlüssel zu all dem sein kann.

Bei der Angabe aller Quellen und Übungen habe ich mich um eine korrekte Angabe und die Wahrung von Urheberrechten bemüht. Sollte dennoch der Urheber oder die Urheber nicht korrekt genannt worden sein, bitte ich dies zu entschuldigen. Ich werde mich in allen weiteren Auflagen um eine korrekte Wiedergabe bemühen.

Die Sammlung der Übungen erhebt keinen Anspruch auf Perfektion und Vollständigkeit. Es gibt deutlich mehr Auswahl.
Eine Adresse für Ihr Feedback finden Sie am Ende des Buches.

Viel Freude beim Lesen und Erfolg beim Umsetzen!

Herzlichst,
Ihre
Antje Heimsoeth

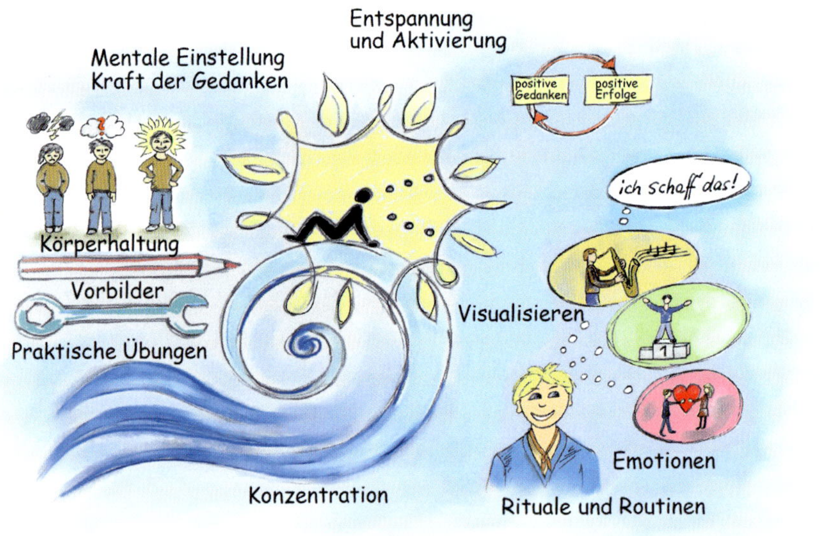

1 Einführung – Grundlagen des Kindermentaltrainings

»Alles, was sich ein Mensch vorstellen kann, kann er auch erreichen.«
Walt Disney

1.1 Was ist Mentales Training?

Definitionen

mental: [lateinisch] die psychischen Vorgänge (Denken und Vorstellen) betreffend.[1]

men-tal: [Adj., o.Steig.] zum Geist gehörend, den Geist betreffend, geistig, (nur) in Gedanken.[2]

Training ['trɛi-; das; englisch]: Im weiteren Sinne jede organisierte Ausbildung, wie z.B. industrielle Anlernverfahren oder berufsqualifizierende Verfahren wie Verkaufstraining, Astronautentraining u.a. Die Psychologie kennt verhaltensändernde Methoden und Lernverfahren, die auch als Training bezeichnet werden, wie mentales Training, Autogenes Training und observatives Training. Im engeren Sinne spricht man vom sportlichen Training, womit allgemein die verschiedenen Maßnahmen zur zielgerichteten Leistungssteigerung und -erhaltung im Sport bezeichnet werden; wird angewendet im Leistungssport, Schulsport, Breiten- und Freizeitsport sowie in der Prävention und Rehabilitation.[3]

Der Begriff Mentaltraining beinhaltet das lateinische Wort »mens«, was soviel bedeutet wie »Geist«, »Verstand«, »Intellekt«. Die Definition von Mentaltraining des Sportwissenschaftlers Prof. Hans Eberspächer (2004, S. 73): »Mentales Training ist das planmäßig wiederholte, systematische, bewusste und kontrollierte Optimieren von Vorstellungen eines Eigenzustandes, seiner Handlung und/oder seines Weges ohne gleichzeitige praktische Ausführung.« Mentaltraining wird auch beschrieben als »… kognitive Strategie, bei der ein Bewegungsablauf gedanklich wiederholt und dadurch optimiert werden soll.« (Janssen 1989, S. 23) Mentales Training ist die gedankliche Vorbereitung, ein Hineingehen in eine Situation im Vorfeld. Für das Gehirn ist es nahezu egal, ob man etwas macht oder es sich nur vorstellt. Vorstellungen können bildhaft, verbal oder kinästhetisch sein.

Mentaltraining bietet erprobte, sanfte und effektive Methoden, mit Emotionen, Ängsten, negativen Gedanken, Selbstzweifeln und Stress umzugehen. Entspannung, Aktivierung, Konzentration, die Arbeit an eigenen Zielen, Motivation, Stärken stärken, Selbstvertrauen, Selbstbewusstsein, Rituale und Routinen sowie das Training der geistigen Vorstellungskraft sind weitere wichtige Themen, die in diesem Buch dargestellt werden. Die praktischen Übungen dazu können sofort in den Alltag integriert werden.

Im Sport führt mentales Training als Ergänzung zum körperlichen Training nachweislich zu besseren Leistungen und das vor allem dann, wenn sie punktgenau erbracht werden müssen – zum Beispiel am Tag X im Wettkampf. Viele Spitzensportler nutzen das Mentaltraining daher schon lange. Ursprünglich kommt die Methode aus der Sportpsychologie, wo man sich den *Carpenter-Effekt* des Vorstellungstrainings im Kopf zunutze macht: Der englische Physiologe William H. Carpenter fand 1873 heraus, dass die gedankliche Vorstellung einer Bewegung zu nachweisbaren muskulären Reaktionen und Bewegungsimpulsen führt. Wer sich also intensiv vorstellt, er kickt einen Ball ins Tor, aktiviert unbewusst die entsprechenden Muskeln. Mentale Vorstellungen wirken sich auch auf viele vegetative Funktionen aus, wie der Schweizer Psychiater Auguste-Henri Forel (1848–1931) herausfand: Denken wir intensiv an unser Lieblingsgericht, läuft uns schon das Wasser im Mund zusammen. Oder wir sind erregt und wütend, wenn wir an die verpasste Torchance unseres Favoriten des letzten Fußball-Länderspiels vor zwei Tagen zurückdenken (»Gesetz der Ideoplasie«). Der deut-

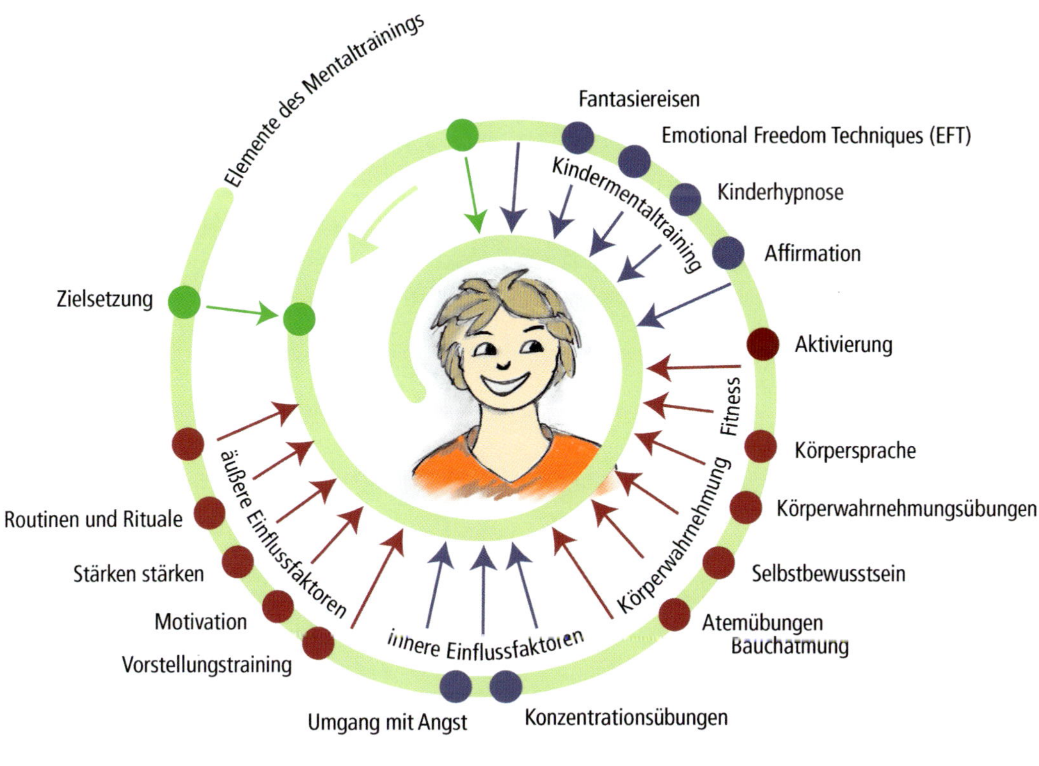

sche Facharzt Johannes Heinrich Schultz (1884–1970) entwickelte aus den Erkenntnissen über die Kraft des Mentalen die heute weitverbreitete Methode des Autogenen Trainings. Jakob Derbolowsky, Facharzt für psychosomatische Medizin und Psychotherapie, begründete mit seinem TrophoTraining® ein alltagstaugliches Entspannungsverfahren. Und die Entspannungstechnik »Relaxation Response« nach Prof. Herbert Benson hilft u.a. bei Angst und Ärger.

1.2 Mentaltraining für Kinder

Mentales Training macht Kinder (und auch Erwachsene) stark für das Leben. Kinder sind neugierig, wollen entdecken, fragen, erleben. Sie lassen sich leicht begeistern. Diese Fähigkeiten können mit kindgerechtem mentalem Training verstärkt werden. So erfahren Kinder, dass sie ein reiches inneres Potential besitzen, das sie in Schule, Sport und Freizeit einsetzen können. Doch immer mehr Kinder haben Sorgen, Angst, Stress und Kummer und wirken manchmal »abwesend«. Kinder und Jugendliche erleben heute schon im Kindergarten, später in der Schule und in der Ausbildung, parallel dazu in der Familie und im sozialen Umfeld Situationen, die inneren Stress und Blockaden verursachen.

Kindermentaltraining ist für alle interessant, die Kinder oder Enkel haben, Kinder betreuen oder mit ihnen arbeiten wie z.B. Lehrer, Pädagogen, Erzieher, Jugendwarte und Trainer. Ich arbeite mit Kindern, die sechs Jahre und älter sind.

Das Wort Mentaltraining deutet es schon an: Es geht ums Üben, Trainieren von mentalen Techniken und zwar regelmäßig, gezielt und systematisch. Kinder brauchen dazu erst einmal fundierte Anleitung durch einen Erwachsenen. Jugendliche können viele Übungen später auch selbstständig durchführen, wenn sie sie verstanden haben.

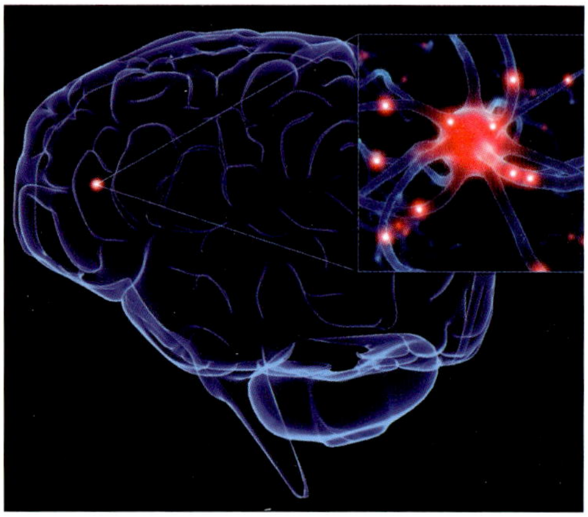

Hebb'sche Gesetze: Häufig genutzte Verknüpfungen werden verstärkt. Selten genutzte Verknüpfungen werden geschwächt oder abgebaut. (Nach Franz Hütter)

Nutzen von Mentaltraining aus Sicht der Gehirnforschung

Durch das Training mentaler Methoden werden im Gehirn neue »Pfade« angelegt – man spricht auch vom »Bahnen« neuer Verknüpfungen. Metaphorisch betrachtet, sind es zunächst Trampelpfade, die sich bei regelmäßiger Anwendung des Erlernten allmählich zu einer Autobahn ausweiten und zum Ziel führen! Konkret wachsen an den Synapsen (Kontaktstellen zwischen einer Nervenzelle und einer anderen Zelle, z.B. Sinnes-, Nerven- oder Muskelzelle) im Gehirn neue Dornfortsätze, und so bauen sich Verknüpfungen zwischen den neuronalen Netzwerken aus. Die Synapsen werden verstärkt – passiert das an vielen Synapsen, Neuronen und Nervennetzwerken, werden aus den neuen »Pfaden« oder Verknüpfungen handlungsleitende Muster (im Gegensatz z.B. zu einem flüchtigen Gedanken). Nervenzellen, die zur gleichen Zeit aktiv sind, bauen ihre Verknüpfungen zueinander aus, während nicht benutzte Synapsen wieder zugrunde gehen. Die Gehirnforschung spricht hier von Neuroplastizität: Das Gehirn ist formbar; sein Wachstum endet nicht mit einem bestimmten Alter.

Sollen neue Verhaltens- oder Denkmuster erlernt werden, stellen anfangs die noch als starke neuronale Netzwerke im Gehirn vorhandenen alten Muster die größte Hürde dar. Das neuronale Netz für ein altes Verhaltensmuster ist unter Stress noch zu stark, um durch ein neues, weniger gut eingespieltes Erregungsmuster ersetzt zu werden, selbst wenn die Person sich gerne verändern würde. Stress und Druck schränken die Leistungsfähigkeit erheblich ein, da wichtige Funktionen des Frontalhirns, wie strategisches Planen und Handeln oder die Fähigkeit zum Perspektivenwechsel, dann nur schwer verfügbar sind. Das Gehirn reagiert mit einem Rückgriff auf bewährte, weniger störanfällige Strukturen.
Unter Stress können Kinder demnach auch schlecht lernen, eine Klassenarbeit schreiben, eine neue Bewegung trainieren oder Hausaufgaben machen.

Je größer die Anzahl der Netzwerke, in die das neue Muster eingebunden wird, desto besser und schneller wird es gebahnt!
Die Konsequenz ist:

- alle Sinneskanäle (sehen, hören, fühlen, riechen, schmecken) aktivieren (lebhafte Vorstellung)
- Aktivierung der motorischen Areale (etwa durch Rollenspiele, Probehandeln)
- Aktivierung von Kognition UND Emotion

(nach Franz Hütter, Workshop Neurobiologie für Trainer & Coaches, 2012).

Dass unser Verhalten größtenteils vom Limbischen System im Gehirn gesteuert wird, das der Verarbeitung von Emotionen dient, erklärt, warum rein kognitives Lernen schnell erfolgt, aber fast keine Verhaltensänderungen bewirkt. **Emotionales Lernen** bewirkt Verhaltensänderungen, da die Hardware in den limbischen »Steuerkreisen« umgebaut wird. Die Bedingungen dafür sind: Zeit, häufige selbstständige Wiederholungen sowie starke Emotionen/ Motivation (vgl. Grawe 2004 und Roth 2001).

Erfolgreich mit mentaler Stärke

Kinder und Jugendliche können mithilfe von mentalem Training wieder zu innerem Gleichgewicht finden, können sich entspannen, (wieder) konzentriert lernen, sich selbstbewusst fühlen und mit ihren Ängsten umgehen. Denn Schwierigkeiten, Probleme und Hürden wird es immer geben im Leben – mentales Training kann uns nicht vor jedem Problem bewahren. Aber es kann Kindern helfen, mentale Stärke und Resilienz zu entwickeln. Das bedeutet, dass man auch aus widrigen Umständen gestärkt hervorgehen kann, widerstandsfähig wird und Probleme als Chance auf Wachstum und Lernen begreift. Voraussetzung: Man lebt stets in dem Bewusstsein, die Dinge selbst in der Hand zu haben, ein gewisses Maß an Kontrolle zu besitzen und kraft der eigenen Ressourcen und Fähigkeiten die Situation meistern zu können. Dies ist im Kapitel »Ressourcen aktivieren« mit dem Begriff Selbstwirksamkeit beschrieben.

»Lernen ist wie Rudern gegen den Strom. Hört man auf, treibt man zurück.« (Laozi)

Kinder brauchen Erfolge, um Selbstbewusstsein aufzubauen und voller Selbstvertrauen heranzuwachsen. Nur wenn Kinder Erfolge erzielen können und sie auch genießen dürfen, haben sie auch die Energie für größere Ziele. Dies gleichermaßen in der Schule, im Sport, beim Erlernen eines Instruments, bei Hobbys. Mein Tipp schon mal vorab: Lassen Sie Ihr Kind ein Erfolgs- und Dankbarkeitstagebuch führen (die Übung finden Sie im Kapitel Selbstbewusstsein).

Starke Kinder brauchen mental starke Erwachsene

Kinder mental stark zu machen heißt, dass man selbst auch eine starke mentale Verfassung braucht, mentale Stärke lebt, Verantwortung trägt. Dieses Buch ist voller Anregungen, wie Erwachsene – nicht nur Eltern – Kindern dies zeigen und vermitteln können, zum Beispiel, indem sie

- das Kind so annehmen, wie es ist. Und ihm dies zeigen.
- mit Kindern im Hier und Jetzt sind, nicht nachtragend in der Vergangenheit. Auch nicht schon weit in der Zukunft mit Forderungen und Erwartungen.
- den Fokus auf die positiven Eigenschaften, Fähigkeiten und Stärken des Kindes legen.
- humorvoll sind und viel mit Kindern lachen.
- Kindern realisierbare, kleine Verantwortlichkeiten übertragen.
- Kinder anhalten, Verantwortung für ihr eigenes Handeln zu übernehmen.
- Kindern helfen, ihre Bedürfnisse zu erkennen und zu verwirklichen.
- Kinder frühzeitig mitentscheiden lassen.
- im Alltag spezielle Kompetenzen und Potentiale ihrer Kinder verstärken.
- sich selbst und dem Kind Zeit für Veränderung und neue Denkweisen geben.

Noch ein paar Worte zum Thema Werte: Viele Eltern und andere Erwachsene meinen, es sei besonders wichtig und charakterbildend, Kindern Werte wie Höflichkeit, Loyalität, Dankbarkeit oder Gerechtigkeit zu vermitteln. Ja – Werte sind wichtige Orientierungshilfen im Leben. Sie lassen sich aber nicht einfach »anerziehen«. Der Dreh- und Angelpunkt dafür ist die frühkindliche Bindung, ob sich ein Kind geliebt und geborgen fühlt, ob es in seiner Familie und seiner sozialen Umgebung Achtsamkeit und gegenseitige Wertschätzung erlebt. Dann kann es die Wertvorstellungen der Eltern an- und übernehmen. Wie Neurobiologen wissen, entsteht etwa das Empfinden für Recht und Unrecht, für Moral und Respekt aus dem Kind selbst heraus. Es erlebt von frühester Kindheit an, welche Werthaltung Eltern, Geschwister, Freunde, Verwandte und Nachbarn einnehmen und speichert diese Erfahrungen als Informationen im Gehirn. Entscheidend ist nun, dass die Gehirnzellen daraus Regeln oder Denkstrukturen ableiten und dafür spielt es eben eine Rolle, was dem Kind vorgelebt wird. Die Chancen, dass die zuständigen Zellen während der Gehirnreifung daraus allgemeine Regeln formen, steigen mit jeder guten Erfahrung. Diese Regeln können sich dann zu einem Wertesystem zusammenfügen und dem Heranwachsenden als Basis für sein Handeln dienen.

Rapport

Rapport ist die Basis eines jeden erfolgreichen Gespräches bzw. jeder Kommunikation. Der Begriff stammt aus dem Neuro-Linguistischen Programmieren (NLP). Ob in einer Coaching-Sitzung, in der Schule, bei einem Elterngespräch oder einer Unterhaltung im Café: Rapport ist eine vertrauensvolle Beziehung zwischen dem Erwachsenen (Lehrer, Trainer, Eltern ...) und dem Kind. Rapport (franz. rapporter = sich beziehen auf; engl. Bedeutung: eine Beziehung in Harmonie, Übereinstimmung, Einklang, Ähnlichkeit) schafft spontanes Vertrauen, d.h. eine Gesprächsatmosphäre, die von Zuversicht, Vertrauen, Verständnis und gegenseitiger Beteiligung gekennzeichnet ist. So befinden sich die Personen auf einer Wellenlänge. Rapport lässt sich herstellen durch

- Aufmerksamkeit,
- aktives Zuhören,
- gute Beobachtung des Gegenübers,
- Offenheit,
- positive Grundeinstellung.

Rapport bauen Sie auf, indem Sie das Kind *pacen*. Darunter ist das »Mitgehen« oder »Einsteigen in die

Grundannahme des NLP: Die Landkarte ist nicht das Gebiet.

Welt des Kindes« gemeint. Pacen können Sie die Körperhaltung Ihres Kindes/Gesprächspartners, kleine Körperbewegungen (Gestik), kleine Bewegungen (z.B. Fußwippen etc.), die Lautstärke der Stimme, Sprechtempo, Schlüsselworte, die benutzten Repräsentationssysteme (Sinneskanäle) in der Sprache, Atemrhythmus usw. Ob Rapport hergestellt ist, können Sie durch leichte Verhaltensänderungen z.B. durch einen Haltungs- oder Tonfallwechsel, Körperhaltungen und Gesten testen. Folgt Ihnen das Kind, sind Sie im Rapport.

1.3 Körperhaltung und seelisches Befinden

Je ähnlicher, umso besser verstanden!

Psyche, Denken und Körper korrespondieren laufend miteinander, sind eine Einheit. Wenn es uns nicht gut geht, können Andere das zum Beispiel an unserer Körperhaltung erkennen. Nach schönen und positiven Erlebnissen lächeln wir, unsere Muskeln sind entspannt, wir gehen aufrecht und schwungvoll. Bei Maja Storch kann man nachlesen, dass umgekehrt die Körperhaltung Einfluss auf die Stimmungslage/Psyche, die Energie und Lebensfreude hat (auch »Embodiment« genannt nach Maja Storch, vgl. Storch et al. 2006).

Kinder können lernen, mit ihrem Körper zu arbeiten, um sich in bestimmten Momenten und Situationen in die richtige Verfassung und Stimmung zu bringen. Denn innere und äußere Haltung bedingen sich

Sich bewusst aufrichten, tief atmen, lächeln und selbstbewussten Schrittes mit erhobenem Kopf losmarschieren.

Innere und äußere Haltung bedingen sich wechselseitig! Ändert sich die innere Einstellung, ändert sich auch die Körperhaltung und umgekehrt.

wechselseitig! Fühlt sich zum Beispiel ein junger Sportler angesichts seines ersten Trainings in der neuen Mannschaft noch unsicher, kann er sich bewusst aufrichten, tief atmen, lächeln (!), mutigen und selbstbewussten Schrittes mit erhobenem Kopf in Richtung Umkleide marschieren. So kehren Selbstvertrauen und Zuversicht zurück, und die Stimmung wird leichter.

Stress in der Kindheit

Während dieses Buch entsteht, veröffentlicht der Deutsche Kinderschutzbund Nordrhein-Westfalen eine Querschnittstudie[4], welche die Situation der Kindergesundheit in elf deutschen Bundesländern mit Daten von rund 5000 Kindern der 2. und 3. Schulklasse abbildet. Befragt wurden 7- bis 9-jährige Grundschüler zu den Themen Gesundheitsbewusstsein, Ernährung, Bewegung, Stress und Entspannung.

Die Studie zeigt unter anderem, dass deutsche Grundschüler heute offenbar mehr denn je unter Stress leiden: »Die Kinderperspektive (…) ergibt teils erwartete, teils überraschende und teils erschreckende Ergebnisse. So können beispielsweise bereits die 7-Jährigen den Begriff Stress mit eigenen Worten eindringlich beschreiben. Das ist für Kinderforscher ein ungeheurer Gewinn, allerdings für Erwachsene, die sich Kindheit immer noch als Hort der Glückseligkeit vorstellen, erschreckend, wenn deutlich wird, dass Stressthemen die Kinderzimmertür bereits so leicht passieren können«, so die Autoren (Beisenkamp et al. 2011/2012, S. 10). Meine Erfahrungen bestätigt die oben genannte Studie, die zeigt, dass ein Viertel der befragten Kinder sich regelmäßig gestresst fühlt: »Vor allem die Schule, also besonders die Überforderung durch z.B. Hausaufgaben, Diktate, Lehrkräfte oder Noten, wird von den Kindern genannt, wenn sie danach gefragt werden, wovon sie sich gestresst fühlen. Am zweithäufigsten wird Ärger und Streit als Stressfaktor angegeben. Außerdem werden Verhaltensweisen von Familienmitgliedern häufig als stressig empfunden. Nach Stress durch Ge- oder Verbote empfinden Kinder zudem durch Hetze und Eile Stress« (Beisenkamp et al., 2011/2012, 136).

Schulstress ist ein Thema, auf das im Rahmen dieses Buches leider nicht explizit eingegangen werden kann. Meines Erachtens aber beginnt der »Stress mit der Schule« schon oft im Vorfeld, etwa, wenn Kinder immer wieder zu hören bekommen, jetzt beginne der »Ernst des Lebens«. Lernen wird in unserer Gesellschaft der Schule zugeordnet und ist bei vielen Erwachsenen aufgrund eigener schlechter Schulerfahrungen negativ belegt. Spielen dagegen ist offenbar etwas, was man im Kindergarten oder in der Freizeit macht. Ich halte es eher mit dem Psychiater und Gehirnforscher Prof. Manfred Spitzer, wonach Lernen etwas ist, das im Alltag bei Kindern ganz selbstverständlich vorkommt und etwas Natürliches ist, wonach Kinder streben (vgl. Spitzer, Herschkowitz 2010): Kinder haben bis zum Schuleintritt bereits eine lange Lernhistorie hinter sich, bei der Lernen, Spiel und Spaß eine Einheit (!) bildeten. Vom Laufen übers Sprechen bis hin zu motorischen Grundfertigkeiten und wichtigen sozialen Kompetenzen haben sie spielerisch und allein übers Beobachten und Nachahmen so viel gelernt, wie ihnen kein Frontalunterricht beibringen können wird. In den ersten Lebensjahren war Vernetzung in dem Sinne, dass Erlerntes und Lebenswirklichkeit unmittelbar zusammenhingen, an der Tagesordnung. In der Schule wird es immer schwieriger, das Gelernte mit den eigenen Erfahrungen zu verbinden: »Wenn der Schüler es nicht schafft, die Inhalte, um die es in der Schule geht, mit seiner ganz individuellen Lebenserfahrung in Verbindung zu bringen, wird er letztlich nichts lernen.« (Spitzer 2006, S. 416).

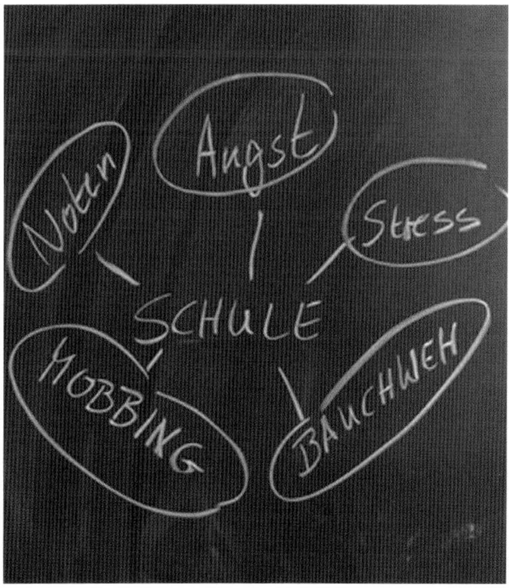

Kinder sind leistungsfähiger und lernbereiter, als Erwachsene oft meinen. Jedoch darf das bei Kindern nicht in negativen (Dauer-)Stress ausarten, ob es sich nun um die Hausaufgaben, den Sport oder um Hobbys handelt. Kinder können auch mal positiven Stress aushalten, der sie motiviert und leistungsstark macht, zum Beispiel beim Fußballturnier. Negativer Stress dagegen hat vor allem mit einem subjektiv empfundenen Kontrollverlust zu tun: »Ein Stressor verursacht Stress, und Stress ist das, was durch einen Stressor verursacht wird. Dieser scheinbare Unfug birgt einen wissenschaftlich nachgewiesenen tieferen Sinn: Stress ist in hohem Maße von der Bewertung des Organismus abhängig« (Spitzer 2006, S.167). Wenn wir meinen, eine Situation nicht (mehr) kraft unserer eigenen Fähigkeiten bewältigen zu können, fühlen wir uns ohnmächtig – und gestresst. So entstehen Schulprobleme, Verhaltensauffälligkeiten, Ängste, innere Blockaden und Schlafstörungen.

1.4 Beispiele, wie Mentaltraining Kindern geholfen hat

Julia, 14, ist eine begabte Reiterin, die an Turnieren teilnimmt und schon viele Pokale gewonnen hat. Nur bei den Meisterschaften will es bis dato nicht so klappen. Ich bekam den Auftrag, Julia als Mentaltrainerin auf die nächste Turniersaison mental vorzubereiten und zu stärken.
So gut Julia auch reitet, ihr Vater ist ihr größter Kritiker. Nach dem Training diskutiert die Familie am Esstisch weiter über die Trainingseinheiten in der Reithalle. Immer wieder gibt der Vater bissige Kommentare zu Julias Ritten ab, die Julia als sehr verletzend und abwertend empfindet. Er findet immer etwas, das er kritisieren kann. Julia ist dadurch tief enttäuscht, sehr traurig, gestresst und verunsichert. Sie kann sich in einem Coaching mit mir auf ein klärendes Gespräch mit dem Vater (und dem Rest der Familie sowie der Reitlehrerin) vorbereiten. Schritt für Schritt geht Julia mehrmals in Gedanken das Gespräch durch: Sie bedankt sich bei ihrem Vater für seine Unterstützung in jeder Hinsicht, beschreibt die Fakten, die Geschehnisse beim Essen (ohne Bewertungen und Beurteilungen), teilt ihr Gefühl mit, was die Kritik durch den Vater in ihr auslöst, beschreibt die zugrundeliegenden Bedürfnisse und Wünsche und bittet ihren Vater, seine Kommentare beim Essen zu unterlassen, da diese sie schwächen und traurig machen. Schließlich fühlt sie sich durch das Ausformulieren des Gesprächs vorab und das mentale Durchspielen des Gesprächs im Kopf sicher und geht gestärkt in das Gespräch mit ihrem Vater. Das Ergebnis: Der Vater unterlässt Kritik und Bewertungen beim Essen. Beide haben eine sehr gute Vater-Tochter-Beziehung, Julia kann in Ruhe an ihren Reitkünsten arbeiten.

Ein 9-jähriger Fußballspieler wird vom Verein zum Vorspielen eingeladen. Das Vorspielen misslingt aufgrund seiner Nervosität. Sein Vater schickt **Frank** zu mir. Er hat einen älteren Bruder, der auch Fußball spielt, aber der schlechtere Kicker ist. Beim Vorspielen waren dieser und der Vater dabei. Frank aber wollte eigentlich nur den Vater dabei haben. »Hast du es deinem Bruder schon gesagt?« – »Nein, dann haut er mich.« Als sein Vater Frank abholte, bat ich ihn mit Franks Einverständnis um ein Gespräch zu dritt. Frank teilte dem Vater selbst mit, dass er zum nächsten Vorspiel mit ihm alleine hinfahren wolle. Wir besprachen darüber hinaus, was genau sein Vater sagen kann, ohne Frank unter Druck zu setzen, und wie er Frank noch konkret unterstützen kann.
In einer weiteren Sitzung, als es eigentlich um den übermäßigen Gebrauch eines Nintendo und einer Spielkonsole ging, platzte es dann aus Frank raus: »Mein Vater liebt mich nur, wenn ich Profifußballer bei FC Barcelona werde!« Als sein Vater Frank abholte, bat ich ihn mit Franks Einverständnis erneut um ein Gespräch zu dritt. Frank wiederholte, was er mir gesagt hatte. Der Vater brach in Tränen aus. Er nahm seinen Sohn in die Arme und sagte ihm mehrmals: »Ich liebe dich unabhängig davon, ob du mal Profifußballer wirst oder nicht.« Franks Vater bekam die »Hausaufgabe« mit, dies seinem Sohn immer wieder zu sagen.

Frank fertigte zu Beginn des Mentalcoaching-Prozesses eine Zielcollage (mehr dazu im Kapitel Ziele & Motivation) an, in der seine Ziele im Fußball visuell verankert wurden.

Ziel eines jungen Fußballers

Wichtig

Mentaltraining ist keine Therapie und kein Therapieersatz. Es ersetzt keinesfalls eine notwendige therapeutische oder medizinische Behandlung. Zur Teilnahme an einem Mentaltraining wird eine normale physische und psychische Belastbarkeit vorausgesetzt. Kinder und Jugendliche, die in psychiatrischer oder therapeutischer Behandlung sind, müssen vor Nutzung von Kinderhypnose oder der Anwendung von Mentaltraining oder Emotional Freedom Techniques® (EFT) nach Gary Craig ihren Arzt oder Therapeuten fragen und eine Unbedenklichkeitsbescheinigung bzw. ein Attest des Arztes oder Psychotherapeuten vorlegen.

Innerhalb des Mentaltrainings werden weder Diagnosen gestellt, noch wird Mentaltraining oder EFT als Behandlung einer Krankheit oder therapeutische Intervention verstanden. Wenn ich im Rahmen des Buchs Ausdrücke/Worte benutze, die einer Erkrankung zugeschrieben werden, geht es in keiner Weise um eine wie auch immer gestaltete Behandlung von Krankheiten.

»Der Gedanke ist alles.
Der Gedanke ist der Anfang von allem.
Und Gedanken lassen sich lenken.
Daher ist das Wichtigste:
Die Arbeit an den Gedanken.«
(Leo Tolstoi)

2 Gedanken

Stellen Sie sich das Unterbewusstsein wie eine Festplatte eines Computers vor. Ihre Gedanken, Worte und Bilder sind dort sozusagen wie ein Programm gespeichert. Das Unterbewusstsein akzeptiert jede Information, die es erhält. Es denkt nicht vernünftig, es reagiert auf das, was ihm eingegeben wird.
Der Verstand ist der Filter. Er entscheidet, was er glaubt und was nicht, je nach bereits einprogrammierten Lebenserfahrungen. Wenn Ihr Verstand etwas für wahr hält – selbst wenn es falsch ist –, wird Ihr Unterbewusstsein es als wahr akzeptieren.

Die gute Nachricht ist: Genau wie beim Computer kann man auch negative, selbstzerstörerische (Lebens-)Programme des Unterbewusstseins löschen und neu schreiben. Wenn wir uns der Arbeitsweise des Gehirns bewusst sind, dann liegt es bei uns, womit wir es als nächstes programmieren. Ihrem Unterbewusstsein ist es gleichgültig, woher diese Programmierung kommt, oder wie es sie erhält. Es wird einfach weiterhin die Informationen akzeptieren, die ihm zugeführt werden, gleichgültig, ob diese richtig oder falsch sind, oder ob sie zu unserem Wohl oder Schaden sind. Wie das geht? Mit Hilfe von Autosuggestion bzw. Affirmationen (positive Selbstgespräche) und mentalen Techniken.

2.1 Was Kinder und Jugendliche denken – typische Denkmuster

Kognitionen und Grundüberzeugungen, die bei Kindern und Jugendlichen häufig vorkommen:

- »Ich bin immer der Verlierer.«
- »Ich gebe es auf ..., ich kann das einfach nicht.«
- »Ich muss der Beste sein.«
- »Das bringt sowieso nichts mehr.«
- »Das war doch keine Leistung, das kann doch jeder.«
- »Die gucken mich so komisch an.«
- »Was denken die anderen von mir?«
- »Ich traue mich nicht ...«
- »Die finden mich sowieso doof.«
- »Und wenn dann keiner mit mir spricht?«
- »Alle anderen vergnügen sich und ich ...?«
- »Ich habe es wieder vermasselt.«

(aus der Liste von Schlarb, 2012. S. 176)
Diese Liste könnte man beliebig fortsetzen.

Diese typischen Denkmuster werden Erwachsenen bekannt vorkommen. Auch Kinder haben schon negative und destruktive Gedanken, die bisweilen noch von außen verstärkt werden – wenn auch oft unbewusst und unbeabsichtigt. Bei all diesen Beispielen hilft nur eines: ein Gedankenstopp und das sofortige Ersetzen von negativen Kognitionen durch positive Gedanken/Affirmationen. Wie diese »Umprogrammierung« der Denkmuster funktioniert, beschreiben die Übungen und Lösungsansätze in diesem Kapitel.

2.2 Wie Denkmuster entstehen – einschränkende Gedanken und Glaubenssätze

Uns gehen zwischen 50.000 und 60.000 Gedanken pro Tag durch den Kopf. Dem Thema Gedanken könnte man ein ganzes Buch widmen. Im Mentaltraining trainieren wir unseren Geist durch bewusstes Lenken der Gedanken. Positive Gedanken ziehen positive Ereignisse an – negative Gedanken ziehen negative Ereignisse an. Ein Kind, das denkt »Oh Gott, eine Mathe-Schulaufgabe – die schaffe ich nie, ich bin einfach nur schlecht in Mathe. Ich kann Mathe nicht und verstehe überhaupt nichts!« fühlt sich immer schlechter. Es kann noch so viel Mathe üben, es wird kaum etwas vom Stoff behalten und am Ende mit schlechtem Gefühl und hängenden Schultern in der Prüfung sitzen und fast nichts zustande bringen. Die schlechte Note ist eines von vielen negativen Erlebnissen im Mathe-Unterricht, gekrönt vom kränkenden Kommentar des Lehrers (»Wieder mal eine Fünf!«) und der Eltern (»Du fällst noch durch, was soll bloß aus dir werden?«). Umgekehrt könnte ein Kind lernen, die negativen Gedanken zu stoppen: »Hey, Moment mal – ich kann doch auch gut Englisch. Ich schwimme in Bestzeit, kann toll Skateboarden. In Mathe kann ich mich sicher auch verbessern. Es gibt sicher eine Lösung, wie ich Mathe besser verstehe.« Wenn die Eltern und der Lehrer es dabei aktiv unterstützen und es unter allen Umständen seine positiven Gedanken in Bezug auf Mathe beibehält, wird es bald eine andere Haltung gegenüber dem Fach einnehmen: »Was ich mir vornehme, schaffe ich auch.«

Es ist wichtig zu verstehen, dass Denkmuster und Glaubenssätze über sich selbst bereits in der frühen Kindheit wurzeln. Sie entstehen nie »von selbst«. Manchmal erinnern wir uns sogar an die Situation, in der sich bei uns ein besonders prägnanter Satz eingebrannt hat. Meist aber geschieht das Programmieren solcher Denkweisen, ohne dass wir es merken. »Unbewusst wiederholen Menschen in ihrer Kindheit entstandene und im späteren Leben immer wieder verfestigte Erlebens- und Verhaltensmuster. Die dabei aktivierten neuronalen Muster verstärken sich durch jede dieser Wiederholungen. Wenn jemand von sich sagt ›so bin ich‹, so bedeutet das aus der Sicht der Hirnforschung nur, dass er oder sie unbewusst die Struktur seines Erlebens und Verhaltens durch den ständigen Wiederaufruf der früher einmal entstandenen, alten Muster stabilisiert« (Hüther in Storch et al. 2006, S. 92).

2.3 Überlegungen für das Kind: Sprich Klartext mit deinem Unterbewusstsein

Das Unterbewusstsein ist schon eine feine Einrichtung: Es hört und macht, was ich ihm sage und berücksichtigt, was ich mir vorstelle. Es fasst alles, was ich ihm sage, als einen direkten Befehl auf.
Um es mal etwas unternehmerischer auszudrücken: das Unterbewusstsein ist wie ein gewissenhafter Angestellter, es braucht und sucht nach Führung. Verweigere ich als »Chef« meinem Unterbewusstsein diese Führung, dann holt sich mein Unterbewusstsein aus externen Quellen die benötigten Direktiven: Eltern, irgendwelche Respektspersonen, Trainer, Lehrer, Medien u.a.

Wenn ich also (noch) nicht der »mentale Führer« für mein Unterbewusstsein bin, dann stellt sich die Frage, wie viele der Gedanken, die ich täglich so vor mich hin denke, tatsächlich von mir stammen.
Es ist so: Entweder ich wähle meine Gedanken selbst oder ich akzeptiere sie von einer auswärtigen Quelle! Wenn ich selbst meinem Unterbewusstsein keine Anweisungen gebe, dann wird es jemand anders tun! Gib daher deinem Unterbewusstsein jeden Tag die notwendigen Instruktionen. Übernimm das Steuer.

Bitte bedenke: Dein »Mitarbeiter« wird manche Anweisungen mit Freuden ausführen, manche nur halbherzig und bei manchen Instruktionen stößt du vielleicht auf Widerstand. Aber du bist der Boss: also wiederhole deine Anweisungen so lange, bis du die gewünschten Ergebnisse bekommst.

Auch bezüglich dieses speziellen »Mitarbeiters« gilt die Kraft der Gewohnheit. Auch im realen Leben haben Chefs, die plötzlich bestehende Gewohnheiten ändern wollen, nicht immer sofort den gewünschten Erfolg.

»Wir sind, was wir denken. Alles, was wir sind, entspringt der Gedankenwelt. Mit unseren Gedanken erschaffen wir die Welt.«
Buddha

2.4 Entscheidend für Sieg oder Niederlage – die Kontrolle des »Inneren Dialogs«

Negative Gedanken lassen sich nicht vermeiden. Sie können nicht ausgeschaltet, unterdrückt oder verdrängt werden, aber der Mensch kann seine passive und negative Einstellung aufgeben und diese mit diszipliniertem Üben durch eine aktive und positive Einstellung ersetzen. Dies erreicht man durch die Umwandlung negativer Gedanken in positive Gedanken, sogenannte Affirmationen (Selbstgespräche), mit denen negative Gedanken, Gefühle, Vorstellungen durch positive ersetzt werden. »In Selbstgesprächen formuliert man Pläne für sein Handeln, gibt sich selbst Anweisungen, ordnet seine Gedanken oder kommentiert das eigene Handeln« (Eberspächer 2007, 21).

Überzeugungen, Meinungen und Glaubenssätze äußern sich in der Regel als Selbstgespräch. Also als innere Stimmen (Gedanken), die dem Verhalten, dem Tun vorangehen, es begleiten bzw. als Folge des Verhaltens auftreten. Unsere Gedanken bestimmen unser Handeln und unser Tun, unser Handeln und unser Tun bestimmen unser Verhalten, und unser Verhalten gestaltet unser Leben und unsere Umwelt. Mentales Training ist erfolgreich, wenn man sich der eigenen geistigen Abläufe und inneren Dialoge bewusst wird. Oft machen wir uns kleiner, als wir sind, reden Erfolge schlecht oder haben Selbstzweifel. Auch Kinder zweifeln oft an sich! Ein positives Selbstbild kann ein Kind nur aufbauen, wenn es positiv über sich zu denken lernt.

Vergegenwärtigen Sie sich einmal gemeinsam mit Ihrem Kind seinen geistig-emotionalen Zustand, wenn es eine sehr gute Leistung gezeigt hat. Formulierungen wie »Ich habe einen Lauf!« oder »Alles läuft wie von selbst!« fallen in diesem Zusammenhang. In solchen Phasen steht das Denken still – der »Innere Dialog« ist sozusagen vorübergehend außer Betrieb.

Jeder weiß, dass man sich selbst wieder aus diesem genialen Zustand erweckt ab dem Moment, wenn man beginnt, wieder nachzudenken. In ausführlichen Studien hat sich gezeigt, dass den dauerhaft erfolgreichen Menschen im Bereich des Inneren Dialoges auszeichnet, dass sein Selbstgespräch konstruktiv, anspornend und handlungsorientiert verläuft.

Bei Misserfolgen berichten Menschen oft, dass ein vorhergehendes negatives Selbstgespräch bereits die Weichen in Richtung des unerwünschten Verlaufes einer Prüfung/eines Wettkampfs vorprogrammiert hat. Negative Selbstgespräche (ent-)nerven uns und machen uns schwach, sie dienen einzig und allein dazu, uns von unseren Zielen abzubringen – in Schule, Sport und Leben. Kurz gesagt, sie fördern eine Abwärtstendenz. Um wieder eine Aufwärtstendenz zu bekommen, müssen wir positive Worte gebrauchen, die unsere Leistungen bestärken.

Übung

Listen Sie mit dem Kind zusammen einige der es einschränkenden (Grund-)Überzeugungen über seine (sportliche und schulische) Leistung auf, von denen es/Sie das Gefühl hat/haben, dass diese die Leistung behindern. Für jeden von uns ist es schwer, unsere Gewohnheiten zu »sehen« – zu sehen, was es ist, das uns vielleicht daran hindert, unsere optimale Leistung zu erlangen.

Ein entscheidender Schlüssel, der zur Erreichung optimaler Leistung beiträgt, ist die Kontrolle des sogenannten »Inneren Dialogs«.

2.5 »Ich spreche mit mir selbst!«

Auf die Frage, mit wem man da eigentlich spricht, wenn man sich wieder einmal als Idiot beschimpft, erhält man meist die Antwort »Ich spreche mit mir selbst«. Daraus lässt sich ja nur schlussfolgern, dass zwei oder mehr Personen in einem wohnen (müssen), nämlich diejenige, die schimpft und meckert, und diejenige, die sich permanent diese unsäglichen Kommentare anzuhören hat. Wenn man sich mit seiner »Inneren Stimme« also zu etwas auffordert, so entspricht dies der Kommunikation zwischen Bewusstsein und Unterbewusstsein. Im Grunde gibt dein Bewusstsein einen Befehl, und dein Unterbewusstsein hat diesen auszuführen.

Der Mensch tut gut daran, die Qualitäten seines Unterbewusstseins anzuerkennen und zu schätzen. So wenig wie wir von Chefs, Ehepartnern, Eltern, Freunden oder Trainern permanent kritisiert und angeherrscht werden wollen, genauso wenig möchte dies unser Unterbewusstsein. Ergo: Wir sind gut beraten, mit unserem Unterbewusstsein ein vertrauensvolles Verhältnis zu entwickeln. Tun wir dies nicht, so ärgert es uns mit leichten Fehlern, Unkonzentriertheit sowie Gefühlen der Resignation und des Frusts. Bilden wir dagegen mit unserem Unterbewusstsein ein »Inneres Dreamteam« – dann sind Höchstleistungen möglich. Den optimalen Leistungszustand werden wir nur erreichen, wenn wir unsere Gedanken ganz auf den Moment fokussieren – auf die momentane Handlung. Meistens aber sind wir gedanklich in der Vergangenheit oder der Zukunft.

Wenn wir genau unter diesem Aspekt die bestehenden Inhalte unseres »Inneren Dialogs« reflektieren, dann werden wir feststellen, dass negative Dialoginhalte in Form von Ungeduld, überzogener Selbstkritik, Überheblichkeit etc. die positiven wie Vertrauen, Respekt, Verständnis und Geduld meist bei Weitem überwiegen. Es gilt zu erkennen, dass ohne die Kontrolle des »Inneren Dialogs« keine guten Leistungen möglich sind. Mit Wut, Frust, Ärger, Versagensangst, Problemen oder Resignation – verbalisiert im »Inneren Dialog« – sind noch auf keinem Gebiet Höchstleistungen erzielt worden. Insofern liegt genau hier der Schlüssel zum Erfolg! Mit anderen Worten: Erst die Kontrolle des »Inneren Dialogs« bringt Kinder auf den Weg zu ihrem optimalen Leistungszustand.

2.6 Affirmationen für Kinder

»Das Glück deines Lebens hängt von der Beschaffenheit deiner Gedanken ab.« Kaiser Marcus Aurelius (161–180 n. Chr.)

»Ich schaffe es« – dieser vom bekannten Buchautor Hannes Lindemann geprägte Satz begleitete ihn bei seinen Atlantiküberquerungen mit einem Serienfaltboot. Er erkannte den Zusammenhang zwischen inneren Gedanken und der Leistungsfähigkeit seines Körpers und war der Meinung, dass misslungene Handlungen (z.B. eine Aufgabe bei seinen Überquerungen) ihren Ursprung in negativen Selbstgesprächen hätten. Lindemann hat es folgendermaßen formuliert: »Ein Schiffbrüchiger gibt zuerst seelisch auf, dann erst folgen die Muskeln, und als letztes überlebt das Rettungsboot!« (Zerlauth 2000, S. 224).

Das Wort Affirmation beinhaltet das lateinische Verb »firmare«, was soviel bedeutet wie »festigen, verankern«. Unter einer »Affirmation« versteht man einen selbstkräftigenden, autosuggestiven Satz, der einen erwünschten Zustand zum Ausdruck bringt, der jedoch zu diesem Zeitpunkt noch nicht verwirklicht ist. Eine Affirmation (Bekräftigung, Bejahung) ist eine Behauptung, die, wenn man sie oft genug laut oder innerlich in der gleichen Art wiederholt, Gedanken und Überzeugungen verändert. Affirmationen haben eine große Wirkung.

Beispiele für Affirmationen

Beispiel 1

Paul mag es rasant und ist ein echtes Ass im Slalom-Fahren. Doch er muss vor der neuen Skisaison seine Ausdauer trainieren. Das macht ihm wenig Spaß. Innerlich denkt er ständig: »Wie langweilig, ich habe keine Lust dazu!« Er schafft es, sich mit seiner Affirmation »Ich gebe in jedem Training mein Bestes!« zu motivieren.

Beispiel 2

Vor jeder Prüfung denkt Lisa voller Bange: »Ich schaffe das nicht!« Ihr hilft die Affirmation: »Ich bin ruhig, entspannt und voll konzentriert.«

Hilfreiche Affirmationen können z.B. sein:

- Ich bin glücklich.
- Ich bin konzentriert.
- Ich bin schlau.
- Ich bin liebenswert.
- Ich bin entspannt und ruhig.
- Ich bin stark.
- Ich bin wertvoll.
- Meine Meinung zählt.
- Ich vertraue mir selbst.
- Ich bin respektvoll.

Affirmationen sind kurze, positive, bejahend und einfach formulierte Sätze mit maximal zehn Wörtern, leicht auszusprechen und leicht zu wiederholen. In der Gegenwart formuliert. Diese Sätze können rhythmisch, ggf. lustig oder originell formuliert werden. Affirmationen beginnen mit einem »Ich bin … «. Gut eignen sich auch Metaphern wie »Ich bin ein Fels in der Brandung.« oder »Ich bin stark und selbstbewusst wie ein Löwe.«

Affirmationen müssen für das Kind stimmig und wahr sein, es muss an den Satz glauben können. Wiederholtes, häufiges Sprechen, Aufschreiben (in Farbe und/oder Großbuchstaben), Aufhängen der Affirmationen am PC, am Badezimmerspiegel oder am Kühlschrank und das Lesen der eigenen Affirmationen (Autosuggestionen) lässt Affirmationen zum Ohrwurm werden.

Die unterstützenden Sätze werden bewusst und regelmäßig in schwierigen Situationen, beim täglichen Zähneputzen, nach dem Aufstehen oder vor dem Schlafengehen (ruhig als Einschlafhilfe) laut ausgesprochen und so eingeübt und integriert. Durch diese ständige Wiederholung üben Affirmationen dann eine autosuggestive Wirkung auf das Kind aus.

Zu beachten ist: Positives Denken bedeutet nicht, dass man jetzt alles erreicht, was man sich zum Ziel gesetzt hat. Auch dem positiven Denken sind Grenzen durch die objektiven Leistungsbedingungen des Menschen gesetzt (vgl. Baumann 1993, S. 282).

2.7 Denken und Affirmation

Negative Einstellungen beinhalten häufig auch eine Schutzfunktion. Wenn man den Erfolg nicht erwartet, ist man im Falle der Niederlage auch nicht so enttäuscht. Entwickeln Sie mit Ihrem Kind positive Denkstrategien. Negative Haltungen und positive Gedanken stehen in einem unvereinbaren Gegensatz. Positive Gedanken wirken wie ein Keil, der sich zwischen negative Programme und Ausführungen schiebt. Konsequentes Training positiver Denkinhalte lässt den Keil immer tiefer eindringen, um die Wirkung der negativen Grundhaltung langsam auszuschalten.

Unser Gehirn braucht präzise Anweisungen

Wenn wir unserem Gehirn nicht genaue Anweisungen geben, was es zu tun hat, wird es zwar aktiv und arbeitet, ergänzt die fehlenden Angaben dann »selbständig« und das ist oft die Ursache für »unerklärliche« Fehler. Daher ist es wichtig, möglichst aufgabenbezogen, exakt und präzise in den Gedankengängen zu sein.

2.8 Übungen zum Umgang mit (negativen) Gedanken

Wenn Kinder und Jugendliche sich Sorgen machen oder an sich zweifeln, sobald eine wichtige Aufgabe bevorsteht (z.B. Schulaufgabe, Wettbewerb, Turnier), kann sich daraus eine Blockade entwickeln. »Habe ich genug gelernt? Bin ich gut genug vorbereitet? Werde ich die Fragen in der Klassenarbeit verstehen?« Obwohl sie gut gelernt oder geübt haben, können Kinder die Leistung zum Zeitpunkt X nicht abrufen und sich nicht konzentrieren. Vermutlich machen sie sich so noch mehr derartige Sorgen. Die im nebenstehenden Kasten bezeichnete Übung »Sorgentruhe« hilft hier:

Übung

Problembox, Keksdose, Papierkorb, Blockadenkiste

Anleitung: Ängste, Sorgen und Zweifel werden am besten sofort in eine »Problembox« oder Sorgentruhe weggesperrt. Diese Übung kannst du auch einsetzen, wenn du dich auf eine bestimmte Aufgabe am Schreibtisch, z.B. die Hausaufgaben, konzentrieren musst. Schreibe alles, was du tun musst, nachdem du die vor dir liegende Aufgabe erledigt hast, auf ein Stück Papier und stecke dieses in eine leere Keksdose (o.Ä.) – deine Sorgendose, deine Gedankenkiste. Wenn du es dir so bewusst machst, verhinderst du, dass negative Gedanken während des folgenden Spielens nach den Hausaufgaben plötzlich wie ein Blitz bei dir einschlagen.
Einmal pro Woche widmest du dich dann ausschließlich dem Sich-Sorgen-Machen. Wenn die Sorgen in der Keksdose nicht länger angebracht sind, z.B. weil die befürchtete Situation nicht eingetreten ist, kannst

Ängste, Sorgen und Zweifel werden am besten in eine »Problembox« oder Sorgentruhe weggesperrt.

du das Papier genüsslich zusammenknüllen, während du dankbar bist, für diese Sorge keine Energie verschwendet zu haben. Jede berechtigte Sorge beiseite legen. Mit der Lösung der wenigen verbliebenen Sorgen beschäftigst du dich den Rest der Zeit.

Gedankenstopp

Die Technik des Gedankenstopps dient dazu, aufkommende negative, unerwünschte, immer wiederkehrende, grüblerische, einschränkende oder unpräzise formulierte Gedanken, Gefühle und Verhaltensweisen zu stoppen. Die Konzentration wird wiederhergestellt.

Der beginnende Selbstbemitleidungsprozess nach einer vergeigten Klassenarbeit oder einem misslungenen Wettkampf, der die Stimmung weiter nach unten schraubt, nimmt negative Ergebnisse und Bilder bereits vorweg und ruft Gefühle der Schwäche und der Unsicherheit hervor.

Anleitung Gedankenstopp

Sobald negatives Denken und eine selbsterfüllende Prophezeiung aufkommt, hole das Stoppschild oder ein ähnliches Symbol aus deiner Hosentasche, schaue es an und sage »STOPP« (leise, wenn möglich laut). Du kannst das Wort auch mehrmals hintereinander sagen: »STOPP! STOPP! STOPP! STOPP!« Oder du stellst dir das Stoppschild vor deinem geistigen Auge vor. Du kannst zusätzlich noch mit einer Hand auf deinen Schenkel klopfen. Was besser zu dir passt. Atme dabei ruhig ein und aus. Wenn es dich unterstützt, kannst du dir beim Ein- und Ausatmen vorstellen, wie sich dieser Gedanke in Luft auflöst. Negative Denkgewohnheiten, die sich von Gehirnzelle zu Gehirnzelle fressen, müssen unterbrochen werden, bevor sie sich auf dein Gesamtbefinden und Stimmung erstrecken.

Nach dem STOPP-Signal richtest du deinen Blick wieder auf die anstehende Aufgabe, suchst nach einer Lösung für deine Aufgabe bzw. konzentrierst dich auf die Aufgabe. Dies unterstützt du mit einem positiv und präzise formulierten, unterstützenden Gedanken, z.B. Erinnerung an etwas Angenehmes oder alternativen Verhaltensprogrammen, damit du nicht wieder in das alte Muster verfällst! Es kann sein, dass es dir anfangs »komisch« vorkommt oder es dir seltsam erscheint, sich immer die gleichen Sätze vorzusprechen – aber genau das ist die Sprache, auf die dein Gehirn reagiert. Auf diese Art programmierst du dich auf Erfolg.

Lasse dieses Stopp-Verfahren zur Gewohnheit werden. Das dauert erfahrungsgemäß eine Weile. Setze Affirmationen und den Gedankenstopp in stressfreien Situationen ein, damit du diese dann auch an Tagen, wenn es dir wirklich schlecht geht, wirkungsvoll einsetzen kannst. Am besten fragst du ab jetzt für die nächsten ca. sechs Wochen jedes Mal nach einer Klassenarbeit, nach dem Training und nach Turnieren: »Habe ich unerwünschte Gedanken sofort gestoppt?«. Wenn du dich unter Stress befindest, neigst du dazu, gewohnte Verhaltensweisen oder Stereotypen durchzuführen, ob diese nun der Situation angemessen sind oder nicht. Das heißt: Verhaltensweisen, die kaum trainiert sind, sind in kritischen Mustern nicht abrufbar.

Die im Folgenden beschriebene Technik des Gedankenstopps ist ein Auszug aus: »Praxisbuch KVT mit Kindern und Jugendlichen. Störungsspezifische Strategien und Leitfäden« (Schlarb (Hrsg.), 2012, Seite 162).

Beispiel zur Einführung und Anleitung der Gedankenstopp-Technik

Im Kasten unten finden Sie einen Musterdialog. T = Trainer, Erwachsener, P = Jugendlicher, Kind

T/P	Dialog	Kommentar
T	Manchmal ist es so, dass die negativen Gedanken ganz mächtig sind, sich immer wieder aufdrängen, im Kopf festkleben, uns an das binden, wovor wir uns fürchten, und gar nicht mehr aufhören wollen. Das kann zum Beispiel dann passieren, wenn du am nächsten Tag eine Prüfung oder Klassenarbeit hast und abends im Bett liegst und dir ausmalst, was am nächsten Tag alles schiefgehen könnte. Du liegst hellwach im Bett und grübelst und machst die negativen Gedanken dadurch immer mächtiger, bis du den Eindruck hast, nur noch dieser negative Gedanke zu sein. Kennst du das?	T fasst die vom Jugendlichen vorher dargestellte Problemsituation sowie seine Reaktionen auf der kognitiven, emotionalen als auch physiologischen Ebene zusammen.
P	Ja, genau, ich kann dann nicht einschlafen.	
T	Aber es gibt eine wirksame »Waffe« gegen diese mächtigen negativen Gedanken. Diese »Waffe« nennen wir »Gedankenstopp«. Durch Übung kannst du lernen, mit dieser »Waffe« richtig umzugehen! Und zwar so: Negative Gedanken kannst du sofort, im Moment ihres Auftauchens anhalten, indem du erst laut und später leise »Stopp!« sagst/denkst und dadurch den Strom negativer Gedanken unterbrichst. Günstig ist es, sich dabei gleichzeitig im Kopf ein Bild von einem riesigen, leuchtenden, knallroten Stoppschild vorzustellen, das dir signalisiert, dass du so nicht mehr weiterdenken möchtest. Verstärken kannst du dieses »Stoppen« dadurch, dass du in dem Moment, wenn du dir »Stopp« sagst, gleichzeitig eine Faust fest zusammenballst oder dich kurz kneifst. Das wollen wir jetzt gemeinsam üben!	T erläutert Strategie des Gedankenstopps.
P	Au ja.	
T	Mach' es dir auf deinem Stuhl bequem und schließe für einen Moment deine Augen ... Stelle dir nun in Gedanken ein Stoppschild vor ... Möglicherweise erscheint dir sogleich ein Bild, denn du hast sicherlich schon viele Stoppschilder in deinem Leben gesehen ... Wenn du möchtest, kannst du dir aber auch dein ganz eigenes Stoppschild vorstellen, das vielleicht ganz anders aussehen kann ... Lass dir einfach Zeit und schau, was für ein Bild in dir auftaucht ... Versuche dein Stoppschild genau zu betrachten ... Welche Farbe hat es? ... Wie groß ist es ... und welche Form hat es? ... Lass dir Zeit ... und wenn du dir dein eigenes Stoppschild ganz genau betrachtet hast, dann öffne deine Augen wieder.	Zur Entwicklung des »inneren« persönlichen Stoppschildes bietet sich eine kleine Imaginationsübung mit anschließender kreativer Umsetzung an.

»Im Anschluss kann das imaginierte Stoppschild gemalt werden. Es ist erstaunlich, welch kreative Stoppschilder entstehen. Auch sehr kleine und unscheinbare Stoppschilder werden von manch einem ängstlichen und unsicheren Jugendlichen auf das Papier gebracht. Hiermit kann gut weitergearbeitet werden, indem man nachfragt, ob dieses Stoppschild wohl in der Lage ist, die unangenehmen starken Gedanken zu stoppen. Es kann dazu ermuntert werden, das Schild auffallender, größer und knalliger zu gestalten. Das entwickelte Bild kann beispielsweise vom Jugendlichen zu Hause aufgehängt werden und so an die eingeübte Strategie erinnern« (ebenda).

3 Zielsetzung und Motivation

3.1 Ziele erarbeiten

Kinder brauchen auch Ziele

Beim Thema Zielsetzung geht es darum, dass Kinder ein Gespür für lösungsorientiertes Denken (im Gegensatz zum Defizit-/Problemdenken) bekommen. Positive, effektive Ziele geben Struktur und Orientierung und sind wichtig für das Durchhalten und die (Eigen-)Motivation, da Ziele zum Handeln motivieren. Ein Ziel zu erreichen, weckt in Kindern und Jugendlichen positive Gefühle wie Zufriedenheit, Selbstvertrauen, Mut und die Erfahrung, dass sich Einsatz lohnt. Kinder werden so selbstbewusst und mental stark.

Definitionen

Wunsch: Wünsche sind keine Ziele, denn sie enthalten keine Strategien zu ihrer Umsetzung. Kinder sollten unbedingt wissen, dass es nicht beim Wünschen

Sportmentaltrainingszyklus (nach Amler/Bernatzky/Knörzer)

In meiner Ausbildung zum Sportmentaltrainer und -coach an der Heidelberger Akademie für Gesundheitsbildung habe ich den HIM-Sportmentalzyklus kennengelernt und seither in meine Arbeit als Coach integriert, auch in meiner Begleitung von Kindern. Dieser wurde Amler/Bernatzky/Knörzer am Heidelberger Institut für Mentaltraining in Anlehnung an den von W. Edward Deming (1982) entwickelten »Regelkreis zur kontinuierlichen Qualitätssteigerung «entwickelt, um den Prozess der kontinuierlichen und planmäßigen Leistungssteigerung zu gewährleisten.

Der Sportmentalzyklus umfasst vier Phasen (siehe Grafik unten):

1. *Orientierungsphase*
2. *Stärken stärken*
3. *Mentale Blockaden und Engpässe*
4. *Erfolgskontrolle*

Für jede dieser vier Phasen gibt es ein umfangreiches Repertoire an Interventionen und Übungen.
Ein so aufgebautes mentales Training gewährleistet einen kontinuierlichen Verbesserungs- und Veränderungsprozess.

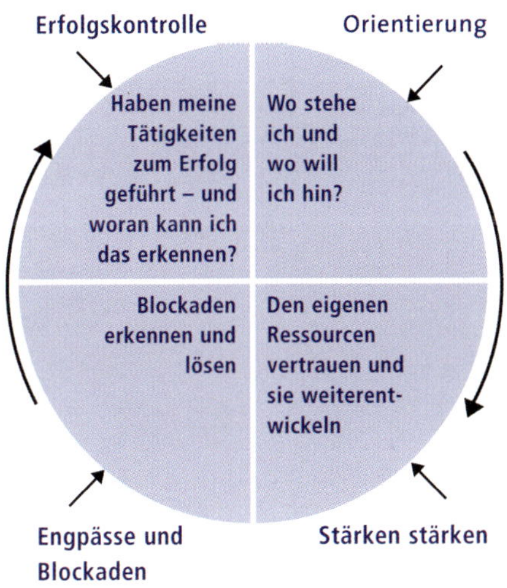

Der HIM-Sportmentaltrainingszyklus aus meiner Ausbildung an der Heidelberger Akademie mit Amler/Bernatzky/Knörzer

(und Hoffen auf Erfüllung) bleiben muss, sondern dass sie selbst aktiv etwas tun können, um ihre Vorhaben und Visionen in die Tat umzusetzen. Nur mit Wünschen klappt das meistens nicht.

Was ist ein Ziel?

»Der Begriff Ziel (griechisch τέλος [telos], lateinisch: finis, englisch: objective, goal) bezeichnet einen in der Zukunft liegenden, gegenüber dem Gegenwärtigen im Allgemeinen veränderten, erstrebenswerten und angestrebten Zustand (Zielvorgabe). Ein Ziel ist somit ein ›definierter und angestrebter Endpunkt eines Prozesses‹, meist einer menschlichen Handlung. (...) Beispiele hierfür sind das Ziel einer Reise, Qualitätsziele, Unternehmensziele oder das Erreichen einer Zeitvorgabe oder Marke bei einem sportlichen Wettkampf«.
(http://de.wikipedia.org/wiki/Ziel)

»Ohne Ziele sind Handlungen undenkbar. Sie steuern den Einsatz der Fähigkeiten und Fertigkeiten von Menschen bei ihren Handlungen und richten ihre Vorstellungen und ihr Wissen auf die angestrebten Handlungsergebnisse hin aus« (Kleinbeck 2006, Seite 255).

Wer kein Ziel hat, kann auch keines erreichen und überlässt Erfolge dem Zufall.

3.2 Zeitliche Dimension von Zielen

Es hat sich bewährt, langfristige Ziele/Fernziele in kleinere Etappenziele bzw. in realistische, überschaubare Zwischenziele zu zerlegen: langfristige (2–3 Jahre) – mittelfristige (bis 1 Jahr) – kurzfristige (2–3 Monate) – Jahres-, Monats-, Wochen- und Tages-Ziele – Zwischenziele.

3.3 Verschiedene Zielarten

Die vollständige Zielarbeit umfasst eine Unterscheidung in

- Ergebnisziele und
- Prozess- oder Handlungsziele.

Ergebnisziele: »Was will ich erreichen?«

Beispiele

- »Ich qualifiziere mich für das Championat X.«
- »Ich gewinne ...«
- »Ich will Meister werden!«
- »Ich will Olympiasieger werden!«
- »Ich verbessere meinen Notenschnitt um eine Note oder besser.«

Ergebnisziele definieren, was erreicht werden soll, ein quantitativ messbares Ziel. Das können Titelgewinne, Platzierung (im Wettkampf), Schulnoten, Punkte, Handicap, die Anzahl gelernter Vokabeln innerhalb eines festgelegten Zeitraums, Pokale oder der Sieg gegen einen Gegner sein. Bei Ergebniszielen lässt sich genau überprüfen, ob diese auch erreicht wurden. Sie geben Orientierung.

Ergebnisziele wie ein Pokalgewinn taugen lediglich als Grundantrieb.

Allerdings liegt ein Verstoß gegen das Zielkriterium »eigenverantwortlich erreichbar« vor (die Zielkriterien werden in diesem Kapitel weiter hinten erklärt). Ob das Ergebnis eintritt, unterliegt nicht allein dem eigenen Einfluss, der eigenen Verantwortlichkeit. Daher taugen Ergebnisziele lediglich als Grundantrieb.

→ Ergebnisziele haben einen Anteil an Fremdeinwirkungen.
→ Ergebnisziele ziehen häufig Fehlschläge nach sich.
→ Es kann sich Frust und Druck aufbauen: »Ich muss das doch schaffen!«
→ Versagensängste können die Folge sein.
→ Ist man besser als das Ziel, steuert das Unterbewusstsein möglicherweise sogar dagegen.
→ Tipp: Für Wettkämpfe konkrete Handlungsziele formulieren.

Handlungs-/Prozessziele: »Wie will ich es erreichen?« »Was werde ich konkret tun?«

Beispiele

- Etwas mit Freude und Spaß tun, z.B.: »Im nächsten Wettkampf führe ich nur positive Selbstgespräche, komme was wolle.«

Aus der Praxis

Der Skirennläufer *(aus Eberspächer 7. Aufl. 2007, S. 94):*
»Ein jahrelang unterhalb seiner Möglichkeiten fahrender Skirennläufer kam eines Tages auf mich zu und meinte, wir sollten zusammen psychologisch trainieren. In langen Gesprächen versuchte ich, diesen Skirennläufer kennenzulernen. Eine meiner Fragen betraf seine Zielsetzung: »Welche Ziele hast du?« – »Ja, ich möchte gewinnen!« antwortete er mir, woraufhin ich feststellte, dass er ja gar nicht gewinne. Er sah sofort ein, dass dies wohl sein Problem war: die Diskrepanz zwischen den tatsächlichen Ergebnissen und den Zielstellungen. In weiteren Gesprächen arbeiteten wir heraus, dass das Gewinnen nur eine Konsequenz des sauberen und schnellen Skilaufens sein kann, dass es also unzweckmäßig ist, sich das Endergebnis eines Laufes als Ziel zu setzen.
Es ist angebracht, sich den nächsten notwendigen Schritt in optimaler Konzentration vorzunehmen, also die nächste Stange (beim Slalom) konzentriert, mit vollem Einsatz und einem stabilen Selbstgespräch anzufahren.
Das nächste Ziel war es somit nicht, irgend etwas zu gewinnen oder eine Stangenkombination optimal zu fahren, sondern es bestand darin, konzentriert und schnell – jeweils als Zwischenziel – von Stange zu Stange und Tor zu Tor zu fahren. Zur Unterstützung wurden die Technikelemente, die der Rennläufer während des Tordurchfahrens an den Stangen durchzuführen hatte, symbolisch markiert, was in diesem Fall hieß: »Druck« – »weg«. »Druck« markierte den Kanteneinsatz und »weg« das Vorbringen des Unterschenkels zum Beschleunigen im Tor.
Die Vorgehensweise, unter voller Konzentration immer bis zum nächsten Zwischenziel zu fahren, um dann das folgende (Tor) anzuvisieren, unterstützte seine technischen Möglichkeiten erfolgreich.

- Verbesserung einer eigenen Technik, Verbesserung der mentalen Stärke, z.B.: »Wir zeigen in allen Spielen ein großes Maß an Laufbereitschaft« (für ein Team).

> ***Handlungsziele** bezeichnen erwünschte Zustände, die als Voraussetzung zur Erreichung der (Ergebnis-)Ziele gelten.*

Handlungsziele »blenden« das Ergebnis aus, sind unabhängig von Wettkämpfen erreichbar und definieren, wie ein angestrebtes Ziel erreicht werden soll. Sie beschreiben den Weg zum Ziel, benennen die Qualität der Handlung bzw. Fertigkeiten, Fähigkeiten oder Strategien in einer konkreten Situation.
Vorteil: Prozessziele können nur durch eigene Anstrengung erreicht werden. Sie sind unabhängig von äußeren Erfolgsfaktoren. Sie können selbst kontrolliert werden.

Bei Prozesszielen werden 3–5 Kriterien erarbeitet, an denen man die Zielerreichung erkennen kann.
Beispiel: »Ich bin voller Energie, mutig und kraftvoll.«

Hinterfragen Sie im nächsten Schritt diese Kriterien: »Wie siehst du aus, wenn du ...? Wie hört sich das an? Wie fühlt sich das an? Wo spürst du die Energie/Ruhe am stärksten?«
Mithilfe einer Skala lässt sich dann einordnen, wie viel Prozent der jeweiligen Zielerreichungskriterien verwirklicht wurden.

Handlungsziele sorgen für das Sein im Hier und Jetzt und die Konzentration auf die Aufgabe.
Erfolgschancen verbessern sich, wenn man in der Phase der Höchstleistung mit allen Sinnen voll und ganz im Hier und Jetzt ist – zum Beispiel bei einem Wettkampf, einer Klassenarbeit.
Vorteil: Sie mindern Zweifel, reduzieren negative Gedanken und Wettkampf-/Prüfungsängste.
Untersuchungen im Sport haben ergeben, dass 66 % der Sportler in der Phase der Höchstleistung im Hier und Jetzt sind. 85 % der Sportler, die schlecht abschnitten, waren nur auf ihr Ergebnis fokussiert.

Nach meiner Ausbildung im Zürcher Ressourcenmodell (ZRM®) ist mir die Formulierung von Handlungszielen wichtiger geworden als die von Ergebniszielen, da Handlungsziele wirkungsvoller sind. Ich kann ein Ergebnisziel verpassen, das Handlungsziel aber erreichen.

Arbeitsblatt: Zielerkennungskriterien (aus Amler/Bernatzky/Knörzer, 2006, S. 26)

Datum:	**Name:**	**Prozessziel:**	
Zielerreichungskriterien	voller Energie	mutig	kraftvoll
Indikatoren			
Wie siehst du aus?	leuchtende Augen	mit breiter Brust	aufrechte Haltung
Wie hört es sich an?	Ein inneres Vibrieren	»Do it!«	»Ich pack es!«
Wie und wo fühlst du es besonders intensiv?	im ganzen Körper	in der Brust	in den Armen und Beinen
Wieviel %			

Annäherungsziele (»hin zu«) formulieren

Ziele, in denen das Thema so formuliert ist, dass der Zustand, der erreicht werden soll, darin enthalten ist, werden Annäherungsziele genannt (»ich gönne mir Ruhe«).
Frage: Was müssen/wollen wir tun (oder was muss/will wer tun), um das Ziel zu erreichen?
Beispiel: »Ich gehe voller Selbstvertrauen in die Klassenarbeit.«

»Bei Annäherungszielen kann man ein klares Ziel vor Augen haben. Bewegungen auf das Ziel hin kann man relativ gut kontrollieren, weil man weiß, wo es hingehen soll. Vermeidungsziele beinhalten dagegen eine Wegbewegung von etwas. Es gibt kein klares Ziel, das man im Auge haben kann, weil das Ziel negativ definiert ist. Festzustellen, dass etwas nicht da ist, erfordert ein ständiges Monitoring. Man kann nie sicher sein, das Ziel erreicht zu haben, man darf mit der Aufmerksamkeit nicht nachlassen. Bei Annäherungszielen ist es viel leichter zu beurteilen, wie weit man noch vom Ziel entfernt ist und wann man es erreicht hat.« (Grawe 2004, S. 236).

Vermeidungsziele – »Weg von«-Ziele

Ziele, die sprachlich den Zustand beschreiben, der vermieden werden soll, heißen Vermeidungsziele.
»Vermeidungsziele führen zu geringer wahrgenommener Kompetenz, die wiederum zu geringem Selbstwert und geringem Gefühl persönlicher Kontrolle führt.« (Elliot & Sheldon 1997).
Beispiel: Ich gehe ohne Angst in die Prüfung.

»Während es bei Annäherungszielen darum geht, die Diskrepanz zu einem positiv bewerteten Ziel zu verringern, geht es bei Vermeidungszielen darum, die Diskrepanz zu einem negativ bewerteten Ziel zu maximieren« (Grawe 2004, S. 278).

Für Kinder sollten Zielformulierungen so gestaltet sein, dass sie zu Annäherungszielen bzw. Handlungszielen werden. Viele Trainer, Lehrer oder Eltern formulieren ihre eigenen Absichten für das Kind als Vermeidungsziele. Für Kinder und Jugendliche sind solche Aussagen wenig hilfreich, da diese Aussagen ihnen nicht aufzeigen, wie sie sich tatsächlich zu verhalten haben, was sie tatsächlich tun sollen. Vermeidungsziele erhöhen die Unsicherheit dann, wenn keine Fortschritte erkennbar sind.

3.4 Ziele richtig formulieren: der POSITIVe Zielrahmen

Ziele werden oft zu allgemein formuliert. Ihren vollen Einfluss auf unsere mentalen Prozesse entfalten Ziele erst dann, wenn sie nach bestimmten Kriterien formuliert und integriert werden.
Der **POSITIVe Zielrahmen** gibt konkrete Zielformulierungskriterien an die Hand. Das Wort POSITIV in seine Buchstaben zerlegt, ergibt die Zielkriterien:

Positiv

Positive Beschreibung des Ziels ohne sprachliche Verneinungen (kein, nicht, nie, etc.):
Verneinungen wirken (wie auch Bejahungen!) wie selbsterfüllende Prophezeiungen. Sprachliche Verneinungen wie »nein, nicht, kein« usw. kann das Gehirn nicht verarbeiten. Sprache erzeugt Bilder in unserem Gehirn, die wir »speichern«. Bilder haben eine Tendenz, einzutreffen und unsere Handlungen zu steuern. Das Gehirn stellt sich die Situation, die vermieden werden soll, bildlich vor: Der Fußballer denkt »Bloß nicht an die Latte« und trifft eine Latte des Tors.

Positive Beschreibung des Ziels ohne Vergleiche: Das Gehirn kann bei Zielen mit Vergleichen wenig anfangen, denn es bleibt offen, worauf es seine Aufmerksamkeit richten soll.
»Ich möchte es besser machen als …« – besser als wer oder was?
»Ich möchte sportlicher werden« – wie viel sportlicher genau?
Positive Beschreibung des Ziels ohne »will«, »kann«, »möchte«.
Wenn Sie ein Ziel mit dem Kind formulieren, dann geben Sie konkrete Hinweise, wer, was genau, wie wann, wie viel, wo und gegebenenfalls mit wem es dieses Ziel erreichen möchte.

Ziele sollten **in der Gegenwart** formuliert sein – so als ob sie **schon erreicht** worden wären!

Ökologisch

Ohne innere und äußere Widerstände und negativ empfundene Konsequenzen. Jede Zielerreichung bringt Veränderung mit sich. Manchmal mag das Ziel attraktiv sein, die Konsequenzen aber womöglich nicht. Ziele bedürfen manchmal eines großen Einsatzes auf Kosten anderer Lebensbereiche. Ziele können auf der Strecke bleiben, wenn sie diese Kosten nicht wirklich wert sind.

Wenn es etwa um sportliche Ziele des Kindes geht, sind diese stets im gesamten Lebenszusammenhang zu sehen. Hier helfen dem Kind folgende Fragen:

- Was bist du bereit, zu investieren? Wie viel Zeit, Training, Turniere, Geld, Anstrengung willst/musst du dafür aufwenden? Welche Dinge willst/musst du zugunsten des sportlichen, schulischen Erfolgs/Engagements hinten anstellen?
- Was ist dir dein Ziel wert? Welche Konsequenzen/Auswirkungen entstehen, wenn du am Ziel bist?
- Sind die negativen Konsequenzen für dich okay? Wenn nicht: Wie können diese Nachteile ausgeglichen werden?
- Wie wird die Umgebung reagieren? Wie wirkt sich das Ziel auf deine Familie, Freunde, Schule … aus?
- Welche Rahmenbedingungen musst du auf dem Weg zum Ziel beachten?

Sensorisch · sinnesspezifisch konkret

Die Schritte der Zielarbeit verlaufen überwiegend auf der mentalen Ebene. Das vollständige Potential ent-

faltet sich dann, wenn die Zielerreichung zusätzlich emotional, körperlich und mental erlebt wird - mit allen fünf Sinnen: Wie sieht es am Ziel aus? Was siehst, hörst, fühlst, eventuell riechst und schmeckst du (siehe auch 3.7 Zielvisualisierung)?

Individuell, realistisch, selbst beeinflussbar

Ein motivierendes Ziel muss realistisch sein und der eigenen Kontrolle und Initiative unterliegen! Kompetenzen des Kindes und die Rahmenbedingungen fließen bei der Zielfindung mit ein. Wünsche sind außerhalb deines Einflussbereiches.

Hier helfen dem Kind folgende Fragen:

Kannst du dein Ziel ohne fremde Hilfe aus dir selbst heraus erreichen? Oder bist du von anderen Faktoren (z.B. Geld, Mobilität, Materialien) oder Menschen abhängig? Was ist dein persönlicher Anteil an diesem Ziel? In wessen Verantwortung liegt die Erreichbarkeit deines Zieles? Was genau kannst du tun? Was liegt im Rahmen deiner Möglichkeiten?

Testbar · überprüfbar · messbar

So wichtig wie die Klarheit der (sportlichen und schulischen) Ziele, so wichtig ist auch deren regelmäßige Überprüfung. Zu vermeiden sind schwammige Zielformulierungen.

Hier helfen dem Kind folgende Fragen:

Woran wirst du merken, dass du auf dein Ziel zugehst oder dich davon entfernst? Woran wirst du eindeutig merken, dass du dein Ziel erreicht hast? Woran werden andere Menschen / deine Umgebung merken, dass du dein Ziel erreicht hast? Bis wann hast du was genau erreicht? Bis wann willst du dein Ziel erreichen (Datum)? Wann darf ich dich nach dem Ergebnis fragen? Was ist dein erster Schritt in Richtung Ziel? Was genau der nächste Schritt?

Interessant · relevant

Ein Ziel kann nur Realität werden, wenn es sich um die eigenen Träume dreht. Es geht nicht darum, anderen zu gefallen. Gleichen Sie die Ziele des Kindes mit seinen Hoffnungen und Träumen ab.

Hier helfen dem Kind folgende Fragen:

Was genau bedeutet dieses Ziel für dich? Hast du dein Ziel so gesteckt, dass du es auf jeden Fall erreichst, oder hängt der Apfel zu hoch am Baum? Musst du vielleicht Zwischenschritte oder Zwischenziele definieren?

Visionär

Ein Ziel folgt einer Vision.

Hier hilft dem Kind die folgende Frage: Wozu willst du dein Ziel erreichen?

Verwenden Sie bei der Zielarbeit mit dem Kind keine Muss-Formulierungen, sonst entsteht womöglich eine Trotzreaktion.

Sie und das Kind sollten die Zielsetzung verbinden mit:

- Worten (laut oder innerlich vorgesprochen)
- Gefühlen (Wunsch, Erinnerung)
- Tönen, Melodien, Rhythmen (von einer CD oder in der Phantasie)
- Gegenständen (Maskottchen usw.)
- Bewegungen (ausgeführt oder gedacht: »Siegerfaust«)
- Gerüchen (real oder in der Vorstellung).

3.5 Auf Etappen zum Ziel: Zwischenziele

Zwischenziele unterteilen den Weg zum großen Ziel in leichter zu bewältigende Etappen. Wer immer wieder einen Meilenstein erreicht, sammelt Erfolgserlebnisse, die das Selbstvertrauen stärken, weiter anspornen und die (innere) Motivation ankurbeln. Zwischenziele dürfen deswegen nicht zu hoch (aber auch nicht zu niedrig) gesteckt sein: Lassen sie sich nicht oder nur schwer erreichen, stellen sich schnell Frust, Demotivation und Unsicherheit hinsichtlich der eigenen Fähigkeiten ein.

Ex-Fußball-»Titan« Oliver Kahn, seinerzeit der weltbeste Torhüter, setzte sich eine »Zielsetzungskette«, die ihn Schritt für Schritt auf dem Weg zu seinem großen Ziel bringen sollte (Kahn 2010, S. 48 ff.): Amateur beim Karlsruher Sportclub KSC – bei einem Bundesligaspiel aufs Feld laufen – die Nummer eins im KSC werden – an einem internationalen Wettbewerb teilnehmen – zum FC Bayern wechseln und Deutscher Meister werden – Torwart der Deutschen Nationalmannschaft – der beste Torhüter der Welt!

Auch Zwischenziele dürfen angemessen gefeiert werden, z.B. mit einer kleinen Belohnung oder, noch besser, mit einem aufrichtigen, bestärkenden Lob der Helfer!

3.6 Motto-Ziele

Der Zieltyp der Mottoziele wurde im Rahmen des Selbstmanagementtrainings nach dem Zürcher Ressourcen Modell (ZRM®) entwickelt. Wir erreichen Ziele vor allem mit der Macht des Unbewussten. Der unbewusst arbeitende Erfahrungsverstand muss also bei der Zielarbeit mit angesprochen werden: mit Motto-Zielen, die eine »metaphorische, poetische Bildsprache« verwenden und die im Körper somatische Marker auslösen.

Bei den somatischen Markern handelt es sich um körperlich wahrnehmbare Gefühle, die wir – meist unbewusst – mit einem Ereignis verbinden und die eine bestimmte Handlung nach sich ziehen. Der Volksmund spricht dann von Intuition oder Bauchgefühl.

Von Motto-Zielen geht eine starke motivationale und emotionsbezogene Kraft aus, die uns beflügelt und die Erfolgschancen für unser Ziel steigert. Im Rahmen des ZRM® werden Motto-Ziele mit Wunschelementen »gebaut«. »Als Wunschelemente werden Begriffe bezeichnet, anhand derer nach erwünschten/benötigten Eigenschaften gesucht wird, die für die erfolgreiche Zielerreichung nützlich sind. Wunschelemente können sein: ›Tier, Pflanze, Auto, Filmfigur, Romanfigur, Märchenfigur, Held, berühmte Persönlichkeit, Musik, Star‹« (Storch/Riedener 2006, S. 223).

Wenn ein Kind für seine Zielsetzung anhand der oben formulierten Wunschelemente-Frage ein bis drei passende Wunschelemente gefunden hat, schreibt es diese auf ein Blatt Papier. Dann geht es darum, dass das Kind unter dem jeweiligen Begriff alle positiven (!) Assoziationen findet, die ihm spontan dazu einfallen. Diese schreibt das Kind auf. Sie werden durch positive Assoziationen von zwei oder drei weiteren Personen schriftlich ergänzt.

Aus dieser Sammlung wählt das Kind diejenigen Assoziationen aus, die es am stärksten emotional ansprechen. Diese Assoziationen werden zusammen mit den Wunschelementen auf ein neues Blatt Papier übertragen.

Schließlich formuliert das Kind aus diesen für ihn emotional positiv besetzten Begriffen ein Motto für sein angestrebtes Ziel, das seine innere Verfassung, Haltung oder Qualität ausdrückt, mit der es sein Ziel erreichen möchte. Die folgende Frage kann helfen: »Unter welchem Motto könnte/sollte dein Ziel-

Ziel nach dem positiven Zielrahmen	**Motto-Ziel**
»In der nächsten Fußballsaison bin ich der beste Stürmer im Verein und spiele in der ersten Mannschaft.«	»Flink, wendig und schnell bewege ich mich auf dem Feld.«
»Bis zum Jahreszeugnis verbessere ich meine Mathenote um mindestens eine Note.«	»Bärenkraft bringt mich beharrlich zum Ziel.«

Umsetzungsbeispiel

(aus Knörzer et al. 2011, S. 55)
Ein Schüler hat sich (...) folgendes Ziel erarbeitet: »Ich möchte bei meiner Präsentation kommenden Mittwoch vor der Klasse überzeugend auftreten.« Die entsprechende Frage, um passende Wunschelemente zu seinem Ziel zu finden, lautet: »Welches Tier, welches Auto ... verfügt über Eigenschaften, die dir bei deinem Ziel, bei deiner Präsentation vor der Klasse überzeugend aufzutreten, nützlich sein könnten?«
Spontan fallen ihm hierzu ein Puma und ein Porsche ein, ohne dass er jetzt genau sagen könnte, was der Porsche mit seinem Ziel zu tun hat – aber die Bilder kamen schnell auf die Frage und fühlen sich für ihn auch stimmig an.

streben stehen?« Zur Konkretisierung kann man jüngeren Teilnehmern mehrere Beispiele für Motto-Sätze präsentieren (Knörzer et al. 2011, S. 55).

Beispiele für Motto-Ziel-Sätze
(aus Knörzer et al. 2011, S. 56):
»Ich leuchte wie ein roter Rubin!«
(Konzentration während der Klassenarbeit)
»Steter Wissenstropfen füllt den Kopf!«
(für Ausdauer und Beharrlichkeit während der Prüfungsvorbereitung)
»Ich bin in der Prüfung wie ein ruhiger, klarer Bergsee.«
Aus Zertifizierungs-Lehrgang:
»Mein Fuß spielt mit Gas und Bremse, so komme ich siegreich ins Ziel.«

3.7 Ziele erreichen

Zielvisualisierung: Kopfkino

Was der menschliche Geist sich vorstellen kann und woran er glauben kann, das kann er auch erreichen. Das ist einer der wichtigsten und bedeutendsten Sätze, die ich kenne. Ich habe erlebt, dass die Dinge wahr geworden sind, die ich mir visualisiert hatte, und zwar genau so, wie ich es mir gewünscht hatte. Daher ist mir die Zielvisualisierung eine sehr wichtige mentale Übung. Jetzt ist das Kind gefordert, sich das Ziel bzw. Happy End mit möglichst allen Sinnen (sehen, hören, fühlen, riechen, schmecken) im Kopf, in der Fantasie vorzustellen. Das innere Drehbuch des Ziels wird mit allen Einzelheiten mental durchgespielt. Wichtig ist, dass sich das Kind das Ziel so vorstellt, als hätte es diesen Zustand bereits erreicht. Und das ohne Zweifel oder negative Vorstellungen. Kinder machen so etwas unbewusst, wenn sie sich vorstellen, was für tolle Geschenke sie zu Weihnachten bekommen und wie sie damit spielen werden.
Ziel der Übung ist die positive Ausrichtung auf die Zukunft und Ziele.

Tipp: Mehr zum Thema Visualisierung finden Sie im gleichnamigen Kapitel 9.

Anleitung
Hinführung
»Du kannst es dir jetzt auf deine ganz persönliche Art bequem machen, die Augen schließen und sanft hinabtreiben an einen Ort, wo du alles loslässt, um zu ruhen und dich zu entspannen. Und du kannst dir erlauben, die Gedanken kommen und gehen zu lassen.
Und dich ganz der Unterlage/Stuhl anvertrauen. Du kannst dir erlauben, weiter loszulassen und dich ganz gelöst und entspannt auszuruhen, während du (mit den Klängen der Musik) tiefer und tiefer in die Unterlage sinkst und entspannst.

Versuche, mit jedem Ausatmen deinen Atem etwas länger und tiefer werden zu lassen. Du kannst beginnen wahrzunehmen, wie sich mit jedem Ausatmen alle Spannungen lösen … in deinen Beinen, Schultern, deinem Bauch, Gesicht und in deinem Rücken.
Und du nimmst vielleicht auch die Geräusche von außen wahr, die dich immer tiefer und tiefer in diesen wunderschönen Zustand der Ruhe und Entspannung hineinführen. Du hast vielleicht schon begonnen, diesen Zustand der Ruhe und des Friedens zu genießen.
Ich zähle dann von 1 bis 10, und du kannst dir erlauben, dich mit jeder Stufe tiefer zu entspannen und gleichzeitig aufmerksam und wach zu sein. Und so wie du dich zuerst Zahl für Zahl tiefer entspannst, kommst du nachher Zahl für Zahl wieder hierher zurück. Ich zähle jetzt 1 und du entspannst dich nach 2 und gehst weiter nach 3 und nach 4, du entspannst dich weiter nach 5, 6 und 7, und du entspannst dich weiter nach 8, 9 und 10.«

Zielvisualisierung
Spüre, wie es sich anfühlt, dein Ziel erreicht zu haben. Spürst du, wie toll sich das anfühlt? Ein Gefühl der Stärke und Zuversicht. Was hast du an? Wie siehst du aus? Stehst, sitzt oder liegst du? Was denkst du? Wie gehst du mit dir um? Was sagst du? Wie hört sich deine Stimme an? Wie wird der Erfolg für dich sein? Spüre deine Gesten. Welche Belohnung wartet auf dich? Wer lobt dich? Wie reagieren die anderen? Schließe die Augen und erlebe möglichst intensiv, wie es sein wird, am Ziel zu sein! Aktiviere so auch deine Emotionen.

Rückführung/Ausleitung
»Ich werden nun bis 10 zählen …
Bei 10 wirst du wieder vollkommen wach sein …
Du wirst dich erholt und entspannt fühlen … ganz fit und erholt …
1 … 2 … 3 … 4 … 5 … 6 … 7 Deine Atmung beschleunigt sich wieder auf für dich normale Wachwerte …
8 Du merkst wie du immer mehr zurückkommst ...
9… 10 … Wach auf … Und mit den gewonnenen Informationen kommst du zurück ins Hier und Jetzt.«

Geben Sie dem Kind die Möglichkeit, nach der Zielvisualisierung mit Ihnen über das Erlebte zu reden.

Das Kind kann das Erleben seiner Zielerreichung so oft wiederholen, wie es möchte. Mit jeder Wiederholung (z.B. täglich im Bett nach dem Aufwachen, abends vorm Schlafen, im Auto …) verstärkt es seine innere Motivation. Das Vorwegerleben der Zielerreichung weckt Begeisterung und aktiviert Energien. Ziele, die in der Vorstellung bereits mehrfach erfolgreich erlebt wurden, stärken das Selbstvertrauen. Sie wirken im Sinne von sich selbst erfüllenden Prophezeiungen positiv in der Gegenwart.
Zeitaufwand: Lieber zehn Minuten täglich visualisieren statt einmal zwanghaft eine Stunde! Bei jüngeren Kindern im Grundschulalter reicht es, die Übung spielerisch in den Alltag zu integrieren. Jugendliche können selbstständig visualisieren. Hauptsache, sie fühlen sich wohl dabei.

Ein Helfer-Netzwerk aufbauen

Selbst Erwachsenen fällt es bisweilen schwer, Ziele ganz auf sich allein gestellt zu erreichen – Kinder und Jugendliche brauchen, je nach dem gesetzten Ziel, liebevolle Unterstützung. Schon die Aussicht darauf, Aufgaben nicht allein bewältigen zu müssen, macht zuversichtlich. Forschungen zeigen, dass dichte

Unterstützernetzwerke sogar dann für beste Perspektiven sorgen, wenn die äußeren Umstände eher ungünstig sind (vgl. Bauer/Hegemann 2008, S.77). Gut ist es, Kinder selbst ihre Helfer und Helferinnen auswählen zu lassen und als Erwachsener lediglich Anregungen zu geben, wo diese zu finden sein könnten.

Je mehr Helfer es gibt, desto leichter ist es, erfolgreich zu sein. Dies können Familienmitglieder sein, Oma, Opa, Geschwister, Cousins, Cousinen, Stiefeltern und Tanten, Onkel, Klassenkameraden, Klassenkameradinnen, Therapeuten, Ärzte, Freunde oder Kinder, die man vom Sport oder über Bekannte her kennt, die eigene Peergroup (Gleichaltrige, mit denen man oft zusammen ist, z. B. im Jugendzentrum, in der Schule), nahestehende Erwachsene, Lehrer, Jugendleiter, Trainer, Sponsoren, der Student aus der Nachhilfe, die Mutter einer Freundin, ja, auch Verstorbene können in den Kreis der Helfer aufgenommen werden. Auch Haustiere wie Hund und Katze oder das Reitpferd können wertvolle Helfer sein. Helfer sind nicht nur danach auszusuchen, ob sie einem sympathisch sind – vielmehr stehen sie für verschiedene Aufgaben und Stadien, die auf dem Weg zum Ziel auftauchen: Der Jugendleiter aus dem Nachmittagstreff kann nach Rückschlägen wieder aufbauen. Die Oma kann gut Trost spenden, und mit der besten Freundin lassen sich Erfolge richtig gut feiern – zum Beispiel, wenn ein Zwischenziel erreicht wurde.

Mama und Papa sind selbstverständlich auch wichtig – selbst wenn das Kind sie nicht explizit als Helfer auswählt. Sie sind vor allem dafür verantwortlich, zu Hause für eine unterstützende Atmosphäre zu sorgen, z.B. durch aktives Zuhören, viel gemeinsame Zeit, Interesse für die Ziele des Kindes.

Das Helfer-Netzwerk.

Imaginäre Helfer aus der Welt von Film, Fantasie oder Comic.

> ***Tipp für Helfer:***
> *Ermutigungen und Wünsche (keine Ratschläge) an das Kind in einem Brief, Heft oder in einer Art Tagebuch festhalten. Oder ihm eine Postkarte schicken.*

Imaginäre innere Helfer als Unterstützer

Jugendliche sind sehr empfänglich für Helfer aus der Welt der Stars und Sternchen. Imaginäre innere Helfer können z.B. sein: ein Sänger, Schauspieler, Filmheld, Krafttiere, eine Comicfigur, Helden aus Fantasyromanen und Computerspielen oder eine völlig frei erfundene Fantasiegestalt. Innere Helfer bekommen einen Namen. Auch dem inneren Helfer werden speziellen Aufgaben zugewiesen bzw. sie werden gebeten, immer dann zu unterstützen, wenn das Kind sie braucht.

Ziele aufschreiben und Ziel-Vertrag

Es reicht nicht, Ziele im Kopf zu formulieren. Ich lasse Ziele immer aufschreiben. Und: Das Kind oder der Jugendliche schließt einen persönlichen Zielvertrag mit sich selbst ab, und das schriftlich. Das geschriebene Wort besitzt eine fast magische Kraft.

Beispiel: Persönlicher Vertrag von Maja

Ich, Maja, verpflichte mich und verspreche mit meiner Unterschrift, dass ich in einem Zeitraum von 12 Monaten, beginnend mit dem 20.01.2013 mindestens 2 Mal in der Woche gegen Taschengeld babysitte.

Mein Ziel: Kauf eines Laptops
Aufwand (Std. pro Woche): 4–6 Stunden

Wann und wo (Tage, Art und Ort des Trainings): Mi und Fr bei Meiers nebenan
Ich bin hundertprozentig entschlossen, mein Ziel zu erreichen. Der Vertrag, den ich mit mir selbst abschließe, ist verbindlich.

(Ort, Datum, Unterschrift)

Rosenheim, 18.02.2013, Maja Müller

Unterschrift Zeuge: Oma Grete

Es unterschreibt den Vertrag und verpflichtet sich damit, auf das Ziel hinzuarbeiten. Ein »Zeuge«, z.B. der Trainer oder ein Freund, unterschreibt den Vertrag zusätzlich. Als »Zeugen« sollte man nur wohl gesonnene Vertrauenspersonen auswählen.

Bei Nichterreichen des Ziels muss das Kind sich vor sich selbst und ggf. dem Zeugen rechtfertigen. Wenn es auf dem Weg zum Ziel vorankommt, erhält es wohlverdientes Lob, das weitere Kräfte und Energie freisetzt. Erfahrungswerte zeigen, dass sich Kinder und Jugendliche so um eine termingerechte und konsequente Erledigung der Aufgaben bemühen und Konsequenz, Ausdauer und Bereitschaft zeigen. Denn man will sich von seinem Freund nichts vorhalten lassen müssen und sich nicht zum Gespött machen.

Das schriftlich fixierte Ziel wird gut sichtbar überall dort aufgehängt, wo das Kind sich öfters aufhält, z.B. am Badezimmerspiegel, am Schreibtisch, über dem Bett, im Schrank in der Umkleidekabine, auf dem Nachttisch, an der Haustür oder am Kühlschrank. So verlieren Kinder ihr Ziel nicht aus den Augen.

3.8 Ziele überprüfen

Es gibt verschiedene Methoden, um Ziele zu überprüfen, z.B. die Tagebuchanalyse. Das muss kein klassisches Tagebuch sein, sondern kann eher die Form eines allgemeinen Erfolgs- oder eines speziellen Sportleistungs-, Mentaltrainings- und Turniertagebuchs annehmen. Kinder können das z.B. zusammen mit den Eltern machen.

Inhalte des Tagebuchs/Ordners:

- Gefühle und Gedanken
- Selbstgespräche vor und im Turnier, im Training
- Ziele
- Wie vor Wettkampf geschlafen?
- Protokolle, Zeiten
- u.v.m.

3.9 Ziel-Übungen

Zielcollage

Eine Zielcollage ist eine Collage aus Bildern und Worten, die Ziele ausdrückt. Ziel-Collagen helfen, an Zielen dran zu bleiben und sich immer mal wieder fast nebenher ans Ziel zu erinnern. Das Kind bastelt eine Zielcollage (Visionboard) von seinem Ziel. Diese wird gut sichtbar für das Kind in seinem Zimmer, im Flur, im Keller, im Esszimmer oder an einem anderen Ort aufgehängt, wo es die Zielcollage möglichst oft betrachten kann.

Anleitung Zielcollage

1. Vergegenwärtige dir dein Ziel, betrachte den Zielsatz, den du dir aufgeschrieben hast.
2. Suche Bilder, die zu deinem Ziel passen. Entweder suchst du gezielt nach passenden Fotos oder du lässt dich von Fotos »anspringen«. Bilder findest du in Illustrierten und Zeitschriften oder druckst sie aus dem Internet aus. Schneide die Bilder aus.
3. Schreibe eventuell einige passende Worte auf, die zu deinem Ziel passen.
4. Klebe die Bilder und Worte ohne lange zu überlegen intuitiv auf ein großes Blatt Papier (mind. A3, Flipchart-Papier, Zeichenblockpapier).
5. Suche einen guten Platz für deine Zielcollage.
6. Sieh mindestens einmal am Tag auf deine Zielcollage.
7. Ergänze sie nach Bedarf um neue weitere Bilder, wenn etwas fehlt.
8. Wenn sich dein Ziel ändert, muss sich auch die Zielcollage verändern!

Eine Zielcollage zu erstellen ist ein Prozess und braucht eventuell etwas Zeit. Zeige deine Zielcollage einer Vertrauensperson und lass dir Feedback geben, wie sie dein Ziel nun wahrnimmt. Sieht sie eventuell etwas, das du vergessen hast? Welche Assoziationen hat sie?

Übung Zielbalken

(vgl. Heimsoeth 2008, S. 88)

Diese Übung eignet sich für Gruppen im Sportunterricht, im Training, in der Schule – weniger für zu Hause. Ein 3–5 Meter langer Balken oder eine Turnbank wird aufgebaut. Der Balken ist maximal ca. 0,4 Meter über dem Boden und so verankert, dass er begehbar und stabil ist. Dazu ist eine ausreichende Balkenbreite (20–30 cm) Voraussetzung. Zur Not tut es auch mal ein Seil, das auf den Boden gelegt wird. Die anwesenden Kinder teilen sich in zwei Gruppen auf. Immer ein Kind (A) geht über den Balken.

1. A sucht sich eine Ressourcen-Person (Trainer, Begleiter, Freunde, Mitschüler) aus, die ihn beim Gang über den Zielbalken begleitet, indem er/sie neben A auf dem Boden hergeht und jederzeit Hilfe beim Ausbalancieren leisten würde. A entscheidet, ob er/sie die Hilfe in Anspruch nimmt oder nicht.
2. A nennt mindestens drei negative Glaubenssätze/Selbstgespräche, die ihn/sie immer wieder am Erreichen vom Ziel hindern. Eine Hälfte der Gruppe prägt sich diese negativen Glaubenssätze ein.
3. A nennt drei positive Glaubenssätze/Affirmationen, die ihn/sie beim Erreichen von Zielen immer wieder bestärkt haben, die auch in schwierigen Situationen Kraft gegeben haben. Die andere Hälfte der Gruppe prägt sich diese Sätze ein.
4. A nennt das Ziel, das er/sie erreichen möchte, besteigt den Balken und baut am Ende des Balkens sein Zielbild mit allen Sinnen auf. A projiziert dieses Zielbild in die Handfläche einer weiteren Person, die am anderen Ende des Balkens mit erhobener Hand steht. A balanciert nun auf dem Zielbalken ins Ziel hinein (1–2 Mal). A nimmt die mit der Zielerreichung verbundenen Gefühle wahr.
5. A geht nun ein weiteres Mal über den Zielbalken, den Blick fest auf das in der Hand projizierte Zielbild geheftet und begleitet von der Begleitperson. Während des Gangs über den Balken rufen die beiden Gruppen möglichst laut und mit verschiedenen

Nuancen und Betonungen durcheinander die negativen und positiven Glaubenssätze von A.

6. A geht unbeirrt seinen/ihren Weg über den Balken, bis das Ziel erreicht ist. Diesen Moment des Ziel-Zustandes bewusst spüren, dann vom Balken herabsteigen.

7. Reflexion: Wie ist es A ergangen? Wie hat er/sie sich gefühlt? Was hat A gemacht, um ins Ziel zu kommen? Welche Gedanken gingen A durch den Kopf? Was hätte A gebraucht, um noch sicherer über den Zielbalken zu gehen? Welche Ressourcen könnte A noch nutzen? Was hilft A, trotz Störungen durch andere souverän ins Ziel zu kommen?

8. Die Übung wird solange wiederholt, bis eine Handlungssicherheit bei A eintritt. Es ist durchaus möglich, zwischendurch zur ausschließlich positiven Formulierung der Sätze zurückzukehren.

9. Am Ende der Übung mit A reflektieren, welche Strategien er/sie im Umgang mit den Störungen genutzt hat, um diese dann positiv zu ankern. Die Erfahrungen (schriftlich) zusammenfassen und beschreiben lassen, wann, wie und wo A die Erfahrung konkret in die Praxis übertragen wird z.B. »Ich achte darauf, dass meine Selbstgespräche positiver und konstruktiver verlaufen.«

Beobachten Sie, ob das Kind bei einer auftretenden Unsicherheit oder bei einem Sturz Hilfe der Ressourcen-Person annimmt oder eben nicht. Wenn nicht, dann muss das thematisiert werden.

3.10 Priming – Erinnerungshilfen fürs Gehirn

Wird etwas Neues gelernt bzw. soll ein Ziel erreicht werden, entspricht das im Gehirn dem Ausbau eines neuen neuronalen Netzes. Dieses muss nun gestärkt werden (»gebahnt« im Fachjargon), damit Neues verinnerlicht werden kann. Die noch dünne, relativ unbenutzte neuronale Leitung soll zu einem dichten, stabilen »Kabel« anwachsen. Priming ist eine Form unbewussten Lernens. Dabei wird ein Reiz gesetzt, der unbewusst verarbeitet wird und der später bei der Bewältigung einer Aufgabe hilfreich ist. Primes wirken sofort, ewig und immer.

Wenn sich Kinder und Jugendliche während der Verfolgung eines Ziels überall Erinnerungshilfen platzieren, die im Zusammenhang mit dem Ziel stehen, arbeitet das Unterbewusstsein ständig an der Zielerreichung. Wie wir bereits wissen, gehen Bilder schneller »ins Gehirn«. Seheindrücke sind oft so

Es müssen bisweilen Umwege in Kauf genommen werden, um sein Ziel zu erreichen.

komplex, dass die dem Bewusstsein vorgeschaltete Verarbeitung des visuellen Reizes etwa 300 Millisekunden braucht[1]. Hat das Gehirn vorher schon Informationen über das, was es sehen wird, setzt bewusstes Erkennen schneller ein.

Angebote: Hintergrundbild Computer und/oder iPhone, Lied, Schirmmütze, Klingelton, Spielzeugauto, karierte Zielfahne, Bettwäsche, Bild Siegerehrung, Aufkleber, Aufnäher auf Kleidung, Aufdruck T-Shirt, Photo, Kaffeebecher, Schal, Kette mit Anhänger, Stift, Passwort, Ball als Schlüsselanhänger, Parfüm, Zahnbürste, digitaler Fotorahmen, Buchzeichen, Visitenkarte, Powerbalance-Armband, in einer Gruppe darüber sprechen, an andere schreiben …

Wo? Im Zimmer, Spind, im Auto, in der Tasche, im Esszimmer …

Finden Sie mit dem Kind mindestens fünf mobile und fünf stationäre Primes. Je schwieriger eine Situation, desto mehr Primes.

3.11 Und jetzt? Am Ball bleiben!

Oliver Kahn erinnert sich daran, wie wichtig es ist, das Ziel nie aus den Augen zu verlieren. Als jugendlicher Fußballer galt er nicht vom ersten Moment an als spitze, sondern musste immer wieder zurückstecken: »Zum Beispiel kam eines Tages ein Torhüter aus Stuttgart, von dem es hieß, er sei ein Mega-Talent. (…) ›Okay‹, habe ich mir gedacht, ›dann trainiere ich eben dreimal so viel wie der Neue.‹ Ein ganzes Jahr lang musste ich in der zweiten Mannschaft ins Tor. Zu Beginn der kommenden Saison war der Neue aus Stuttgart dann wieder weg – und ich kam wieder in die erste Mannschaft.« (Kahn 2010, S. 44 f.)

»Wenn man ein Ziel erreicht hat, darf man sich natürlich darüber freuen und sich für einen Moment in die geistige Hängematte legen. Danach aber ist es wichtig, sich nicht auszuruhen. Aus dem ›Ich habe es geschafft!‹ muss irgendwann ein ›Jetzt geht es erst richtig los!‹ werden.«
(Kahn 2010, S. 109)

3.12 Motivation

»Motivation ist das, was das Feuer in euch am Brennen hält. Und wie bei einem echten Feuer muss man auch bei der Motivation darauf achten, dass man regelmäßig nachlegt, damit dir die Glut nicht erlischt.«
(Kahn 2010, S.104)

Selbstmotivation ist eine Schlüsselkompetenz. Motivation ist eine wichtige Ressource für das Lernen. Im Wort Motivation steckt das lateinische Wort »movere« (lateinisch) = bewegen und das Wort »Motiv«. Wir haben ein Motiv, einen Beweggrund, uns zu bewegen. Motivation ist der Motor, der Antrieb für Verhalten.

Hilfreiche Fragen:
- Was ist mir wichtig im Leben?
- Was ist mir wichtig im Sport?
- Was ist mir in der Schule/in meiner Ausbildung/ in der Weiterbildung wichtig?

Beispiele: Anerkennung, Erfolg, Zugehörigkeit zu einem Team oder Clique, Freizeit, Freiheit, Spaß am Lernen und am Leben, Kontakt mit Freundinnen und Mitschülern, genug Zeit für mich.
Motivation kann man trainieren und zu einer Gewohnheit machen.

Kinder wollen etwas leisten

»Es gibt keine unmotivierten Kinder«, ist der Münchner Motivationstrainer Steffen Kirchner überzeugt[2]. Oft wüssten sie nur einfach nicht, wofür sie sich aufraffen sollen. Warum es lohnend ist, einen bestimmten Stoff zu lernen oder bestimmte Bewegungsabläufe und Techniken im Sport zu beherrschen, sollte ruhig zu Hause und mit dem Trainer Gesprächsthema sein. Wenn sich Kinder und Jugendliche mit dem Ergebnis identifizieren (»Stimmt, ich habe so tatsächlich die Chance, einmal ein Profispieler zu sein!«), sind sie motiviert, Leistung zu bringen.

Die Frage ist, ob sich das Bedürfnis nach Leistung tatsächlich in der Leistung widerspiegelt. Wer hochgradig leistungsmotiviert ist, verfügt über eine längere Ausdauer und Geduld, auch wenn sich mal ein Misserfolg einstellen sollte.

Neuere Forschungen gehen davon aus, dass es zwei Typen der Leistungsmotivation gibt[3]: Die autonome Leistungsmotivation entwickeln Kinder schon früh. Bis zum Schulalter bleibt sie dominant. Sie zeigt sich darin, dass die momentane eigene Leistung mit der früheren verglichen wird. Ab der Schulzeit tritt die soziale Leistungsmotivation in den Vordergrund: Die Kinder vergleichen ihre Leistungen mit der von anderen.

Vom Umgang mit Motivation

Kleinere Kinder begeistern sich laufend für etwas – sie sind sofort hochmotiviert, sobald ihnen etwas Spaß macht. Das Lernen gelingt ihnen spielerisch. Ab dem Grundschulalter ändert sich etwas – und Eltern meinen oft, sie müssten ihre Kinder ab sofort motivieren, etwa zum Hausaufgabenmachen. Der deutsche Gehirnforscher Prof. Dr. Manfred Spitzer kritisiert in diesem Zusammenhang die scharfe Trennung

Beispiele

Maja, 15: »Mir ist es wichtig, jeden Tag im Reitstall bei meinem Pferd sein zu können. Wenn das mal nicht geht, bin ich total traurig.«

Tobias, 13: »Mir ist wichtig, dass ich meine Freunde immer erreichen kann. Im Sport kommt es mir darauf an, dass mein Team und ich gute Leistung bringen.«

Kevin, 18: »Ich will im Leben was erreichen. Wenn ich was anpacke, führe ich es zu Ende. Ich mache bald Abitur, da will ich in den Wahlfächern mindestens eine Zwei haben.«

von »Kindergarten = Spielen« und »Schule = Lernen«. Wenn Spielen und Lernen, so wie im frühen Kindesalter, nicht kategorisch getrennt würden, könnten so manche Lernprobleme vermieden werden.
Wenn Eltern mitbekommen, dass ihr Sohn oder ihre Tochter sich scheinbar treiben lassen, reagieren sie oft gereizt (»Sitzt du wieder nur herum, du kannst doch nicht ständig Comics lesen, hast du schon für Mathe gelernt?«) oder appellieren an die Vernunft ihres Kindes: »Du vergeudest doch dein Talent, es geht schließlich um deine Zukunft!« Oder sie versuchen, die Motivation zu wecken, indem sie ein schlechtes Gewissen machen: »Wir haben so viel investiert für deinen Klavierunterricht ...«
Dabei ist die Annahme, man könne jemanden motivieren, irreführend. Äußere Motivation wirkt immer nur kurzfristig; am wichtigsten ist – denken wir noch einmal an das kleine Kind, das Laufen lernt – die innere Motivation.

Ein Beispiel hierfür ist die Schule: Jedes Kind hat ungeliebte Schulfächer, zum Beispiel Mathematik. Oft fehlt die Lust aufs Lernen, weil die Erfolge ausbleiben – und dies ist der Fall, wenn der Stoff einfach nicht in Zusammenhang mit dem eigenen Leben gebracht werden kann, wenn der Sinn fehlt, warum Mathe wichtig ist und sogar Spaß machen kann.

»Wie sehr viele andere Fähigkeiten und Fertigkeiten ist mathematisches Können eine Funktion von Begabung und von Übung. Man kann zeigen, dass es vor allem das freiwillige und durch die Sache selbst motivierte Üben ist, das uns auch in der Mathematik weiterbringt. (…) Gerade in der Mathematik ist also die viel zitierte Vernetzung der zu lernenden Inhalte von größter Bedeutung« (Spitzer 2006, S. 274 f.). Lehrer, die vermitteln können, wozu auch nicht so beliebte Unterrichtsfächer im Leben gut sein können, wecken bei Kindern die Lust aufs Entdecken und darauf, aus eigenem Antrieb zu lernen.

3.13 Intrinsische und extrinsische Motivation

Motivation hängt vom subjektiven Erleben und Empfinden ab. Machen wir positive Erfahrungen wie das erfolgreiche Erreichen eines Ziels, setzt der Körper Dopamin und Endorphine (Glückshormone) frei. Auf neuronaler Ebene werden so Synapsen

(Kontaktstellen zwischen den Nervenzellen) gebildet und verstärkt.

Es gibt innere (intrinsische) und äußere (extrinsische) Motivatoren, intrinsische und extrinsische Motivation. Welche von beiden leistungsförderlicher ist, kann ich abschließend nicht sagen – darüber ist sich selbst die Wissenschaft nicht einig. Hier geht man teilweise davon aus, dass extrinsische Motivation (z.B. Belohnung mit Geld) die intrinsische Motivation korrumpiert, d.h. zunichte macht, jedoch gibt es dazu auch Gegenstimmen (vgl. dazu Falko Rheinberg, Universität Potsdam 2004, S. 17).[4]

Intrinsische Motivation

»Der Begriff *intrinsische Motivation* bezeichnet das Bestreben, etwas um seiner selbst willen zu tun (weil es einfach Spaß macht, Interessen befriedigt oder eine Herausforderung darstellt).«
(www.wikipedia.org/wiki/Motivation)

Die Motivation, die von innen kommt, ist die Leidenschaft für eine Sache. Man tut etwas von sich aus, von innen heraus. Man will Dinge erreichen. Weil es Spaß macht, interessant ist oder herausfordernd. Intrinsische Motive können Lust am Tun an sich sein – solche Kinder tun einfach –, das Interesse an Inhalten, das Erleben von Kompetenz, Wissbegierde, der Drang, etwas zu vollenden, sowie Neugier.

Ein inneres Motiv ist inhaltlich nicht immer positiv, so können auch Neid (»Denen zeige ich's!«) oder Wut innere Antreiber sein!

Den inneren Antrieb kann einem keiner aufzwingen, man kann ihn nur ermöglichen. Das gilt besonders für Eltern, die ihre Kinder gerne früh fördern möchten und entsprechend hohe Erwartungen haben. In der frühen Kindheit schadet es eher, wenn Eltern zu sehr darauf hinarbeiten, dass aus ihren Kindern etwas wird – ob es um Instrumente, Sport oder eine fremde Sprache geht.

Extrinsische Motivation

Im Vordergrund steht der Wunsch, eine Leistung wegen gewisser Anreize, Vergünstigungen und Vorteile (z.B. Belohnung, besonderes Essen, Zusatzpunkte, entspanntes Bad, Kinobesuch, Smiley, spontaner Ausflug, verbale Anerkennung, nonverbales positives Feedback, gute Leistungsnachweise) zu erbringen oder etwas nicht zu tun, weil man negative Konsequenzen (z.B. schlechte Note) und Nachteile (z.B. Bestrafung) vermeiden will. Treibende Kraft kann eine Prämie, ein Pokal sein, Geld, Lob und Anerkennung durch Andere, Prestige oder Status. Motivation kann auch von Anderen ausgehen (soziale Motive), z.B. als Gruppengefühl oder Wettbewerb. Motivierend kann dann sein, eine Aufgabe gemeinsam mit Anderen zu bewältigen oder besser als Andere zu sein.(5)

Die Vorteile extrinsischer Motivation liegen klar auf der Hand: Man bekommt etwas von der Umwelt, wenn man Leistung zeigt bzw. man kommt um eine Strafe herum, wenn man eine Handlung vermeidet. Gute Noten, Materielles wie ein Pokal oder Geld, Ideelles wie Lob, Anerkennung, Prestige, spornt zunächst an. Vor allem wenn das erhoffte positive Ergebnis eintritt (positive Verstärkung). Äußere Anreize sind gezielt einsetzbar, verlangen effiziente Strategien und disziplinieren (zumindest bis zum Erreichen des Ziels!). Oft verdrängen äußere Anreize aber den ursprünglichen inneren Antrieb.

Teils kommt es sogar zu einem Rückgang der Anstrengungen, wenn ein gewisser Gewöhnungseffekt eintritt. Die Belohnung steht dann stärker im Vordergrund als z.B. der Sport selbst.

»Die Motivation, die von innen kommt, ist eine Leidenschaft für eine Sache. Die Motivation, die von außen kommt, ist die Wertschätzung anderer Menschen für das, was man tut, und die Aussicht auf eine gute Zukunft. Beide Arten der Motivation sind wichtig, weil sie sich gegenseitig anstecken können«, sagt Ex-Nationaltorhüter Oliver Kahn (Kahn 2010, S. 112).

3.14 Jungs »ticken« anders

Jungen entwickeln sich typischerweise im Einschulungsalter etwas langsamer als Mädchen – sie sind im Unterricht oft hibbeliger, die klassischen »Störenfriede« oder »Klassenkasper«. Das liegt vor allem daran, dass ihre Grobmotorik schon stärker ausgeprägt ist und sie einfach den natürlichen Drang haben, in Bewegung zu sein. In der Schule ist dieses Verhalten allerdings unerwünscht und bringt Probleme für die Kinder mit sich, die im Prinzip nichts dafür können!

Motivation fürs Lernen oder um still sitzen zu können, lässt sich hier oft nur über den Umweg der Bewegung wecken – z.B. durch Bewegungsangebote für zwischendurch in der Schule, Bewegung und Toben draußen, bevor es an die Hausaufgaben geht usw.(6)

Steigerung der intrinsischen Motivation(7)

- Bei Lerninhalten dürfen persönliche Interessenschwerpunkte selbst gewählt werden.
- Origineller, humorvoller, evtl. auch provokativer Einsatz von Materialien und Medien. Mitreißender Unterricht.
- Beteiligung an Lösungssuche, Diskussionen.
- Anregende Lernumgebung, Mitgestalten dieser Umgebung. Sie sollte menschlichen Grundbedürfnissen Rechnung tragen und positiv erlebt werden (z.B. ausreichend Platz, eine angenehme Raumtemperatur, evtl. Farbe an den Wänden, Tageslicht, gute Stühle, frische Luft, viel Sauerstoff im Raum).

Steigerung der extrinsischen Motivation

- Wohl dosiertes, aufrichtiges Lob, wenn es angebracht ist: nicht zu oft und nicht zu selten. Lob für Dinge, die für das Kind eine Herausforderung waren und die es selbst beeinflussen kann.[8]
- Einteilung der Aufgaben in übersichtliche (Arbeits-)Schritte, die nach Abschluss je nach Anforderungsgrad belohnt werden. Kinder stehen so nicht »vor einem Berg von Stoff«, sondern erkennen konkrete, bewältigbare Teilaufgaben.
- Feedback: Dass tatsächlich eine Steigerung des Könnens/Wissens/Kenntnisstands und Leistungsniveaus erreicht wurde, sollte dem Kind ausdrücklich gesagt werden.

3.15 Die Rolle der Eltern

Die Freude am Lernen, auch auf dem Sportplatz, wird Kindern ungewollt oft von denjenigen vermiest, die es am besten mit ihnen meinen: den Eltern. Was beim Hausaufgabenmachen häufig nicht gut funktioniert (»Wieso verstehst du das bloß nicht? Ich hab es dir doch x Mal gezeigt ... !«) , klappt von der Tribüne oder vom Rasenstück neben der Laufbahn aus auch nicht besser. Auch hier muss darüber nachgedacht werden, was positiv – für Eltern und Kinder – verändert werden kann, damit die Anwesenheit von Mutter oder Vater nicht zum Stressfaktor für Kinder wird.

Ich habe schon Eltern im Sport den weiteren Umgang mit ihren Kindern während eines Wettkampfs vom Aufwärmen an bis zur Beendigung des Spiels untersagt, damit Kommentare wie »Blamiere uns heute nicht« kurz vor Beginn eines Spiels nicht mehr passieren können.

Kinder und Jugendliche brauchen die Gewissheit, dass die Eltern im Hintergrund sind, zu ihnen halten, ihre Unterstützer sind. Vor allem, wenn es wirklich um etwas geht. Was ihre Anwesenheit z.B. beim Sport, beim Wettkampf, im Training oder neben dem Schreibtisch betrifft, so ist diese jedoch nicht immer erforderlich und die Erwachsenen sollten sich dann auch zurückziehen. Klären Sie das in einem Gespräch mit Ihrem Kind. Auch wenn es darum geht, Trainingszeiten einzuhalten, das selbstständige Training mal anders zu gestalten, den Sport ernst zu nehmen, mit der Leistung des Teams mithalten zu können oder weiterzukommen. Manche Eltern sind erst unsicher, ob das Kind ohne ihr Antreiben motiviert genug ist. Wenn aber der Druck, vor allem durch verbales nega-

tives Feedback, wegfällt und dennoch das Angebot der Unterstützung und Begleitung aufrecht erhalten wird, entspannen sich alle Beteiligten und fast immer läuft es dann viel besser als gedacht!

Pubertät: alles etwas anders

Heranwachsende brauchen die Herausforderung. Aber auch viel Zeit und Freiheiten, um zu lernen, mit sich selbst klarzukommen. Das Hormonsystem befindet sich im Umbruch, die eigene Entwicklung muss verarbeitet werden. Um Ehrgeiz und Motivation zu entwickeln, ist gerade in der schwierigen Phase der Pubertät ein positives Selbstbild vonnöten. »Der Glaube an sich selbst und seine Fähigkeiten ist ein ganz wesentlicher Helfer auf dem Weg zu mehr Motivation und vor allem auch zum Erwachsenwerden«, sagt die Diplom-Pädagogin Uta Reimann-Höhn.[9]

3.16 Motivationskiller

Ein Motivationstief kann mal vorkommen und ist normal. Fehlende Motivation und Antriebslosigkeit bei Kindern und Jugendlichen legen Erwachsene jedoch manchmal als Faulheit aus. Dabei hat jeder einen Bereich, in dem er gerne aktiv ist. Zudem sind Kinder noch viel mehr als Erwachsene lustgesteuert, können die Befriedigung ihrer Bedürfnisse weniger gut aufschieben. Dass es ihnen manchmal wichtiger ist, erst das Comic fertig zu lesen und dem Freund noch schnell eine SMS zu schreiben als die Trainingssachen zu packen, darf vorkommen. Ist die Unlust, am Sportunterricht teilzunehmen aber Dauerthema oder tun Jugendliche alles dafür, zu spät ins Training zu kommen – und war das noch vor einiger Zeit noch nicht der Fall – sind **Motivationskiller** am Werk, denen man auf die Spur kommen sollte.

→ Ist das Kind leistungsmäßig überfordert? Überfor-

Überblick: Wann sind Kinder und Jugendliche im Sport besonders begeisterungsfähig?

Alter: ca. 10 bis 12 Jahre	Für Sporttreiben und Sportunterricht hoch motiviert, aber auch häufiger Motivationswechsel. Motive u.a.: → Freude an Bewegung → sportliche Vorbilder, auch Eltern → Kräftemessen in der Gruppe → Lust, Neues zu entdecken.
Alter: ca. 13 bis 15 Jahre	Motivation schwankt, muss z.T. stark von außen kommen, etwa vom Trainer. Motive u.a.: → Grenzen der Leistungsfähigkeit ausloten → Sport als Mittel zu mehr Körperlichkeit und Körperbewusstheit → soziale Kontakte, Zusammensein mit Gleichgesinnten, Teamspirit.
Alter: ca. 16 bis 18 Jahre	Motivation eventuell gefährdet durch Übertrittphase in Erwachsenensport – höhere Anforderungen, verstärkte Unsicherheit, ob Leistung ausreicht. Motive u.a.: → Freude am Sport generell → Erfolge.

(nach: Draxler-Hutter, 2005) [10].

derung wirkt demotivierend, weil Erfolge ausbleiben.
→ Ist es unterfordert? Langeweile und fehlende Herausforderungen führen zu Frust, weil Erfolge zu leicht zu erzielen sind und kaum mehr Glücksgefühle auslösen. Es fehlt der Anreiz, sich anzustrengen. Konsequenz: schlechte Leistungen.
→ Das Ausbleiben von Erfolgserlebnissen wirkt generell demotivierend und frustrierend. Man wird zum Hamster im Laufrad.
→ Zu hohe Erwartungen von außen (»Das hättest du doch aber schaffen können!«) trüben das Gefühl für Selbstbestimmung und eigene Leistungseinschätzung.

→ Kommt der Spaß in Unterricht und Training zu kurz, sind Lehrer und Trainer zu streng, konservativ, humorlos? Wo nie gelacht wird, fühlen Kinder sich unwohl und nicht gut angenommen.
→ Fehlende Sinnhaftigkeit: Warum sollte ein Kind sich z.B. für seines Erachtens sinnlose Übungen oder Hausaufgaben begeistern, wenn es nicht weiß, was es mit dieser Fertigkeit im Alltag erreichen kann?
→ Fehlende oder zu ferne Ziele: Anstrengungen ohne Perspektive erscheinen nicht erstrebenswert.
→ Mangelnde Unterstützung, Abwertung durch Dritte: Das Selbstwertgefühl leidet. Vor allem wenn sich die Familie nicht für die Aktivitäten des Kindes interessiert, z.B. nie bei einem Spiel zuschaut.
→ Negativer innerer Dialog: Negative Gedanken wie »Das schaffe ich sowieso nicht!«, »Ich fühle mich nur geliebt, wenn ...« treten eine demotivierende negative Gedankenspirale los.
→ Innere Konflikte: »Papa wäre stolz auf mich, wenn ich Torwart bei FC Barcelona werde, aber eigentlich würde ich lieber mit der Playstation und den Nachbarskindern spielen.«
→ Äußere Konflikte: Streit oder Mobbing (im Team), Uneinigkeit mit Trainer, Eltern oder Lehrer; auch familiäre und schulische Probleme können sich negativ auf die Motivation für Sport und Training auswirken.
→ gesundheitliche Probleme
→ Stress
→ Müdigkeit
→ Verwöhnen: Kinder, denen alle Hindernisse und Probleme aus dem Weg geräumt werden, kennen das Gefühl nicht, selbst etwas geleistet zu haben. Sie sehen keinen Sinn darin, sich anzustrengen.

Oft reicht ein einziger unbedachter negativer Satz aus, um die kindliche Motivation empfindlich zu stören. Bereiche, die im Alltag des Kindes viel Platz einnehmen, wie Schule oder (Leistungs-)Sport drängen sich auch im Familienleben in den Vordergrund und beeinflussen die Eltern-Kind-Beziehung. Die Emotionen zwischen Eltern und Kinder sollten jedoch davon unberührt bleiben.

3.17 Sich motivieren im Notfall

»Es ist nicht schwer, sich zu motivieren, wenn es gut läuft. Die Kunst besteht darin, die Motivation auch in den Momenten nicht zu verlieren, wenn man mit einem Rückschlag zu kämpfen hat« (Kahn 2010, S.116).

Oliver Kahn hatte während seiner Profikarriere einen imaginären Notfallkoffer für Motivationslöcher dabei. Was packst du in deinen Koffer?

Beispiele

- deine Vision (»Ich gehöre eines Tages zur Handball-Nationalmannschaft«)
- dein positives Ziel, aufgeschrieben auf einen Notizzettel/Postkarte/Metaplankarte etc.
- ein inneres Bild, welches dich beim Erreichen deines Ziels zeigt
- die Erinnerung an erlebte, besondere Erfolgserlebnisse
- dein persönliches »Wundermittel«, z.B. ein Unverwundbar-Spray oder Flasche mit dem Etikett »Selbstvertrauen«.

Niederlagen können einen runterziehen, aber man muss sie auch als Lernchance begreifen, wieder aufzustehen und seine Leistung zu analysieren. Um noch einmal Oliver Kahn zu Wort kommen zu lassen: Er hatte sich ein »AAAA-Programm« für den Fall der Fälle zurechtgelegt (Kahn 2010, S. 217 ff.), das ihm half, wieder auf die Beine zu kommen:

- Antreten (es muss wieder weitergehen: wir müssen zurück in die Schule, auf den Sportplatz …)
- Akzeptieren (der Fehler ist passiert, kann nicht mehr rückgängig gemacht werden)
- Analysieren (was genau ist schief gelaufen, was kann man besser machen?)
- Abhaken (nicht mehr gedanklich in der Vergangenheit verweilen)

3.18 Was Eltern, Lehrer und Trainer tun können

- Betreiben Sie Ursachenforschung in einem Gespräch.
- Begleiten Sie das Kind bei der neuen Zielfindung, leiten Sie die Zielvisualisierung an.
- Geben Sie positives und konstruktives Feedback.
- Vermeiden Sie abstrakte Belehrungen.
- Loben Sie mehr als Sie kritisieren (in einem Gespräch ca. 2/3 Lob und Rückmeldung von positivem Verhalten, max. 1/3 Kritik bzw. Verbesserungsangebote).
- Setzen Sie auf kleine Schritte statt auf große Erwartungen.
- Passen Sie die Trainings-Pläne an.
- Suchen Sie eine bessere Trainingsgruppe oder ein Lernteam.
- Klären Sie Konflikte zeitnah.
- Betreiben Sie als Trainer, Eltern und Lehrer Persönlichkeitsentwicklung und arbeiten konsequent an sich selbst.
- Sorgen Sie für Erfolgserlebnisse auch im Alltag: Für das erste gewonnene Spiel nach einer Niederlage z.B. mit der Mannschaft ins Kino gehen; Zuhause darf Kind eine Übernachtungparty feiern oder sich etwas Spezielles zum Essen wünschen.
- Trösten Sie das Kind (z.B. in den Arm nehmen) anstelle zu schimpfen.
- Bieten Sie Hilfe an.
- Zeigen Sie Interesse.
- Beteiligen Sie die Kinder aktiv an der Suche nach Lösungen für ein Problem.
- Kürzen Sie nur in Ausnahmefällen die Freizeit Ihrer Kinder und wenn, dann nur in geringen Maßen.
- Treffen Sie Vereinbarungen mit den Kindern.
- Falsches Verhalten, z.B. auf die Straße laufen, hat sofort eine negative Konsequenz zur Folge und das richtige Verhalten sofort eine positive

Konsequenz (in den Arm nehmen, loben, über den Kopf streichen).

- Definieren Sie Grenzen.
- Nehmen Sie eventuell professionelle Hilfe in Anspruch.
- Bestrafen Sie Ihr Kind nicht (gleich) für schlechte Noten.
- Bezeichnen Sie ein Kind nie als Versager.
- Geben Sie den Emotionen von Kindern Raum. Kinder müssen sich ärgern dürfen, müssen nach einem verlorenen Spiel weinen dürfen. In einer solchen Situation keine gut gemeinten Ratschläge anbringen.

3.19 Verhandlung mit dem »inneren Schweinehund«

Der »innere Schweinehund« – ich mag diese Bezeichnung für einen Anteil unseres sogenannten Inneren Teams (= verschiedene Persönlichkeitsanteile) nicht, sie ist aber in der Literatur weit verbreitet – ist man immer selbst, das heißt, unser Unterbewusstsein sendet uns ständig neue Botschaften, die wir von irgendwoher verinnerlicht haben: Lieber nicht, besser morgen, das ist zu schwer, jetzt wäre es viel schöner, wenn …

Ein Fehler wäre es, den »inneren Schweinehund« als Feind zu betrachten und gegen ihn zu kämpfen. Das

kostet nur viel Energie. Eigentlich ist er ein Freund. Mache ihn zu einem geschätzten Begleiter.

Anleitung für die Verhandlung mit dem »inneren Schweinehund«

Frage deinen »innere Schweinehund«: Was willst du, innerer Schweinehund, für mich? Finde eventuell einen netten Namen für ihn. Was will ich? Was kann ich tun, damit du dich bei der Aussicht auf die Notwendigkeit zum Training besser fühlst? Was hast du zu sagen, wenn du mich vom Joggen im Regen abhältst? Was sind deine Bedenken? Was kann ich dafür tun, dass du genügend Freizeit pro Tag hast? Dass du genügend Spaß im Leben hast?

Mache dem »inneren Schweinehund« konkrete Angebote, biete ihm Alternativen an und triff nachhaltige Vereinbarungen mit ihm. Wenn der »innere Schweinehund« sich ernst genommen fühlt und mit Alternativen einverstanden ist, dann stört er nicht mehr bei Vorhaben. Ganz im Gegenteil, er hilft sogar mit und stärkt die Motivation mit der Kraft des Unterbewussten.

»Wenn du mich beim Reiten eine gute Stunde in Ruhe lässt und vorübergehend in den ›Urlaub‹ gehst, werde ich mich anschließend mit dir beschäftigen.« Wichtig ist, dass du diese Vereinbarung dann auch wirklich einhältst und dich nach dem Reiten wieder mit dem »inneren Schweinehund« beschäftigst.

3.20 Übungen und Anregungen für (mehr und neue) Motivation

Alle folgenden Übungen eignen sich nicht nur für den Sport, sondern für alle Bereiche, in denen Motivation gefragt ist: Schule, Hobbys und Freizeit, Instrumente usw.

Gemeinsam neue Motivation finden

Eltern kennen das: Nach zwei Jahren ist die Tochter im Ballett richtig gut, hat erste Auftritte. Aber dann hat sie auf einmal keine Lust mehr – schließlich träfen sich die Freundinnen, während sie im Ballettsaal ist. Oder der Sohn hat ein teures Teleskop bekommen, weil er begeistert ist von Weltraum und Sternenkunde. Aber jetzt behauptet er, das sei uncool, weil alle in der Klasse vom Fußball schwärmen und keiner seine Zeit vor einem Teleskop »vertrödeln« würde.

Hier geht es nicht um Zwang! Aber bevor man vorschnell aufgibt, ist es einen Versuch wert, die Lust am Sport, am Hobby wieder zu wecken. Bleiben wir beim Thema Sport: Hier sind vor allem die Trainer gefragt, da elterliche Vorschläge eher abgeblockt werden:

- **spielerisches Ausprobieren:** In Absprache mit dem Trainer dürfen die Sportler selbst eine Trainingseinheit gestalten. Schüler gestalten eine Unterrichtsstunde selbst.
- **mehr Kreativität:** Was könnte man anders gestalten? Z.B. ein gemeinsames Ritual vor dem Training, einen gemeinsamen Video-Nachmittag organisieren, neue Aufwärmübungen einführen, zusammen Kajak fahren oder eine Flusswanderung machen, Besuch eines Seilgartens ...
- **ein Projekt in Angriff nehmen:** Sich z.B. im nächsten Training mit den großen Basketballstars beschäftigen, ein Spiel eines Fußball-Clubs aus der Bundesliga besuchen und analysieren, Bewegungsmuster von Vorbildern analysieren und studieren, Beiträge zu bekannten Spielern sammeln – was kann ich aus den Artikeln lernen?, Spieler aus einer höheren Liga einladen ...
- **anregende (Lern-)Umgebung:** Könnte man einmal im Monat beim Nachbarverein trainieren? Können Trainingseinheiten draußen in der Natur stattfinden? Können Schüler Klassenräume tauschen, Lern-Einheiten im Freien absolvieren?

Motivationsförderer

Anleitung:

- Was sind die positiven Aspekte des Trainings, des Musikunterrichts, des Hobbys bzw. die Vorzüge deines Ziels? Welches waren noch mal deine guten Gründe für den Sport, für das Erlernen eines Instruments oder den Besuch eines Chors? Welche Gründe sprechen dafür weiterzumachen? Welche dagegen?
  Fertige daraus ein Motivationsposter. Schreibe dein Ziel oder deinen Vorsatz in die Mitte. Und außen herum deine guten Gründe, warum du dein Ziel oder deinen Vorsatz erreichen willst.
- Suche ein Bild heraus, das in dir intensive positive Emotionen auslöst, z.B. das eines Idols, Vorbilds, eines Raubtiers, das Bild eines hart trainierenden Sportlers, ein Bild vom Urlaub, vom Meer. Schaue bei Bedarf auf das Bild. Solltest du das Bild mal nicht dabei haben, reicht es, es kurz zu visualisieren.
- Was kannst du aus der Bewältigung von Motivationslöchern in der Vergangenheit lernen? Was hat dich damals aus dem Tief geholt?
- Was ist dir wichtig?
- Schreibe positive Erfahrungen und (kleine und große) Erfolgerlebnisse in der Schule, im Alltag und Sport auf. Wann hat was Spaß gemacht (Spaß = Motivation)? Führe ein Erfolgstagebuch.
- Setze dir Prioritäten, um weiterzukommen (z.B. früher ins Bett gehen, um morgens aus dem Bett zu kommen und fitter und ausgeruhter fürs Training zu sein; auf ein Sportgymnasium gehen).
- Wirf lieb gewonnene, aber veraltete Gewohnheiten über Bord.
- Suche dir gezielt Menschen, die dich unterstützen wollen und fördern (Lehrer, Partner, Trainer …). Aus meiner Erfahrung hat das einen großen Einfluss auf unsere Motivation.
- Organisiere ein Lernteam.
- Finde Kraftquellen: fetzige Musik, bestimmte Personen, Erinnerungen, Natur, bestimmte Orte …
- Nenne mindestens zehn deiner Stärken. Notiere sie! Verinnerliche deine Stärken und lerne sie auswendig. Wenn ich dich nachts wecken sollte, müssen sie fließen.
- Schicke negativen Gedanken weiter. Nutze stattdessen positive Affirmationen (stärkende positive

Gedanken und Glaubenssätze) wie z.B. »du schaffst das!«
- Finde deine Vision und führe dir deine attraktiven, gut erreichbaren Ziele (kurz-, mittel- und langfristige Ziele, Zwischenziele) immer wieder vor Augen. Belohne dich für erreichte Ziele.
- Lerne aus deinen Niederlagen. Analysiere deine Wettkämpfe/Prüfungen: Was ist gut gelaufen? Was ist weniger gut gelaufen? Betrachte verpasste Ziele als Lernchance. Woran hat es gelegen, dass du das Ziel nicht erreicht hast? Was folgerst du daraus für dich?
  Und dann hake die Niederlage ab.
- Überprüfe deine Definition von Erfolg.
- Finde Gründe für die Erledigung unbeliebter Aufgaben oder Trainingsinhalte und belohne dich selbst für die Erledigung von diesen.

Eine Lieblingsbeschäftigung, verknüpft mit der eigentlichen Aufgabe, kann zusätzlich für mehr Motivation sorgen. Möglich wäre:
- Zur Lieblings-CD trainieren/sich aufwärmen/stretchen.
- Mit dem neuen Bike ins Training fahren.
- Mit dem Hund joggen/dribbeln üben/auf dem Rasen kicken.
- Sich auf dem Weg zum Training oder Unterricht von Freunden begleiten lassen/nach dem Training abholen lassen.
- Ein eigenes Video von Bewegungsabläufen filmen.
- Bewegungsabläufe mit Puppen nachspielen (für Kleinere).
- Positionen nachstellen mit Lego (für Kleinere).

4 Entspannung

Von Kindern wird heute recht früh viel verlangt. Wie die in der Einführung genannte Studie zeigt, fühlen sich schon Schulkinder gestresst. Dazu kommt, dass es heute zahlreiche Freizeitangebote und Möglichkeiten für Kinder gibt, sich auszuprobieren, Kurse zu besuchen, Instrumente zu lernen, Sport zu treiben, Medien zu konsumieren – nicht selten fehlen im durchgeplanten Alltag der Kinder Zeiten für echte Entspannung und fürs Spielen. Spielen ist das Wichtigste im Kinderleben! An den Eltern können sich die Kinder kaum ein Beispiel nehmen, da diese selbst keine Zeit mehr für sich finden bzw. nehmen. Auch ihr Tag ist von früh bis spät angefüllt mit Verpflichtungen durch Beruf, Familie und Freizeit.

Stress kommt bei Kindern genauso wie bei Erwachsenen zustande: wenn sie sich einer Situation nicht mehr gewachsen fühlen und meinen, nicht die nötigen Ressourcen zu ihrer Bewältigung zu haben. Schon der Gedanke »Ich schaffe das nicht« und zusätzliche Einstellungen wie »Ich darf keine Fehler machen« erzeugen in uns Druck, das vegetative Nervensystem schaltet auf »Aktivierung«. Körperlich äußert sich das in Herzklopfen, steigendem Blutdruck, Nervosität und Erregung, Muskelanspannung.

Es ist wichtig, dass Kinder Zugänge zur Entspannung lernen und dass sie lernen, diese später selbst ohne Anleitung anzuwenden. Dazu müssen sie selbst spüren können, wenn sie angespannt sind und Ruhe brauchen. Entspannung bedeutet, Körper und Geist von einem angespannten in einen entspannten Zustand zu bringen. Ein regelmäßiger und hinreichender Wechsel von Entspannung und Anspannung erhält und fördert die Gesundheit. Bewegung, Entspannung und Gedankenkontrolle (siehe Kapitel 2 Gedanken) tragen dazu bei, dass der Mensch mit sich selbst in Einklang ist. Es ist daher nicht verwunderlich, dass nicht nur bei Erwachsenen, sondern auch bei Kindern eng aufeinander folgende Stressphasen ohne Auszeiten, in denen sie wieder Kraft schöpfen können, zu körperlicher und psychischer Erschöpfung führen können.

4.1 Der Zusammenhang zwischen Leistung und Anspannung

Wie der Begriff Ent-Spannung schon andeutet, geht es um das Lösen von Spannung, das Loslassen von allem, was belastet. Entsprechend verkrampft sind wir unter Anspannung, was sich z.B. auch negativ auf die Durchblutung und die Wärmeverteilung im Körper auswirkt – keine gute Voraussetzung, um Leistung zu zeigen, ob im Sport oder in der Schule.

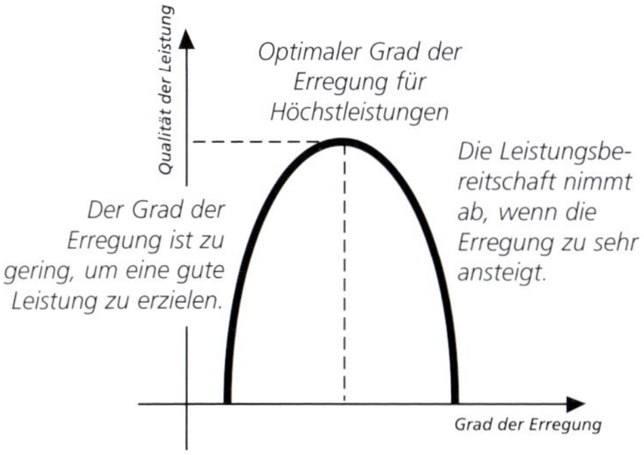

Die Abbildung zeigt einen umgekehrten U-Verlauf zwischen Stress und Leistung.

Definition Yerkes-Dodson-Gesetz: »Von den amerikanischen Psychologen Yerkes und Dodson ursprünglich (1906) bei Ratten gefundene, später auf den Menschen generalisierte, umgekehrt U-förmige Beziehung zwischen Erregung (z.B. Angst, Leistungsmotivation) und Leistung bei verschiedenen Lernaufgaben. Demzufolge ist die Leistung bei sehr niedrigem und hohem Erregungsgrad schlechter als bei mittlerer Erregung. Das heißt: Die optimale Motivation für eine Lernaufgabe nimmt mit zunehmender Schwierigkeit der Aufgabe ab« (vgl. Lexikon der Psychologie 2002, S. 24).

Optimale Leistungen sind am ehesten möglich, wenn Körper und Geist die richtige Spannung haben: nicht zu hoch und nicht zu niedrig.

Ist ein Kind zu wenig aktiviert, wirkt es gelangweilt und lustlos – das kann sogar der Fall sein, wenn um es herum höchster Trubel herrscht. Es verpasst so entscheidende Momente, weil es einfach nicht auf der Höhe ist, und kann seine Kräfte nicht für eine optimale Leistung bündeln. Steigt die Aktivierung auf ein mittleres Maß an, d.h. bemerkt das Kind bei sich in angemessener Weise Aufregung, Nervosität und Spannung, liegen die Chancen gut für ein optimales Leistungsniveau. Noch mehr Aktivierung, und das Ganze artet in Stress aus. Überschreitet der Stress ein gewisses Maß (das individuell unterschiedlich ist), sinkt die Leistungsbereitschaft wieder; dies ist auch der Fall bei Angst in Verbindung mit zu hoher Erregung.[1]

Zu hohe Aktivierung macht sich oft schon im Vorfeld bemerkbar, z.B. indem man am Abend vor einem Ereignis nicht schlafen, am Tag X morgens nichts essen kann. Grundsätzlich variiert das optimale Anspannungsniveau von Kind zu Kind bzw. von Sportler zu Sportler.

Beispiele:
»Ich war so träge und müde, da war mir irgendwie egal, welchen Platz ich belege.«
(geringe Aktivierung)

»Ich war total nervös, sodass ich Angst hatte, etwas falsch zu machen oder zu vergessen.«
(zu hohe Aktivierung)

»Ich habe mich super gefühlt und konnte jeden Angriff abwehren.«
(optimale Aktivierung)

Den Körper wahrnehmen

Die Fähigkeit, Signale ihres Körpers für zu starke Anspannung selbst achtsam wahrzunehmen, ist für Kinder wichtig. Den eigenen Anspannungszustand erkennen und vergleichen zu können (»Wann, bei welcher Tätigkeit, zu welcher Zeit fühle ich mich entspannt?«), lernen Kinder zum Beispiel durch Übungen zur Körperwahrnehmung – für mehr Körpergefühl und ein besseres Bewegungsgefühl.

Im Alltag mit all seinen Anforderungen spüren wir uns oft nicht mehr – das geht auch Kindern schon so. Manchmal fällt uns erst abends, wenn wir müde sind, auf, dass uns der Rücken weh tut oder die Schultern verspannt sind. Bewusstheit für den eigenen Körper hilft, Verspannungen schneller wahrzunehmen und in Folge zu lösen.

»Die Entfremdung von unserem Körper beginnt oft bereits im Kleinkindalter, wenn zu wenig Körperkontakt erfahren wurde oder liebevolle körperliche Zuwendung fehlte. Dies äußert sich später in Unsicherheit, mangelndem Selbstwertgefühl und in Kontaktschwierigkeiten. Ähnliches gilt für die Unterdrückung von Körpergefühlen bei Angst, Wut und Trauer. Jede unterdrückte Körperreaktion führt zu Anspannungen, im Laufe der Zeit auch zu Verspannungen. Es wird ein Muster manifestiert, und Gefühle werden kaum mehr wahrgenommen. Dadurch wird der freie Fluss der Lebensenergie blockiert«(Baisch-Zimmer/Petrig 2011, S. 54).

Was ist nun Entspannung?

Entspannung bedeutet die Auflösung von physischer und psychischer Anspannung. Entspannung ist ein Zustand, in dem man sich sehr wohlfühlt, ein Zustand, in dem sich Körper, Geist und Seele in seelischer Balance befinden und Druck, Stress, Anspannung, Sorgen und Belastung fehlen.
»Entspannung ist ein Zustand, der den ganzen Menschen betrifft. Man kann nicht seelisch angespannt und körperlich entspannt sein oder umgekehrt« (Quelle: Deutscher Olympischer Sportbund). Ein Mensch, der innerlich angespannt, gestresst oder ängstlich ist, ist meist auch muskulär angespannt.

4.2 Entspannungsübungen

Der Atem – Energie tanken und abgeben

Der Zugang zur Entspannung geht zunächst über das Atmen. Viele Probleme, Ängste und Unsicherheiten z.B. in schwierigen Situationen entstehen dadurch, dass die Atmung schnell und flach wird oder man die Luft anhält. Meist fällt einem das selbst nicht auf. »Erst einmal tief einatmen« kann deshalb zu einer einfachen, aber wirkungsvollen Routine vor allen anstrengenden Aufgaben werden.

Die wichtigste Aufgabe der Atmung ist die ausreichende Versorgung der Zellen mit frischem Sauerstoff und die Ausscheidung von Kohlendioxid. Sauerstoffmangel kann Müdigkeit, Kopfschmerzen, Energielosigkeit und Unkonzentriertheit zur Folge haben. »Wenn Kinder gestresst sind, atmen sie unweigerlich flach und schnell, das heißt, die Atemluft fließt nur bis zum Brustkorb, was im Laufe der Zeit zur Verspannungen im Schulter-Nacken-Bereich führen kann (...). Das Atemvolumen ist bei der Brustatmung geringer, und der Körper bekommt wesentlich weniger Sauerstoff. Angst- und Stresssituationen verändern das natürliche Atemmuster und führen zu schneller und flacher Atmung, die mit körperlicher Anspannung verbunden ist. Wer flach atmet, fühlt wenig« (Baisch-Zimmer/Petrig 2011, S. 39).

Erwachsene können Kindern zeigen, wie sie besser auf ihre Atmung achten, ganz wichtig wäre das auch im Sport oder im Schulunterricht:

- bei Stress nicht die Schultern hochziehen, sondern bewusst locker lassen
- Bauch- und Brustatmung als Vollatmung einsetzen (siehe Kasten rechts).

Energiegähnen

Bauchatmung

(für Kinder ab 4 Jahren)
Anleitung
Lege dich bequem auf den Rücken, die Beine ausgestreckt. Deine Hände liegen auf dem Bauch, die Mittelfinger berühren sich über dem Bauchnabel. Atme ganz langsam durch die Nase ein und zähle dabei langsam bis drei. Atme bewusst durch den Mund aus. Beim Einatmen hebt sich dein Bauch und die Finger gehen leicht auseinander. Halte den Atem für eine Sekunde an. Atme nun langsam wieder aus. Die Bauchdecke senkt sich zurück in die Ausgangslage und die Finger berühren sich wieder. Achte darauf, dass das Ausatmen länger dauert als das Einatmen. Wiederhole diese Atmung mehrere Male.
Variation: Im Liegen kannst du dir ein Buch auf den Bauch legen. Das Buch muss sich beim Einatmen heben, weil dein Bauch sich hebt. Wenn du wieder durch den Mund ausatmest, geht dein Bauch in die Ausgangslage zurück, und das Buch sinkt wieder herab.

Entspannung von Unterkiefer und Augen – Gähnen

Energiegähnen ist ein natürlicher Reflex, der die Körperatmung vertieft, den Kreislauf anregt und die Energiezufuhr im Gehirn verbessert. Zudem löst Gähnen Verspannungen in Kopf und Kiefer. Gerade

die Kiefermuskeln können unter Stress die verspanntesten Muskeln sein. Und das Kiefergelenk ist eine der wesentlichen Verbindungsstellen zwischen Gehirn und Körper.
Auch immer wieder im Tagesverlauf sollte man darauf achten, den Kiefer lockerzulassen.

Gähnen

Anleitung
Öffne den Mund weit. Dabei das Kiefergelenk kräftig massieren – wenn du alleine bist, mit einem Gähnton. Führe zusätzlich die Zunge an den Gaumen. Ein Reflexpunkt, den schon die Griechen, Römer und auch die Inder kannten und nutzten, wird ausgelöst, wenn du die Zunge gegen den Gaumen legst. Die Zungenspitze soll dabei ungefähr einen halben Zentimeter hinter den oberen Schneidezähnen liegen.

Aktivieren der Thymusdrüse

In der Kinesiologie gilt die Thymusdrüse als Steuerungszentrale für den Energiefluss in den Meridianen und als Bindeglied zwischen Körper und Geist. Unausgeglichenheit, Angst und Streit schwächen die Thymusdrüse. Durch das Klopfen soll bei dieser Übung der Energiefluss verbessert werden und man steigert damit Lebensfreude, geistige Wachheit, Gesundheit, Energie, Leistungs- und Lernfähigkeit. Diese einfache, praktische und hilfreiche Übung verbessert die Stimmung, gibt Stärke, unterstützt den Willen und tut so richtig gut. Man kann bedenkenlos zu jeder Tages- und Nachtzeit klopfen.

Thymusdrüse

Anleitung zur Aktivierung der Thymusdrüse
Die Thymusdrüse sitzt circa 4 Finger breit unterhalb der Halskuhle in der Körpermitte. Schließe die rechte oder linke Hand locker zu einer Faust. Klopfe spürbar mit vier Fingern bzw. der flachen Faust auf die Thymusstelle. Dabei lächeln. Etwa 30 Mal (1–2 Minuten). Klopfe die Thymusdrüse (griech. thymos = Lebensenergie) so lange und so stark, wie es dir angenehm ist. Vielleicht merkst du nach einigem Klopfen, dass du tief Luft holen musst. Das ist meist ein Zeichen für körperliche Entspannung. Stress wird abgebaut.

Stirn-Hinterkopf-Halten

Eine Übung zur emotionalen Stressreduktion aus der Kinesiologie ist das Stirn-Hinterkopf-Halten. Wenn Ihr Kind zum Beispiel genervt, wütend oder weinend von der Schule kommt, dann halten Sie seine Stirn und seinen Hinterkopf und lassen es erzählen. Ihr Kind wird dann wieder in der Lage sein, klare Gedanken zu fassen und sich in Ruhe etwas durch den Kopf gehen zu lassen.

So wird's gemacht:
Nehmen Sie sich einige Minuten Zeit. Legen Sie dem Kind eine Hand mit der Handinnenfläche sanft und leicht – ohne Druck – auf die Stirn. Und zwar so, dass Sie – auf der einen Seite mit dem Daumen, auf der anderen mit Zeige- und Mittelfinger – die »Stirnbeinhöcker« berühren, zwei kleine Erhebungen ober-

halb der Augenbrauen, etwa in der Mitte zwischen diesen und der Haaransatzlinie. Mit der anderen Hand halten Sie den Hinterkopf. Das Kind schließt die Augen, wenn es mag, atmet tief und ruhig ein und aus und entspannt sich. Ermuntern Sie das Kind, sich Bilder (keine Filme!) vorzustellen.

Es schaut sich im Geiste die wütend machende oder stressbeladene/belastende Situation bildhaft an – auf einer inneren Leinwand, die zum Beispiel außen am Haus der Eltern hängt. Im nächsten Schritt soll es innerlich um das Standbild oder Foto (kein Film!) einen Rahmen herum machen. Leiten Sie Ihr Kind an und stellen Sie während des Stirn-Hinterkopf-Haltens folgende Fragen: »Woraus ist der Rahmen gemacht? Holz? Metall? Welche Farbe hat der Rahmen? Bunt? Unifarben? Ist er schlicht oder einfach? Verziert? Glatt? Glänzt der Rahmen? Ist er eckig oder rund? Fällt dir noch etwas auf? Gibt es einen anderen Rahmen, der besser zum Bild/Foto passen würde? Wähle im Geiste den schönsten Rahmen aus, den du dir vorstellen kannst. Wenn es einen anderen Rahmen gibt: Was wäre, wenn du die Form des Rahmens ändern würdest? Müsste er größer, kleiner, breiter, schmaler, schwerer sein? Spiele mit der Farbe und den eventuellen Verzierungen des Rahmens. Lass den Rahmen nüchterner/fantasievoller aussehen. Könnte jemand anders noch etwas an dem Rahmen verändern? Wer? Könnte jemand anders einen Rahmen machen, der dir genauso gut gefällt? Wer? Gibt es noch mehr Details am Rahmen, die dir wichtig sind?«

Alternative: »Wenn du aus der Situation in deinem Bild hinausgehen würdest, was würdest du gern sehen? Was hören? Und fühlen? Gibt es jetzt eine Möglichkeit, das Bild, die Situation zu verändern? Was könnte dir helfen? Ein Kobold, eine Fee, Superman, Einstein, ein Löwe? Was würdest du gern sehen, hören oder fühlen? ...

Zum Ende der Übung nochmals tief ein- und ausatmen. Öffne deine Augen.«
Sie nehmen Ihre Hände langsam wieder weg. Geben Sie auf keinen Fall Tipps. Lassen Sie das Kind selbst Lösungen finden.

Nach kurzer Zeit baut sich der Stress spürbar ab. Die Situation verliert ihren Schrecken bzw. ihre Wucht. Jugendliche können die Übung auch selbst an sich durchführen, z.B. in der Schule bei einer Denkblockade in einer Klassenarbeit.
Hinweis zur Übung: Die Stirnbeinhöcker sind Reflexpunkte des Blutsystems und energetisch mit dem Magen und dem Magenmeridian verbunden. Durch das Halten der Punkte verändern wir die Durchblutung im Gehirn: die Kampf- oder Flucht-Reaktion wird aufgehoben und das Vorderhirn wird wieder mit Energie versorgt, sodass wir wieder Wahlmöglichkeiten haben.

»Schöner Ort«

Wenn Ihr Kind sehr angespannt ist, hilft es, einfach die Augen kurz zu schließen und an einen schönen Ort zu denken. Auswirkung: Verbesserung der Leistung.

Ruhebild

Ein Sportler, der mentales Training praktiziert, z.B. ein Skifahrer oder Hochspringer, hat meist ein Ruhebild, mit dem er sich blitzschnell in hektischen Situationen auf ein niedrigeres Erregungsniveau »herunterholen« kann. Das Ruhebild besteht aus einer einzigen Imagination entspannender Art. Es wird keine Gedankenreise gemacht, sondern es ist ein einzelnes Bild. Solche sehr beruhigenden Ruhebilder für persönliche Gelassenheit können sein:

- reale Bilder aus der Natur – Orte und friedliche Umgebungen, die immer wieder aufgesucht werden, z.B. ein See, Wasserfall, Fels, eine blühende Wiese, unter einem Baum,
- Dinge oder Gegenstände,
- das eigene Zimmer, ein anderes Zimmer, eine Berghütte,
- eine schöne Landschaft, Berglandschaft,
- auf der Terrasse sitzend; auf das Meer, einen Garten oder eine Berglandschaft blickend,
- an einem warmen Sandstrand liegend, den Sonnenuntergang beobachtend und dem Rauschen der Wellen lauschend,
- ein gemütlicher Winterabend zu Hause am Kaminfeuer, mit einem heißen Kakao und einem guten Buch,
- ein perfekter Ausritt inmitten der Natur,
- im Schaukelstuhl sitzend,
- in einer Hängematte liegend,
- beim Skilanglauf im Mondschein.

Beispiel:

»Ich liege auf dem Rücken am Strand. Die Sonne wärmt meine Haut. Ich spüre den warmen Sand in meinen Händen. Ein sanfter Wind streicht über mich. Das gleichmäßige Plätschern der Wellen ist zu hören. Ich schmecke etwas Salz auf den Lippen. In der Ferne zwitschern Vögel in den Bäumen. Ich blicke in den blauen Himmel und sehe die vorbeiziehenden Wolken.«

Reden Sie nach der Visualisierung des Ruhebilds mit Ihrem Kind über die gemachte Erfahrung. Überlegen Sie gemeinsam, ob es noch besser gestaltet werden kann. Wenn Ihr Kind Schwierigkeiten hat, ein Ruhebild zu finden, dann können Sie eines vorgeben.

Ihr Kind kann bei jeder Wahrnehmung von Unruhe und Stress sein Ruhebild »einschalten«. In der Praxis sieht das wie folgt aus: Ihr Kind merkt, dass es nervös wird vor einer Prüfung. Es ruft sein Ruhebild ab, indem es z.B. tief durchatmet, sein Codewort/ Schlüsselwort (z.B. »Ruhe«) sagt und sich mental an seinen Ort der Ruhe, Erholung und der Geborgenheit versetzt. Es entfernt sich bewusst aus dem Hier und Jetzt und aktiviert so ein Gefühl der Ruhe, Erholung, Entspannung und Freiheit. Es werden alle Sinne (Sehen, Hören, Körperempfindungen, Gerüche) in die Ruhe-Vorstellung miteinbezogen.

Anleitung Ruhebild abrufen

Setze dich bequem hin, atme ruhig und gleichmäßig, schließe deine Augen. Finde ein entspannendes, positives, schönes, unbewegtes, geistiges Ruhebild. Das Bild soll Ruhe, Erholung und Wohlbefinden in dir erzeugen. Was bedeutet für dich Ruhe und Wohlbefinden? Wo erlebst du Ruhe bzw. hast du Ruhe erlebt? Es kann ein Bild aus der Natur sein oder es kann mit Menschen zusammenhängen ... Es kann ein aktuelles Bild sein oder eins aus deiner Vergangenheit ... Welche Farben hat dein Ruhebild? ... Welche Geräusche? ... Welche Gerüche? ... Welche Körperempfindungen spürst du? ... Spüre die Ruhe. Achte darauf, was genau für dich entspannend ist und verstärke diese Aspekte. Gibt es Dinge, die dich im Bild stören, so lass diese einfach weg.
Wenn du dir keinen entspannenden Ort vorstellen kannst, liste die Dinge auf, die dich entspannen und kreiere daraus dein Ruhebild.
Zur Verinnerlichung: Schreibe dein Ruhebild auf und zeichne es.

Droschkenkutscherhaltung

Johannes Heinrich Schultz, Erfinder des »Autogenen Trainings«, hat sich diese Standardstellung von den Droschkenkutschern abgeschaut. In den Pausen zwischen zwei Fahrten während des Wartens auf neue Gäste erholten und ruhten sich die Kutscher auf dem Kutschbock sitzend in einer ganz bestimmten, leicht gebeugten Körperhaltung, der sogenannten Droschkenkutscherhaltung, aus. Diese Körperhaltung ermöglicht für eine sitzende Position eine nahezu optimale Entspannung der meisten Muskeln. Diese Haltung wird auch zu Beginn des Autogenen Trainings eingenommen.

Anleitung Droschkenkutscherhaltung

Setze dich locker auf einen Stuhl, die Beine leicht auseinander (»Beine breit«), die Füße stehen flach auf dem Fußboden. Unter- und Oberschenkel bilden einen rechten Winkel. Die Unterarme liegen auf den Oberschenkeln. Lass die Schultern hängen.
Atme ein paar Mal tief ein und aus. Schließe die Augen.

Versuche, dabei eine Körperhaltung zu finden, bei der du weder nach vorn noch nach hinten abrutschst. Achte aber darauf, dass Kopf und Rücken gebeugt bleiben. Für diese Haltung brauchst du keine Rückenlehne. Wenn du das Gefühl hast, sie gefunden zu haben, bleibe eine Weile in der Ruhepunkt-Haltung. Lege deine Unterarme auf die Oberschenkel, wobei deine Hände, ohne sich zu berühren, zwischen deinen Beinen baumeln. Halte deine Hände leicht geöffnet, die Handflächen zeigen entweder nach unten oder oben.
Strecke alle Finger. Öffne wieder die Augen. Sag zu dir: »Ich bin wach und frisch.«

Beruhigungs- und Notfallpunkt

Das Kind bzw. der Jugendliche hat das Gefühl, alles wächst ihm über den Kopf (z.B. der Lernstoff für eine

Prüfung wird als zu viel empfunden, Angst vor freiem Sprechen, Wettkampf o. Ä.).

Anleitung Notfallpunkt

Drücke mit einem Daumen für ca. 10 Sekunden deinen Notfallknopf! Deinen Notfallpunkt findest du genau in der Mitte der Handinnenflächen.
Schmerzt dieser beim Draufdrücken, ist das ein klarer Hinweis, dass du sehr angespannt/gestresst bist. Drücke diesen Punkt auf der linken und rechten Handinnenfläche im Wechsel mehrmals, bis der Schmerz deutlich nachlässt und du dich wieder besser und entspannter fühlst.

4.3 Fantasiereisen

Traum- und Fantasiereisen nennt man auch gelenkte Tagträume. Gedanklich sehen die Kinder eine Geschichte ablaufen, die ihnen vorgelesen wird, die sie auf einer CD hören oder die sie sich selbst im Kopf ausdenken. Voraussetzung ist ein entspannter Zustand und die Bereitschaft, sich auf die Bilder, die ihnen in den Sinn kommen, einzulassen. Was jedes Kind während einer solchen Reise sieht, ist ganz individuell. Dabei können Kinder viel über sich selbst erfahren. Solche Reisen eignen sich zur Entspannung, können aber auch zielgerichtet eingesetzt werden für mehr Kreativität und Ideen, zur Unterstützung bei Entscheidungen, für mehr Klarheit in einer Sache usw. Themen für eine Entspannungs-Reise können sich je nach Jahreszeit ergeben, oder sie richten sich nach den Wünschen der Kinder. Es kann sein, dass die Reise beim Kind positive und auch negative Gefühle aufkommen lässt. Denn während ihr Geist sie durch ihre inneren Bilder führt, lösen sich Kinder oft von belastenden Vorstellungen oder stellen sich intensiv tolle Ereignisse vor, bauen sie in ihrer Fantasie noch weiter aus. Wichtig ist, das Kind mit seinen Emotionen hinterher nicht alleine zu lassen und ihm auch zu vermitteln, dass man während der Reise bei ihm ist.

Allgemeines zur Durchführung von Fantasiereisen

Damit sich Kinder entspannen können, sollten auch die Erwachsenen entspannt sein und die Übung nicht mit Kindern machen, wenn sie selbst gestresst sind! Eine behagliche Atmosphäre z.B. mit gedämpftem Licht, Kerzenlicht, leiser, sanfter, ruhiger Entspannungs-, oder Meditationsmusik und eventuell einem unaufdringlichen Aromaduft fördert die Entspannung. Für Kinder sind geführte Fantasiereisen, zum Anhören auf CD oder zum Vorlesen, ideal. Traumreisen eignen sich gut als Einschlafritual.

Die folgenden Dinge sind zu beachten:

- Wählen Sie einen günstigen Zeitpunkt.
- Das Kind sollte bequem und evtl. mit einer Decke und einem Kissen ausgestattet auf dem Boden, auf einer Matte, dem Sofa oder im Bett liegen (angenehme Umgebungsbedingungen). Oder es sitzt bequem.
- Leiten Sie eine Gruppe an: Sie sollten alle Kinder im Blick haben und von allen gesehen werden.
- Mit oder ohne Musik?
- Lesen Sie mit ruhiger, weicher Stimme vor.
- Lesen/sprechen Sie langsam.
- Fantasiereisen auf CD führen normalerweise Schritt für Schritt durch die Geschichte mit einer Einführung und einem Ausstieg aus der Reise.
- Das Kind darf die Augen schließen. Geht das nicht oder ist das Kind unruhig, darf es sie auch noch einmal öffnen oder sich einen Punkt im Raum/an der Zimmerdecke suchen, den es während der Entspannungszeit ansieht. Oder man bietet ihm eine Schlafbrille o.Ä. an.
- Nach der Reise, die einen glücklichen Ausgang haben sollte, lassen Sie die Musik noch etwas laufen, immer leiser, bis nichts mehr zu hören ist. Das Kind streckt sich, setzt sich erst einmal auf, bevor es aufsteht.
- Jetzt können Kind und Erwachsener die

Fantasiereise noch mal reflektieren (Rückmeldung durch die Kinder): Wie war sie für das Kind? Was hat es gesehen, erlebt, wahrgenommen, auch an sich selbst? Wie geht es ihm jetzt?
- Kinder malen danach gerne Bilder zu ihren Erfahrungen.[2]

Für die Entspannung mit Kindern gelten ein paar einfache Grundsätze:
- Kinder sollten verschiedene Zugänge zur Entspannung ausprobieren dürfen.
- Faustregel: langsam beginnen, langsam steigern.
- Entspannung führt Kinder von der nach außen gerichteten Wahrnehmung zur inneren, von der Steuerung von Außen zur Selbststeuerung.
- Die kindliche Erlebniswelt muss berücksichtigt werden.
- Lust, Spaß und Freude sollen dabei sein.
- Günstig ist ein Zeitpunkt, wenn die Kinder ohnehin Ruhe möchten.
- Kinder müssen bereit für Entspannung sein, mitmachen wollen.
- Entspannung in der Gruppe: Gruppen müssen homogen und klein sein.
- Es funktioniert mit und ohne Musik, wobei Kinder gerne leise Musik mögen.
- Die Option zur Rückmeldung, wie die Entspannung empfunden wurde, sollte gegeben sein.
- Je jünger die Kinder, desto spielgemäßer sollte die Technik vermittelt werden.
- Kinder bis 13 Jahre: vor allem erlebnis- und bewegungsorientierte sowie imaginative Methoden, fantasievolle Formen.
- Kinder ab 14 Jahren: eher kognitiv ausgerichtete Entspannungsmethoden.

4.4 Musik

Kinder lieben Musik und können sich durch die Wirkung ruhiger, getragener Musik gut entspannen. Es gibt viele Verlage, die Entspannungsmusik speziell für Kinder veröffentlichen. Probieren Sie verschiedene Musik aus, da die Geschmäcker sehr verschieden sind. Auch klassische Musik, Panflötenmusik oder eine Ballade eignen sich, aber hier eher Stücke ohne besonders prägnante Stellen. Gehört wird Musik zur Entspannung in einer ruhigen Sitz- oder Liegeposition. Auch geeignet sind Naturgeräusche-CDs z.B. mit Vogelgezwitscher, Rauschen des Windes, sanftem Plätschern von Wasser und Wellen, Meeresrauschen. Kombinieren Sie Musik mit anderen Entspannungsübungen.

4.5 Progressive Muskelentspannung (PME) nach Jacobson

Stress führt zu einer erhöhten Anspannung der Muskulatur. Ziel der Progressiven Muskelentspannung (PME), auch »progressive Muskelrelaxation« genannt, ist es, eine Reise durch den eigenen Körper zu machen und diesen dabei besser kennenzulernen, eine bessere Wahrnehmung für unterschiedliche Muskelspannungszustände zu entwickeln, diese bewusst wieder zu lösen und die Entspannung einzelner Muskelgruppen auf den ganzen Körper übergehen zu lassen. Erreicht wird dies durch die bewusste Anspannung von Muskeln bzw. Muskelgruppen mit anschließendem Loslassen. Durch die vorherige Anspannung vertieft sich die folgende Entspannung. PME hilft Kindern, sich zu finden, wenn sie unruhig und ängstlich sind.

Psychische und emotionale Auswirkungen: Gelassenheit gegenüber Außenreizen, gesteigertes Wohlbefinden und Ausgeglichenheit.

Tipps:

- PME zunächst üben, wenn man entspannt ist. Wenn es das Kind sie dann besser drauf hat, kann es PME auch in Stress- und Drucksituationen anwenden.
- Schalten Sie anfangs eine schöne Entspannungsmusik an, die dem Kind gefällt.
- Gedanken und Außengeräusche wie Wolken vorüberziehen lassen.

Ablauf: Nacheinander werden in der kompletten PME-Version 16 Muskelgruppen im Wechsel angespannt und anschließend wieder entspannt. Beim Anspannen sollte man sich kurz des Gefühls bewusst werden, beim Entspannen den Unterschied bewusst spüren. Kinder werden am besten durch einen Erwachsenen bzw. eine CD angeleitet: Die folgende Anleitung können Sie Ihrem Kind vorlesen.

Anleitung PME

- Setze dich auf einen Stuhl oder lege dich auf den Rücken. Verändere im Liegen solange deine Lage, bis du ganz bequem liegst. Spüre die Unterlage, auf der du liegst/sitzt.
- Die Arme hängen bzw. liegen entspannt neben deinem Körper.
- Schließe die Augen. Atme gleichmäßig, ruhig und tief durch die Nase ein, halte den Atem kurz an und atme dann ganz lange aus. Fühle, wie du innerlich loslässt.
- Richte deine Aufmerksamkeit nun auf deine rechte Hand. Balle sie zur Faust, atme ruhig und gleich-

Kinder lieben Musik und können sich dabei gut entspannen.

mäßig weiter, halte diese Spannung (5–7 Sekunden) und löse beim nächsten Ausatmen die Anspannung.

- Öffne jetzt ganz langsam deine Hand. Entspanne die Finger. Spüre, wie sich deine Hand jetzt – nachdem du sie erst angespannt und dann entspannt hast – anfühlt. Vielleicht spürst du ein Kribbeln in der rechten Hand, vielleicht fühlt sie sich auch ganz warm an. Damit du dieses Gefühl besser kennenlernst, wiederholen wir die Übung noch einmal: rechte Hand langsam und immer mehr zur Faust ballen, noch mehr ... ruhig und gleichmäßig weiteratmen und dann wieder entspannen: rechte Faust öffnen und Finger entspannen. Konzentriere dich wieder darauf, wie sich deine rechte Hand jetzt anfühlt.
- Nun balle die linke Hand zur Faust, atme ruhig und gleichmäßig weiter, löse die Anspannung beim Ausatmen, öffne langsam deine Hand und entspanne deine Finger. Spüre einmal, wie sich deine Hand jetzt – nachdem du sie erst angespannt und dann entspannt hast – anfühlt. Vielleicht spürst du auch hier ein Kribbeln, vielleicht fühlt sich die Hand auch ganz warm an. Damit du dieses Gefühl besser kennenlernst, wiederholen wir die Übung noch einmal: linke Hand langsam und immer mehr zu einer Faust ballen, noch mehr, ruhig und gleichmäßig weiteratmen und dann wieder entspannen: linke Faust öffnen und Finger entspannen. Konzentriere dich wieder darauf, wie sich deine linke Hand jetzt anfühlt.
- Jetzt runzle deine Stirn, spanne die Stirnmuskeln an, ziehe die Augenbrauen nach oben ... halte die Spannung, spüre sie auf deiner Kopfhaut nach ... nun entspanne und lass die Muskeln deiner Stirn wieder weicher werden. Die Stirn fühlt sich nun ganz glatt und entspannt an.
- Kneife jetzt die Augenlider zusammen (»Zornesfalten«), halte die Spannung und spüre sie ... entspanne.
- Spanne die Nasenmuskeln an (Naserümpfen, Kräuseln), halte und spüre die Spannung ... entspanne.
- Spitze die Lippen oder presse sie zusammen ... halte und spüre die Spannung ... entspanne.
- Spanne die Kiefermuskeln an, indem du die Zähne zusammenbeißt ... halte und spüre die Spannung ... entspanne.
- Spanne deine Gesichtsmuskeln an, schneide z.B. eine Grimasse, lächle ... halte und spüre die Spannung ... entspanne.
- Spanne die Schultermuskeln an, ziehe die Schultern bis zu den Ohren hoch ... halte und spüre die Spannung ... Lass die Schultern los, entspanne.
- Spanne deine Rückenmuskeln an, zuerst die oberen, dann die unteren ... halte und spüre die Spannung ... entspanne.
- Spanne deine Bauchmuskeln an, mache deine Bauchdecke hart, als wolltest du darauf etwas abstellen ... halte und spüre die Spannung ... entspanne.
- Spanne beide Pobacken an ... halte und spüre die Spannung ... entspanne.
- Lenke dein Bewusstsein auf deine Beine. Spanne den rechten Oberschenkelmuskel an, drücke dazu den Fuß auf den Boden ... halte und spüre die Spannung ... entspanne.
- Spanne die Muskeln rechts vom Knie abwärts an, alle Muskeln einschließlich Knie und Wade ... ziehe den rechten Fuß hoch, Ferse auf dem Boden ... halte und spüre die Spannung ... entspanne.
- Spanne die Muskeln des rechten Fußes und die Zehen an, krümme dazu die Zehen, als ob du etwas greifen wolltest ... ruhig weiteratmen ... halte und spüre die Spannung ... entspanne.
- Spanne jetzt den linken Oberschenkel an, drücke dazu den linken Fuß auf den Boden ... halte und spüre die Spannung ... entspanne.
- Nun wiederhole das Ganze links vom Knie abwärts und den Muskeln des linken Fußes und der Zehen.
- Nimm noch einmal einen tiefen Atemzug, atme in den Bauch ein, atme langsam wieder aus. Spüre die Folgen des Gelöst-Seins. Das Gefühl vertieft sich mit jedem Atemzug.

- Spüre das Gelöst-Sein in deinen Fingern, Händen, Armen, Gesicht, Kopfhaut, Stirn, Augen, Nase, Mund und Kiefer, Schultern, Nacken, Rücken, Bauch, Gesäß, Oberschenkel, Unterschenkel bis in die Füße und Zehenspitzen hinein – alles sollte sich jetzt angenehm entspannt anfühlen.
- Wiederhole dieses tiefe Atmen drei Mal, richte deine Aufmerksamkeit auf diese Atemvorgang. Mit jedem Ausatmen vertieft sich die Entspannung. Gähne und strecke deinen Körper, so wie morgens beim Aufwachen. Bewege deine Finger. Öffne nun deine Augen und gähne. Richte dich nun langsam auf.

Das Gefühl tiefer Entspannung bleibt in deinem Gedächtnis gespeichert und du fühlst dich nun fit, frisch und erholt!

Es gibt auch die Kurzform der PME, bei der nur 7 oder 4 Muskelgruppen angespannt werden.

4.6 Autogenes Training (AT)

Das Autogene Training wurde in den zwanziger Jahren des vorigen Jahrhunderts von dem Berliner Arzt Johannes Schultz entwickelt. Diese Methode der »Konzentrativen Selbstentspannung« arbeitet mit wiederholten, kurzen, kindgerechten Sätzen bzw. vorgeschriebenen Suggestionsformeln. Mit ihnen wird (gedanklich) beschrieben, wie Entspannungsreaktionen im Körper erlebt werden. Das Kind macht neue Erfahrungen mit seinem Körper, lernt, den Zusammenhang und die Wechselwirkung zwischen Körperempfindungen und Gefühlen wahrzunehmen und erfährt, dass es seinen Körper durch Gedanken selbst beeinflussen und steuern kann.

Auswirkungen: Zunehmende Stärkung des Selbstbewusstseins, Ruhigstellung des Körpers, Verringerung von Ängsten, Zutrauen in die eigenen Fähigkeiten, mehr Vertrauen in Selbststeuerungskräfte, Ruhe und Geborgenheit, Erweiterung der Vorstellungskraft, Verbesserung der Konzentration, Abbau von Kopfschmerzneigung, seelische und körperliche Stabilisierung.

Stellt sich das Kind z.B. auf Wärme ein, spürt es ein Kribbeln in Händen und Füßen und eine leichte Wärmezunahme. Oder das Kind spürt, dass sein Herz schneller klopft, wenn es sich aufregt, ärgert oder wütend ist, aber auch, wenn es freudig erregt ist, weil es auf die Geburtstagsüberraschung gespannt ist.

Bei Kindern funktioniert AT besser über Fantasiereisen, bei denen die AT-Formeln in die Geschichte eingebaut werden. Erinnern sich die Kinder an die Geschichte, bringen sich selbst wieder in einen entspannten Zustand

Tai Chi

4.7 Tai Chi, Kinderyoga, Qigong

Tai Chi, eine historische chinesische Kampfkunst, bietet Übungen mit Wechsel von Anspannung und Entspannung und eignet sich ab dem Vorschulalter.
Auswirkungen: Spielerische Verbesserung von Körperwahrnehmung, Bewegung und Ruhe, Entspannung, Wecken von Freude an der Bewegung.
Auch im **Qi Gong** geht es um den Wechsel zwischen Anspannung und Entspannung, es muss aber für Kinder spielerischer gestaltet werden, z.B. mit Tierfiguren, Übungen zu Kraft und Selbstvertrauen.

Kinderyoga beinhaltet u.a. auch Atemübungen, Fantasiereisen, fließend aufgebaute Übungsreihen, abgestimmt auf Kinder, und eine abschließende Tiefenentspannung. Zum Teil sind es dieselben Haltungen wie bei Erwachsenen, nur kürzer und spielerischer.

Auswirkungen: Stärkung von Selbstvertrauen und Selbstbewusstsein, Entwicklung eines eigenen Körpergefühls, Wohlbefinden, Ausgeglichenheit, mehr Konzentration, Anregung der Fantasie, Förderung der allgemeinen (Körper-)Wahrnehmung, Abbau von Stress.

4.8 Berührung, Massage, Klangschalenmassage, Akupressur

Sanfte Massagen, zum Beispiel begleitet von einer Geschichte oder Musik und unterstützt durch einen kleinen Noppenball, mögen schon die ganz Kleinen und Kindergartenkinder. Klangschalenmassage unterstützt das Lernen, weckt Neugierde, schult Sensibilität, stärkt Selbstheilungskräfte und vertieft die entspannende Wirkung. Verspannungen können gelöst werden. Sie eignet sich auch für Gruppen.

Yoga

Es gibt spezielle Akupressurpunkte (wie Akupunktur, aber ohne Nadeln) für Kinder, etwa für mehr Ruhe und Ausgeglichenheit. Diese Punkte werden mit Fingern massiert. Bei dieser Methode können Eltern selbst etwas beitragen.

4.9 Meditation

Für eine Meditation, die speziell für Kinder und Jugendliche angepasst ist, begibt man sich mit ihnen am besten an einen schönen Ort in der freien Natur. Bei Kindern kann man die Meditation verknüpfen mit haptischen Eindrücken, zum Beispiel indem sie währenddessen einen Stein oder andere Naturmaterialien halten. Meditation mit Kindern sollte weniger Stillsitzen bedeuten, sondern verbunden werden mit Atemübungen, dem Hören von Klangschalentönen, Fantasiereisen oder Imaginationen; alternativ bieten sich meditatives Malen (zu Musik) oder bewegte Meditation mit Tanz, Qi Gong an.

Auswirkungen: Erhöhung von Ausgeglichenheit, Entspannung und Leistungsfähigkeit: Loslassen von Stress und Druck zugunsten einer gesteigerten Konzentration, Freude und Lust am Leben; verringerte Neigung zu Aggressionen.

4.10 Feldenkrais

Hierbei handelt es sich um eine körperorientierte Lernmethode aus den 1920er Jahren von Moshé Feldenkrais, Physiker und Judomeister. Im Fokus stehen Bewegungsmuster, die man im Alltag ständig (unbewusst) ausführt, und deren Variation zugunsten eines besseren Körpergefühls und besserer Körperwahrnehmung.

Ziele: mehr Bewegungsfreiheit, Beweglichkeit, Alternativen zu Bewegungen, Bewusstheit über Bewegungen und ihre Abläufe, sich selbst ohne Wertung zu spüren, was hilft, respektvoll und tolerant miteinander umzugehen.

5 Emotionen

Gefühle äußern, mit Gefühlen umgehen lernen und sie richtig einsetzen

»Everyone knows what an emotion is, until asked to give a definition. Then it seems that no one knows.«
(Fehr/Russel 1984, S. 464)

Das Wort Emotion bedeutet wissenschaftlich gesehen nicht genau das gleiche wie das Wort »Gefühl«. In diesem Kapitel werden die Begriffe Emotion und Gefühl aber synonym verwendet.

Eine verbindliche wissenschaftliche Definition lässt sich nicht finden. Emotion ist ein Oberbegriff für einen körperlichen Zustand und das entsprechende Ausdrucksverhalten (nach Euler/Mandl, in: Otto et al. 2000, S. 11-18)[1]. Emotion kommt vom lateinischen Wort »movere« (bewegen). Der Zusatz »E« verändert die Bedeutung: »emovere« = eigentlich »etwas hinausschaffen, etwas entfernen, herausbewegen«. »Emotio«: Herausbewegung, das Fortbewegen; »ex« = heraus und »motio« = Bewegung, Erregung.

»Eine Emotion ist eine automatische Antwort des Körpers auf eine bestimmte Situation – das Blitzen der Augen vor Lust, das Erröten der Gesichtshaut, wenn wir bei einer Ausrede ertappt worden sind. Ein Gefühl erleben wir, wenn wir diese Emotion bewusst wahrnehmen.«

(Klein 2002, S. 35)

- Emotionen hat jeder. Sie beeinflussen uns.
- Emotionen können hemmen und blockieren, aber auch beflügeln und uns zu Spitzenleistungen antreiben.
- Emotionen sind komplexe Prozesse, die z.B. durch eine Situation ausgelöst werden und zu einem Erregungszustand führen.
- Bei Emotionen handelt es sich um Sinneswahrnehmungen, die über Erinnerungen und Erfahrungen geprägt werden.
- Sie werden ausgedrückt durch Gestik, über Mimik, Worte etc.
- Emotionen können wir nicht immer kontrollieren.
- Emotionen bestimmen Einstellungen, Absichten und Verhalten.
- Gefühl ist das subjektive Erleben. Gefühle sind ansteckend.
- Negative Gefühle wie Angst und Wut breiten sich schneller aus als positive und lassen ein vernünftiges Handeln nicht zu!
- Emotionen beinhalten immer einen Appell.
- Emotionen spüren wir in unserem Körper.
- Wirkung von positiven Emotionen: Verminderung von Stress, Beschleunigung der Erholung, Optimierung der Informationsaufnahme, Beschleunigung des Lernens, Unterstützung von Lernprozessen, Förderung der Langlebigkeit, Erhöhung der Kreativität (nach Prof. Sigurd Baumann).

Der US-amerikanische Anthropologe und Psychologe Paul Ekman stellt folgende sechs Grundemotionen heraus: Freude, Furcht, Wut, Ekel, Überraschung und Traurigkeit. Für den Psychologen Daniel Goleman (»Emotionale Intelligenz«, 1995) sind Freude, Trauer, Wut und Angst die vier Grundgefühle.

Emotionen entstehen aufgrund der individuellen und subjektiven Bewertung einer Situation (Sieg, Gefahr) und früheren emotionalen Erfahrungen. Die Bewertung hängt ab von:

- der Einstellung, der Erwartungshaltung (»jetzt muss es mit der Klassenarbeit klappen«),
- der momentanen Befindlichkeit (emotionaler Zustand) z.B. Stimmung, Müdigkeit,
- dem gegenwärtigem Umfeld (Zuschauer, Freunde),

Angst vor der Klassenarbeit.

- früheren guten und schlechten Erfahrungen in ähnlichen Situationen (»nicht schon wieder ...«),
- den zu erwartenden Konsequenzen.

Emotionsauslösende Situationen

Positive Emotionen können ausgelöst werden durch: Lob als Wertschätzung, positive Erfüllung von Erwartungen, Zielerreichung, erfolgreiche Beendigung einer Prüfung, kleine und große Veränderungen.

Negative Emotionen wie Wut, Angst und andere können zu den folgenden Reaktionen und Erscheinungen führen: Überforderung, Versagensangst, Selbstzweifel, Hilflosigkeit, Unlust, fehlende Motivation, Ärger bis hin zu Wutausbrüchen, Unsicherheit, Verlust von Lockerheit und Konzentration, Minderung der Leistungsfähigkeit, Denkblockaden, keine Kontrolle mehr über die Technik und Taktik, Störung der Lebensführung und des gleichmäßigen Energieflusses im Körper.

Es ist wichtig, sich bewusst zu machen, wann man aus dem seelischen und/oder körperlichen Gleichgewicht gekommen ist, um entsprechend darauf zu reagieren. Sind der physische sowie der emotionale und der mentale Bereich im Gleichgewicht, können wir flexibler und selbstbewusst auf Stresssituationen welcher Art auch immer reagieren.

5.1 Emotionen und ihre Wirkung

Emotionen sind der Treibstoff der mentalen Fähigkeiten – bei allen lebensbestimmenden Prozessen ist schon eine lange Kette von Emotionen am Werk, bevor der Verstand anfängt zu arbeiten. Schön, wenn es sich um positive Gefühle handelt, einschränkend, wenn es negative sind. Negative Emotionen können zu »Selbstläufern« werden: »Es können emotionale Sperren entstehen, man grübelt immer über das gleiche Problem, die ständige Wiederholung kann zu Verfestigungen führen, die an den Grenzbereich neurotischen Verhaltens rühren« (Baumann 2011, S. 99). Gefühle lassen sich nur schwer unterdrücken. Sie zuzulassen – auch solche, die unsere Gesellschaft eher negativ belegt, wie die Wut – ist wichtig. Gerade Mädchen bekommen (meist unbewusst) noch beigebracht, dass es nicht okay ist, aggressiv oder zornig zu sein: »Sei nicht so zickig!«. Jungen wiederum sollen sich »nicht wie ein Mädchen aufführen«, also nicht weinerlich, zu mitfühlend oder sensibel sein (siehe auch Beispiele auf der nächsten Seite).

Emotionen und Lernen

Wie wir uns gerade fühlen und ob wir überhaupt etwas fühlen, wenn wir neue Lerninhalte vermittelt bekommen, beeinflusst unser Lernverhalten. Verschiedene wissenschaftliche Ansätze befassen sich damit, wie sich Gefühle aufs Lernen und Verarbeiten von Informationen auswirken. Festgehalten werden kann: Kinder, die mit Begeisterung etwas lernen und die »berührt« werden von Lerninhalten, auch im Sport, tun sich leichter, haben mehr Spaß am Lernen,

Der Mandelkern (Amygdala) wird als Zentrum des emotionalen Denkens im Gehirn angesehen.

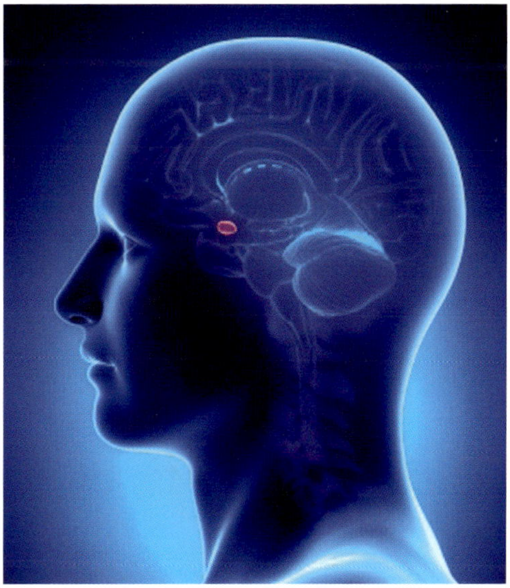

behalten das Gelernte eher. Umso besser, wenn es ihnen gelingt, dieses mit ihrer Lebenswirklichkeit in Zusammenhang zu bringen und zu wissen, was all das mit ihnen selbst zu tun hat. Dazu braucht es begeisternde Lehrer, Trainer und Erzieher, die ein Interesse daran haben, Potentiale zu entfalten.[3] Unter Angst und Druck zu lernen, ist auch möglich – nur verbinden wir mit dem Lernstoff/der Übung hinterher eher negative Gefühle und tun uns schwerer, das Gelernte mit vorhandenem Wissen zu verknüpfen, es auf Situationen und Beispiele anzuwenden (vgl. Spitzer 2006 und Nachdruck 2012, S.161 ff.).

Denken und Fühlen

Der Mandelkern (Amygdala) wird als Zentrum des emotionalen Denkens im Gehirn angesehen und wirkt als emotionaler Verstärker. Er ist Teil des sogenannten »limbischen Systems«. Der Mandelkern nimmt sensorische Signale vom Auge und vom Ohr auf – noch bevor ein zusätzliches Signal den Sitz

Emotionen und ihre Wirkung

Sarah ist wütend. Ihre beste Freundin hat sie im Handballtraining kaum angesehen, und statt danach mit der Mannschaft zur Eisdiele zu gehen, ist sie nach Hause geradelt. »Sie mag mich nicht mehr«, denkt Sarah, und die Wut weicht der Verzweiflung: Sie sind doch seit dem Kindergarten eng befreundet! Was könnte Sarah getan haben, dass die Freundin sie ignoriert?

Max, sein Bruder Florian und ihr Freund Tobi spielen mit ihren Rennautos. Als die Brüder am Abend aufräumen, fehlt Max' roter Ferrari. Auf den war er besonders stolz. Florian beteuert, dass er ihn nicht hat und meint: »Wahrscheinlich hat Tobi ihn geklaut!« Max ist stinksauer und marschiert am nächsten Tag schnurstracks in Tobis Klassenzimmer. Dort stellt er seinen verdutzten Freund zur Rede: »Wo ist mein Ferrari? Zu Hause ist er nicht, du musst ihn haben!« Tobi reagiert empört. Max ist unsicher: Kann er seinem Freund vertrauen? Oder soll er seinem Bruder glauben?

Sarah hat ihre Freundin Susi nach zwei Tagen Funkstille angerufen und sie gefragt, was los ist. Da brach Susi in Tränen aus und erzählte, dass ihr Hund am Tag vor dem Training eingeschläfert wurde. Mit Sarah habe sie nicht darüber sprechen wollen, denn die habe die ganze Zeit nur von ihrem neuen Fahrrad erzählt.

Max ist erleichtert: Der Ferrari ist wieder aufgetaucht. Die Mutter hatte staubgesaugt und das Rennauto unbemerkt mit dem Staubsauger tief unter die Kommode geschoben. Da konnte ihn so schnell keiner finden. Aber Katze Pfötchen holte das interessante Ding wieder hervor. Die Mutter rät Max, sich bei Tobi zu entschuldigen, der seitdem nicht mehr mit Max spielen will.

unseres Denkens, den Neokortex, erreicht. Daniel Goleman, Autor des Buchs »EQ. Emotionale Intelligenz« (1995), bezeichnet Mandelkern und Neokortex einprägsam als »emotionalen Wächter« und »Gefühlsmanager«. Mithilfe des Mandelkerns messen wir alltäglichen Ereignissen eine persönliche Bedeutung bei und reagieren mit entsprechenden Gefühlen wie zum Beispiel Wut, Angst, Trauer oder Freude. »Erkennt« der Mandelkern bei einem solchen Ereignis etwas Alarmierendes, schaltet das Gehirn unmittelbar auf »Krise« um, bevor der Neokortex ausgleichend reagieren kann – daher denken wir zeitweise nicht mehr klar, wenn wir extrem wütend oder himmelhochjauchzend erfreut sind (vgl. Sit 2012).

Da die Areale im kindlichen Gehirn noch nicht voll vernetzt sind – die Hochphase der Vernetzung findet etwa zwischen dem 10. und 20. Lebensjahr statt –, erleben Kinder und Jugendliche zwar das gesamte Gefühlsspektrum, können diese Reaktionen aber

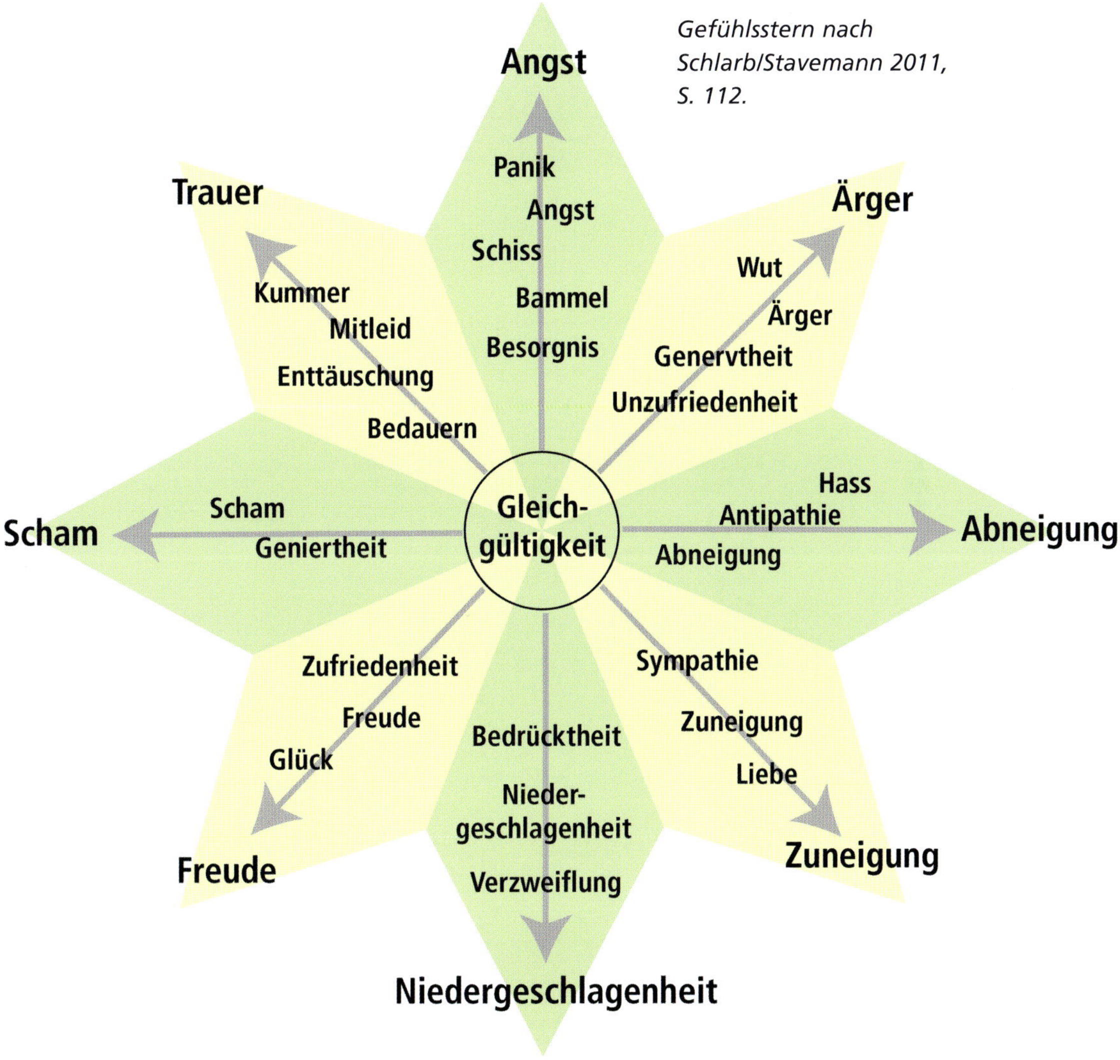

Gefühlsstern nach Schlarb/Stavemann 2011, S. 112.

	Beschreibung	Nützliche Fragen
A Ausgangs-situation	die objektive und sachliche Beschreibung der Situation	Was kann man da beobachten? Was ist da los? Wer macht was?
B Bewertungs-system	Alle bewussten und verdeckten Gedanken zu A	**B1 (persönliche Sichtweise):** Was denkst du darüber? Wie ist das für dich? Ist das … oder …? **B2 (Schlussfolgerungen und vermutete persönliche Konsequenzen):** Was meinst du, was passiert? Wie geht es dann weiter? **B3 (Bewertung):** Wie findest/fändest du das? Wäre das gut, egal, oder schlecht für dich?
C Konse-quenzen	Gefühls- und Verhaltenskonsequenzen aus der Bewertung	**C1 (Gefühlskonsequenz):** Wie fühlst du dich, wenn du so denkst? Fühlst du die Aufregung in deinem Körper? Wo, wie? **C2 (Verhaltenskonsequenz):** Was tust du dann?

Beispiel (aus Schlarb/Stavemann 2011, S. 117 ff.):
Adam, 14 Jahre, hat in der Schule ausgeprägte Prüfungsangst. Jedes Mal, wenn er aufgerufen wird, wird ihm übel und er wird nervös. Sein Herz rast und er merkt, wie er bleich wird und zugleich rote Flecken an Hals und im Gesicht bekommt. Wenn er ein Referat hält, verhaspelt er sich und stottert vor Nervosität. Gemeinsam mit Adam wird das ABC-Modell erarbeitet.

	Beschreibung und Fragen
A Ausgangs-situation	A (die objektive und sachliche Beschreibung der Situation): Ich stehe vor der Schulklasse.
B Bewertungs-system	**B1 (persönliche Sichtweise):** Ich soll ein Referat halten. Die schauen alle auf mich. Ich habe schon oft hier gestanden und vor Aufregung kaum was sagen können. **B2 (Schlussfolgerungen und vermutete persönliche Konsequenzen):** Ich könnte wieder rot werden, und meine Stimme wird bestimmt wieder zittern. Alle würden mich auslachen und ich wäre der letzte Heuler. **B3 (Bewertung):** Das wäre echt peinlich!
C Konse-quenzen	**C1 (Gefühlskonsequenz):** Angst. Herzrasen, roter Kopf, Schwindelgefühl, trockener Mund, zittrige Stimme, rote Flecken auf Gesicht und Hals **C2 (Verhaltenskonsequenz):** Ich sage: »Mir ist schlecht« und gehe aufs Klo.

nicht verstehen und in der Regel auch noch nicht voll kontrollieren. Die Bedeutung von glücklich sein oder unglücklich sein können Kinder zum Beispiel erst mit zwölf Jahren oder später wirklich erfassen. Die starken Gefühlsschwankungen in der Pubertät können erst unter Kontrolle gebracht werden, wenn das Stirnhirn voll entwickelt ist, wobei bis zum 20. Lebensjahr das Gehirn noch nicht wirklich »reif« ist (vgl. Spitzer/Herschkowitz 2009).

Gefühle und ihre Deutung

Der Gefühlstern (Abbildung Seite 75) soll dabei helfen, Gefühle schneller und einfacher zu erkennen. Er wird z.B. in Coachings verwendet und zeigt Gefühle auf. Er hilft, wenn Klienten sich zum Beispiel schwer tun, Gefühle zu benennen bzw. um die häufige Verwirrung und Missverständnisse um die Abgrenzung zwischen Gefühlen, Zuständen, körperlichen Symptomen und Körpergefühlen aufzulösen.

Das ABC-Modell

Kognitive Muster zu durchbrechen und durch neue zu ersetzen, das ist möglich mit Hilfe des ABC-Modells nach dem US-Psychologen Albert Ellis. Zugrunde liegt dem Modell die Erkenntnis, dass bestimmte wahrgenommene Reize (A) bewertet werden und diese Bewertungen (B) von A Ursache für die daraus abgeleiteten Gefühls- und Verhaltenskonsequenzen (C) sind (nach www.wikipedia.de).

Die Gefühls- und Verhaltenskonsequenz (C) ist keine direkte Folge des auslösenden Erlebnisses, sondern entsteht erst durch die Bewertung durch die Person. Jede Person bewertet anders.

Beispiele für Jungen und Mädchen

(aus: Schlarb/Stavemann 2011, S. 115):

Tobias Traurig: Tobias hat sich mit seinem besten Freund Max zum Computerspielen verabredet. Aber als sie beginnen wollen, merkt Max, dass der Computer sich nicht starten lässt. Er sagt: »Wie schade! Jetzt können wir gar nicht Computerspielen.«

Felix Fröhlich: Felix hat sich mit seinem besten Freund Max zum Computerspielen verabredet. Aber als sie beginnen wollen, merkt Felix, dass der Computer sich nicht starten lässt. Er sagt: »Klasse, ich wollte sowieso lieber das neue Video schauen.«

Wendy Wütig: Am Nachmittag hat sich Wendy Wütig mit ihrer besten Freundin zum Shoppen in der Stadt verabredet. Aber als sie gerade gehen wollen, merkt Wendy, dass ihre Lieblingsjacke einen großen Riss hat. Sie sagt: »So ein Mist! Immer ich. Das war bestimmt meine jüngere Schwester. Jetzt werde ich ihre Jeans zerschneiden.«

Gabi Gleichmut: Am Nachmittag hat sich Gabi Gleichmut mit ihrer besten Freundin zum Shoppen in der Stadt verabredet. Aber als sie gerade gehen wollen, merkt Gabi, dass ihre Lieblingsjacke einen großen Riss hat. Sie sagt: »Egal, was soll's, dann nehme ich halt die andere.«

A Ausgangssituation	B Bewertungssystem	C Konsequenzen
Ich absolviere die Aufnahmeprüfung fürs Sportgymnasium.	Ich bin topfit und super vorbereitet. Es wird schon klappen!	Ich wärme mich kurz auf und zeige meine Leistung konzentriert und überzeugend.

Übung: Mein ABC-Modell

Übung: Mein ABC-Modell
Das Kind kann sich überlegen, welche positiven oder negativen Situationen (A) ihm einfallen, was es in diesen Situationen gedacht (B) hat und was es dabei gemacht oder gespürt (C) hat. Es schreibt seine Überlegungen nach dem Schema unten auf. Die obige Tabelle kann als Vorlage dienen.

Erkennen der Mimik anderer Personen

Kinder müssen lernen, ihre Emotionen durch Mimik und Gestik angemessen auszudrücken. Und sie müssen lernen, die Emotionen anderer Personen richtig einzuschätzen. Das ist wichtig für die Kommunikation mit anderen und damit sie ihr Handeln darauf abstimmen können, wie sich ihr Gegenüber gerade fühlt. Kinder, die die Emotionen anderer Kinder gut erkennen, sind bei Freunden, Mitschülern und im Team beliebter.
Ist der Trainer oder Lehrer sauer, weil meine Leistung heute nicht so toll war? Ist der Trainer enttäuscht von mir, weil ich mich im Team falsch verhalten habe?

Übungen:

- Mimik, Körperhaltung, Sprache am Anderen studieren und Gefühlslagen benennen,
- Auslöser von Emotionen erkennen,
- sich hineinfühlen in den Anderen, geistig in seine Rolle schlüpfen,
- den Gefühlszustand von Personen auf Fotos benennen,
- sich erinnern an bestimmte Ereignisse: War ich damals froh, erleichtert oder glücklich, als ich das Rennauto wiedergefunden habe und mein Freund es nicht geklaut hatte? Habe ich mich geschämt, dass ich das gedacht hatte?

Emotionale und soziale Kompetenz zu entwickeln ist eine der Schlüsselaufgaben im Kleinkind-, Kindergarten- bzw. Vorschulalter. Entwicklungspsychologen gehen noch einen Schritt weiter und meinen, dass das Kind dafür bereits fähig sein sollte, Emotionen selbst mit seiner Mimik und Sprache auszudrücken, den mimischen Emotionsausdruck bei Anderen zu erkennen und zu verstehen, Emotionen regulieren zu können. Kinder lernen das am besten mit anderen Kindern. Ein Sportverein ist ein hervorragendes Lernumfeld, weil hier Spiel, Spaß und Lernen zusammenkommen und gerade im Sport eine große Bandbreite an Gefühlen »automatisch« mit von der Partie ist; ebenso lernen Sportler beispielsweise, Gefühle nicht

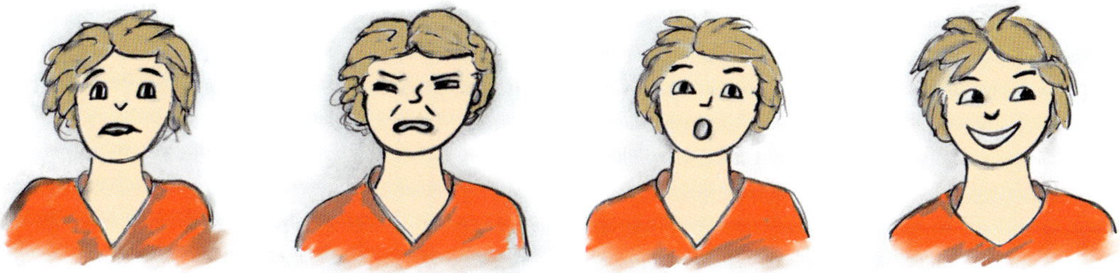

auf dem Spielfeld auszutragen, den Gegner einzuschätzen, eigene Emotionen zu beherrschen.

Sport und alle Bereiche, wo Kinder ihr Können zeigen und sich aktiv einbringen dürfen, eignen sich, um das Selbstwertgefühl zu stärken. Viele Anregungen dazu stehen übrigens auch im Kapitel 7 (Selbstbewusstsein). Ein Kind, das felsenfest davon überzeugt ist: »Ich bin etwas wert!«, ist meist auch emotional gefestigt.

Beispiel

Lisa war bislang im Schwimmen die Beste in der Klasse. Dann kam die Neue – sie schwamm seit drei Jahren im Verein, war ein paar Zentimeter größer als Lisa und drahtiger. Gleich am ersten Trainingstag des Schulteams war Lisa ihr zeitlich unterlegen. Der Trainer klopft der Neuen anerkennend auf die Schulter. Kurz ist Lisa traurig: aber dann fällt ihr ein, was er neulich erst gesagt hatte: »Aus dir kann was werden, da steckt noch mehr in dir«. Sie denkt an die Pokale zu Hause und dass sogar schon ein Bericht in der Lokalzeitung über sie erschienen ist. Als ihr später beim Rausgehen der Trainer aufmunternd zuzwinkert, ist sie wieder guter Dinge.

5.2 Wohin mit meiner Wut?

Ein kräftiger, knorriger, aggressiver Samurai kommt zu einem Zen-Meister und fragt: ›Sagt mir, was die Natur von Himmel und Hölle ist.‹ Der Priester schaut ihm ins Gesicht und entgegnet: ›Warum sollte ich das einem schäbigen, ungehobelten, hässlichen Taugenichts wie dir verraten? Warum sollte ich einem Wurm wie dir irgendetwas sagen?‹ Da zog der Samurai rasend vor Wut sein Schwert und setzte an, dem Zen-Meister den Kopf abzuschlagen. Der Zen-Meister sagte gelassen: ›Das ist die Hölle.‹ Augenblicklich begreift der Samurai, dass er soeben seine eigene Hölle geschaffen hat, finster und sengend, voller Hass, Selbstschutz, Zorn und Ablehnung. Ihm wird klar, dass er so tief in der Hölle steckt, dass er sogar bereit ist, jemanden zu töten. Mit Tränen in den Augen legt er die Handflächen zusammen und verbeugt sich voller Dankbarkeit für diese Einsicht. Der Zen-Meister sagte lächelnd: ›Und das ist der Himmel‹.«
(Quelle: unbekannt)

Wut und Zorn lösen starke körperliche Emotionen aus. Kinder beschreiben starke Wut zum Beispiel als »komisches Gefühl im Bauch«, als »heißes Gefühl«, das sie im Kopf, im Hals oder in der Magengegend verspüren. Wir atmen schneller und flacher, wenn wir wütend sind, und wie schon weiter oben beschrieben, sorgt ein Mechanismus in unserem Gehirn dafür, dass wir nicht mehr rational denken, sondern im Affekt reagieren.

Coaching-Fall

Franz, 14, spielt Fußball im Verein. Er spielt leidenschaftlich und stürmisch, steigert sich oft sehr in den Verlauf eines Spiels hinein und kann noch tagelang darüber diskutieren, wie ein Spiel besser hätte ausgehen können. Eine verpasste Torchance beschäftigt ihn tagelang. Nicht nur das: Verfehlt er selbst oder ein Kollege aus der Mannschaft das Tor, regt sich Franz darüber so auf, dass er richtige Wutattacken auf dem Rasen bekommt, die anderen beschimpft und auch hinterher in der Umkleide herumpöbelt. Der Trainer hat ihn deswegen schon öfter vom Platz nehmen müssen – geht es mit Franz' Ausrastern so weiter, könnte er für die Saison ausgeschlossen werden.

Aggressionen im Teenageralter treten vorwiegend bei Jungen auf. Das liegt zum einen daran, dass in der Pubertät bei Jungen vermehrt das Hormon Testosteron produziert wird, zum anderen aber spielt auch ihre Umgebung eine große Rolle. Das Gehirn ist während der Jugendjahre noch eine »Baustelle« voller unfertiger Vernetzungen. Kann zum Beispiel ein Junge in dieser Zeit wenig Erfahrung mit Selbstwirksamkeit (»Ich kann was, ich schaffe was, ich bin was wert!«) sammeln, sondern muss viel Kritik und harte Worte einstecken (»Ein echter Junge macht ...«, »Benimm dich mal wie ein Mann ...«), führt das vermehrt zu Wut und aggressivem Verhalten. Dazu kommt dann oft auch das Hören aggressiver Musik.

Ursachen von Wut

Die folgenden Aspekte können dahinterstecken, wenn Kinder in Wut geraten oder Wutanfälle bekommen – Wut kommt nicht aus »heiterem Himmel«:

- Das Kind bekommt zu wenig (echte) Aufmerksamkeit und kämpft darum mit allen Mitteln.
- Das Kind möchte autonomer werden, v.a. Kinder zwischen zweieinhalb und drei Jahren (»Trotzphase«). Es testet aus, mit welchem Verhalten es seinen eigenen Willen durchsetzen kann. Mit dem Älterwerden geht die Neigung zu solchen Wutausbrüchen normalerweise wieder zurück.
- Das Kind ist überfordert, weil zu viel von ihm erwartet wird. Etwa wenn es überall der Beste sein soll oder die Eltern mit offen gezeigter Enttäuschung/Strafen auf Misserfolge reagieren. Auch wenn es altersmäßig mit Ansprüchen an sein Können überfordert ist.
- Das Kind ist überfordert durch zu viel und zu frühe Entscheidungsfreiheit (z.B. bei Kleidung, Essen, Unternehmungen) bei wenig Klarheit durch Grenzen und Vorgaben.

- Das Kind leidet unter Bewegungsmangel, muss seine Energie »entladen«.
- Es ist zu vielen Reizen und Eindrücken aus Medien, TV, übermäßigem Spielzeug ausgesetzt. Kinder können z.B. die im Fernsehen gezeigten Dramen und Probleme nicht emotional verarbeiten, werden damit alleine gelassen. Überwältigend kann auf Kinder auch das Konsumangebot beim Einkaufen sein.
- Das Kind hat unrealistische Rollenvorbilder (z.B. aus dem Fernsehen), erreicht dieses perfekte Ideal nicht. Es fühlt sich unzulänglich und wird wütend.
- Das Kind leidet unter mangelndem Selbstwertgefühl, traut sich nichts zu, bekommt dies von seiner Umwelt widergespiegelt (»Das kann er/sie doch gar nicht!«).
- Es leidet unter Misserfolgen.
- Es ist in seiner Rolle als Sohn/Tochter überfordert: etwa, wenn Eltern für ihre Kinder falsche Rollenerwartungen haben (»der starke/sportliche/technisch begabte Sohn«, »das liebe/mithelfende/soziale Mädchen« o. Ä.). Kinder bemühen sich, diesen Bildern zu entsprechen, leben aber im inneren Widerspruch. So lässt der »starke Junge« seine Wut möglicherweise an Schwächeren aus und beweist so das gewünschte Verhalten.
- Das Kind ist frustriert: Kinder, die kein Lob hören bzw. wenig positives Feedback für ihre guten Leistungen und Anstrengungen bekommen, reagieren mitunter wütend.
- Es liegen möglicherweise tiefer gehende seelische/psychische Probleme vor.
- Grundbedürfnisse wie Schlaf und Nahrung sind nicht erfüllt – manchmal können Kinder einfach nicht ausdrücken »Ich habe Hunger/Durst, bin übermüdet« und beginnen herumzuschreien. Auch mangelnde Struktur im Tagesverlauf, zu wenig feste Essens- und Ruhezeiten, können Wut-Reaktionen auslösen.

Was tun bei Wut?

- Kindern helfen, ihre Wut einschätzen zu lernen, mit ihr umzugehen und sie aufzulösen – später auch selbstständig.
- Stabile Beziehungen zu mindestens einem Erwachsenen/Elternteil fördern. Dies ist wiederum Voraussetzung dafür, sich überhaupt gegenüber anderen gefühlsmäßig öffnen zu können.

Stabile Beziehungen zu einem Erwachsenen helfen dem Kind, sich gefühlsmäßig zu öffnen.

- Die Gefühle von Kindern, auch Wut, immer ernst nehmen!
- Kinder sollten sich zu ihrem Befinden in vertrautem Rahmen äußern dürfen, vor allem, wenn besondere Situationen anstehen (Prüfung/Wettkampf, ein neuer Lebensabschnitt wie der Schuleintritt, der alleinige Besuch beim Vater nach einer Trennung oder einfach ein scheinbar normaler Tag im Kindergarten).
- Kinder nie mit ihren Bedürfnissen alleine lassen – sie trauen sich sonst möglicherweise in ähnlichen Situationen nicht mehr, Gefühle zu äußern.
- Bedürfnis nach Selbstständigkeit und Autonomiestreben ab dem Kindergartenalter anerkennen und wenn nötig im Alltag dafür Pufferzeiten einplanen.
- Regelmäßige Essenszeiten, Alltagsregeln, ein fester Tagesablauf und ein Zu-Bett-Geh-Ritual, die die Grundbedürfnisse des Kindes nach Schlaf, Nahrung, Bewegung, Erholung und Spiel berücksichtigen, verschaffen allen einen entspannteren Alltag.

Übungen, Lösungsansätze und Maßnahmen

Hinweis: Schlagen als Ausdruck von Wut darf nie gebilligt und nicht zugelassen werden. Erwachsene sollten hier sofort eingreifen, das Kind zur Seite nehmen, mit ihm reden. Gefühle dürfen und müssen angesprochen werden, ohne sie jedoch zu verstärken.

Gefühlsbarometer

Die Kinder zeigen anhand eines gebastelten Barometers, wie es ihnen gerade geht. Eine Sonne steht für »ich fühle mich prima«, Sonne und Wolken für »normal«, eine dunkle Wolke für »bin schlecht drauf«, eine Regenwolke für »traurig«, die Gewitterwolke für »sehr schlechte Laune«. In der Runde darf jedes Kind sich kurz zu seinem Gefühl äußern. Geht es einem Kind gar nicht gut, hat es die Möglichkeit, allein mit der Vertrauensperson darüber zu sprechen. [4]

Wutkissen

Kinder selbst ihr Wutventil finden lassen: Die einen wollen sich körperlich austoben (auf einen Baum klettern, rennen, mit dem Fuß aufstampfen, mit den Fäusten trommeln, die Treppe rauf- und runter sausen …), die anderen befreit es eher, wenn sie schreien und schimpfen dürfen. Letzteres Bedürfnis erfüllt z.B. ein dickes Wutkissen oder Sandsack, auf das bzw. den das Kind eine Zeitlang mit den Fäusten hauen und dabei schreien darf.

Wutstuhl

Ein Wutstuhl eignet sich als Projektarbeit in Kindergärten, Gruppen, Schulklassen, auch zuhause: Ein alter Stuhl darf in »Wutfarben« angemalt werden, er bekommt auch eine passende Wand. Stuhl und Wand dienen als Projektionsfläche für alle Gefühle und Äußerungen, die mit Wut zusammenhängen. Die Kinder kleben zum Beispiel kleine Teufelchen dran, malen sich selbst in wütendem Zustand, heften Notizen, Sprüche, Wut-Wörter und alles, was ihnen dazu einfällt, daran. Die Arbeit an dem Stuhl zeigt, dass es anstrengend sein kann, wütend zu sein, und gibt diesem Gefühl ein Gesicht.(5)

Wuttier

Das Kind kann »Dampf ablassen«, indem es ein wütendes Tier imitiert, etwa eine fauchende Katze oder einen brüllenden Löwen, und eine entsprechende Haltung einnimmt. Das geht auch bei mehreren Kindern, die sich kurz als wütende Tiere begegnen, aber einander nicht berühren oder angreifen dürfen. Oder das Kind malt sein Wuttier und bannt so die Wut aufs Papier.

Wutbox

Gemeinsam eine Wutbox basteln: In einen alten Schuhkarton wird vorne ein Loch geschnitten, in das das Kind seine Wut hineinbrüllen kann.

Wut-abschütteln-Spiel

Das Kind schüttelt durch kräftiges Schütteln des ganzen Körpers, besonders von Armen und Beinen, die Wut/den Ärger ab. Körperliche Anstrengung wie Ausschütteln löst Spannungen. Alle Belastungen, negative Gedanken, Ärger und Sorgen werden abgeschüttelt.

Pokampf (nach Sit 2012)

Zwei Kinder, die wütend aufeinander sind, stellen sich in einen Ring am Boden, der mit Kreide aufgemalt oder von einem Seil markiert ist. Sie stellen sich Rücken an Rücken und verschränken die Arme vor der Brust. Nun versuchen beide, den Gegner/die Gegnerin mit dem Po aus dem Kreis zu drücken und zu stoßen.

Klopfakupressur bei Wut

Das Klopfen der Punkte seitlich der Augen und in der Mitte des unteren Rippenbogens bringt schnelle Erleichterung bei Gefühlen von Wut.

Anleitung:

- an die Wut denken
- ca. 30–40 Sekunden mit drei oder vier Fingern die Punkte seitlich der Augen (auf dem Knochen) klopfen
- Punkte in der Mitte des unteren Rippenbogens klopfen
- Während des Klopfens die folgenden Worte sprechen: »Ich bin ruhig und gelassen. Ich lasse jetzt los« oder »Ich liebe und akzeptiere mich, so wie ich bin.«

Weitere Wut-Ventile

- Zeitungen oder Taschentücher in kleine Stücke zerreißen oder zerknüllen und an die Wand werfen.
- Kinder bewerfen sich gegenseitig mit Zeitungsbällen.
- Aufgeblasene Luftballons mit den Füßen zertreten, werfen, fest hineinboxen oder sich auf die Luftballons werfen.
- Eine Kissenschlacht mit Eltern, Geschwistern oder Freunden veranstalten.
- Einen fairen und zeitlich begrenzten Ringkampf veranstalten. Durch den körperlichen Kontakt findet das Kind ein Ventil für seine Wut. Alternative: Ringkampf in »Zeitlupe«.
- Armdrücken spielen.
- Kinder messen sich beim Tauziehen (mit Seil).
- Schattenboxen.
- Ausreichend Bewegung an der frischen Luft.

Geschichten und Märchen:
Die Identifikation mit einem Helden oder Protagonisten in einer Geschichte, der mit Wut umgehen kann, spricht vor allem jüngere Kinder an und bietet ihnen neue Ansichten.

Vorbild sein, authentisch sein
Eltern, Trainer und andere Miterziehende sollten ein gutes Vorbild sein und mit gutem Beispiel vorangehen. Eltern, die selbst toben, sind kein gutes Vorbild. Eltern, die nie negative Gefühle zeigen, aber auch nicht. Jeder Mensch ist manchmal wütend. Kinder sollten erleben, dass ihre Eltern auch einmal wütend sind, aber dann konstruktiv mit ihrer Wut umgehen, vor allem im Beisein von Kindern.

- Kinder müssen lernen, ihre Wünsche zu formulieren, statt sich zu beschweren. Dabei brauchen sie anfangs die Hilfe von Erwachsenen.
- Stellen Sie gemeinsam Regeln auf.
- Beteiligen Sie Kinder an möglichst vielen Entscheidungen.
- Sorgen Sie für Erfolgserlebnisse. Diese braucht jeder Mensch jeder Altersstufe.

Seien Sie vor Kindern (nicht nur) in Sachen Emotionen authentisch. Kinder merken sehr schnell, wenn Erwachsene Gefühle verbergen und ihnen etwas vormachen. In solchen Fällen sollten Sie lieber ehrlich sein und je nach Alter des Kindes Antworten geben wie: »Mir geht es heute nicht so gut. Du kannst nichts dafür.« Bekommt ein Kind keine Erklärung für das Verhalten des Erwachsenen, neigt es eher dazu, bei sich selbst die Schuld an dessen Gefühlen zu suchen (»Mama weint wahrscheinlich, weil ich nicht brav war ...«).

Regeln aufstellen, Konsequenzen zeigen
Kinder brauchen klare und verständliche (Alltags-)Regeln und Grenzen. Das gibt ihnen Halt und Sicherheit. Eltern sollten einmal aufgestellte und den

EFT macht Kinder »stark« und hilft bei Ängsten, Wutanfällen und anderen Problemen.

Kindern bekannte (!) Grenzen konsequent einhalten. Die Regeln gelten für alle. Auch während eines Wutausbruchs darf nicht von den Regeln abgewichen werden. Wenn ein Kind merkt, dass man über Regeln und Konsequenzen aus dem Nicht-Einhalten von Regeln diskutieren kann, hat man als Eltern verloren.

Humor
Humor ist der beste Gegenspieler zu Wut. Mit ausgedachten, lustigen, nicht beleidigenden Schimpfwörtern können Kinder wie Erwachsene Wutausbrüche unterbrechen und für Lacher sorgen. Kinder tun dies untereinander übrigens selbst oft. Momente der Verblüffung regen zum Umdenken an. Voraus-

Angst vor Spinnen.

setzung: Der Grund, aus dem das Kind wütend ist, ist nicht so ernst, dass nicht gelacht werden dürfte.

Kommunikation

Auch Wutausbrüche sind eine Form der Kommunikation – und erfordern als Reaktion Kommunikation. Oft geht es darum, dass dem Wütenden erst einmal zugehört wird; sind mehrere Kinder oder Personen beteiligt, muss mit dem Kind u.U. auch anderen zugehört werden.

Emotional Freedom Techniques (EFT)

EFT ist eine Form der Akupressur, bei der Energie- bzw. Meridianpunkte am Körper sanft mit den Fingern beklopft werden. Man kann sich EFT als Alternative zur Akupunktur vorstellen, bei der Nadeln gesetzt werden. Im Frühjahr 2012 wurde die Klopfakupressur von der American Psychological Association (APA) als wissenschaftlich fundierte Therapiemethode anerkannt. EFT hat sich in vielen Fällen auch bei Kindern und Jugendlichen bestens bewährt. Dies gilt für alle Altersstufen – vom Baby bis zum Jugendlichen.

Die Vielfalt der Anwendungsbereiche deckt eine weite Spanne von seelischen wie körperlich-seelischen Problemen ab.

EFT mit Kindern ist besonders hilfreich:

- Bei allen Arten von kindlicher Angst, insbesondere Trennungsangst, Angst in Zusammenhang mit Krankheit oder Tod, Dunkelheit, Schulangst, Angst vor Prüfungen, Lampenfieber, Angst vor Klassenarbeiten oder im Sport, Angst vor bestimmten Situationen oder auch Tieren wie z.B. großen Hunden,
- bei Lernschwierigkeiten, Schulproblemen, Konzentrationsschwäche, Leistungsdruck, Stärkung von Selbstvertrauen und Selbstwert, Angst vor Klassenarbeiten, Schulstress,
- bei körperlichen Beschwerden und Symptomen wie z.B. kindlichen Schlafstörungen (vor allem in Verbindung mit »bösen Träumen« und Alpträumen), Nägelkauen, Tics, Bettnässen,
- bei Schmerzzuständen,
- zur Beruhigung und Entspannung bei ADS, ADHS, dem sog. »Zappelphilipp« und ähnlichen Symptomen,
- bei emotionalen Verstimmungen.

EFT macht Kinder »stark«, weil es ihr Selbstwertgefühl steigert und sie Vertrauen in die eigenen Fähigkeiten gewinnen. Je nach Alter des Kindes erkläre ich die Technik, indem ich ihnen von Energiebahnen im Körper erzähle, oder wir zaubern wie mit dem Zauberkasten, der ihnen »ungeahnte Kräfte« verleiht. Wenn Kinder merken, dass eine Angst vor dem Lehrer oder dem Alleinsein wie weggezaubert ist, ist die Begeisterung und Verwunderung groß!

Im Laufe von mehreren Kinder-Coachings lernt das Kind die Selbstanwendung von EFT in kindgerechter und individueller Form. So hat es die Möglichkeit, sich jederzeit in angst- oder stressbesetzten Situationen selbst zu helfen. Gleichzeitig leite ich die Eltern in EFT zur Selbsthilfe an – so können sie ihrem

Zehn von hundert Kindern leiden unter einer Angststörung.

Kind direkt helfen und EFT für sich selbst zur Entlastung und Entspannung nutzen.

Klare Ansagen machen

Generell: Eltern sollten viel mit ihrem Kind reden. In meinen Augen reden Menschen heute zu wenig miteinander. Bitte beachten Sie: Klare Ansagen statt vagen Äußerungen helfen Kindern, sich emotional zu orientieren. Ein Kind, das ständig hört »vielleicht machen wir das mal« oder »schon möglich, dass wir schwimmen gehen«, ist irgendwann frustriert oder fordert Handlungen durch auffälliges Verhalten oder Quengeln ein.

Kinder brauchen Zeit, um den Umgang mit Wut zu lernen. Viele Erwachsene haben dies bis heute noch nicht gelernt.

Angst vor dem Ausgelacht-Werden.

5.3 Kinderängste

Angstgefühle entstehen, wenn wir eine Situation oder Person als gefährlich für uns einschätzen und glauben, die Situation nicht bewältigen zu können. Angst entsteht vor dem Unheimlichen und dem Unbekannten.

Angst ist wichtig und natürlich, aber sie ist auch unangenehm und lästig. In rechtem Maß macht sie aufmerksam und führt zu einer erhöhten Erregung –

im Übermaß aber macht Angst uns unsicher, verkrampft und gehemmt und mindert unsere Leistungsfähigkeit.

Angst richtet sich im Gegensatz zur Furcht nicht auf eine konkrete Bedrohung oder ein Objekt, sondern die Gründe können irrational sein, ohne dass eine unmittelbare Gefahr bevorsteht. Dieses diffuse Angstgefühl lähmt und kann handlungsunfähig machen. So kommt es vor, dass sich eine gute Schwimmerin ängstigt, sobald sie den seichten Nichtschwimmerbereich im Becken überschritten hat. Sie kann nicht anders, als umzukehren an den Beckenrand, obwohl sie selbst weiß, dass sie gefahrlos im Pool schwimmen könnte. Die Furcht vor dem Sprung vom 5-Meter-Brett dagegen ist konkret, der »Gefahrenbereich« ist klar definiert, und letztlich bleiben wir handlungsfähig, denn entweder springen wir oder drehen vorm Sprungturm wieder um.

Ängstliche Menschen geraten vergleichsweise oft, leicht und intensiv in Angstzustände (Heimsoeth 2008, S. 155 f.). Dieses Verhalten hat meist eine Vorgeschichte, die bis in die frühe Kindheit zurück reicht. So haben ängstliche Kinder zuhause häufig Strafen, negative Bewertungen ihrer Leistungen, inkonsequente Erziehung und Stimmungsschwankungen der Eltern erlebt.

Typische Kinderängste sind außerdem die Trennungsangst, die sie morgens vor Schule oder Kindergarten überkommt, die Angst vor Liebesentzug, davor, dass die Eltern weg sind, Angst im Dunkeln, vor Gespenstern im Flur und schrecklichen Fratzen vor dem Fenster, vor Gewittern, vor Vampiren unter dem Bett, vor Krankheiten, kleinen Tieren z.B. Spinnen, vor Räubern, davor, aus dem Haus gehen zu müssen, vor dem Zeugnis, vor Lehrern, Fremden, Impfungen, Unfällen, Höhen, Feuer, Vorsingen und Ähnlichem. Im Schulalter entwickeln sich mehr soziale Ängste, Leistungsängste, auch reale Ängste wie die vor Umweltbedrohung und Naturkatastrophen, wie Kinder sie aus dem Fernsehen mitbekommen. Die Liste der Kinderängste ist lang – und für manchen Erwachsenen manchmal nicht nachzuvollziehen.

Angst vor dem Feuer.

Ängste sind vielfältig: z.B. Angst vor dem Vorsingen oder vor einem Autounfall.

Übersicht über häufige Ängste

Diese Übersicht zeigt die häufigsten Ängste und Angststörungen bei Kindern:

Alter	Entwicklungsängste	häufig auftretende Angststörungen
0–2 Jahre	In den ersten beiden Lebensjahren sind plötzliche laute Geräusche, Schmerz, das Gefühl zu fallen, Blitze und Schatten angeborene Reize für Angstreaktionen. Trennungs- und Verlustängste, Fremdeln (Acht-Monats-Angst)	Als »lebenserhaltende« Reaktion schreit das Kind, wendet sein Gesicht ab und klammert sich an die Bezugsperson bzw. erforscht die Umwelt nicht mehr.
3–6 Jahre	Angst vor der Dunkelheit, Angst vor Albträumen, Räubern, Tieren und imaginären Objekten (z.B. Hexe), Angst vor Strafe, Gewissensangst	Kindergartenangst, Trennungsangst (2–4 Jahre)
6–11 Jahre	Realängste (Verluste, Umweltbedrohungen, Gewalt, Atomkrieg, Hunger), Entwicklung von Todesangst, soziale Ängste, Leistungsängste, Ängste vor schlechten schulischen und sportlichen Leistungen	Schulangst, Schulphobie, Trennungsangst, soziale Ängste, generalisierte Angststörung
12–18 Jahre	körperbezogene Ängste (sich nicht richtig zu entwickeln), Pubertätsängste, Prüfungsängste, Angst vor Ablehnung durch Alterskameraden	Phobien, Panikattacken, Panikstörung, Sozialphobie, generalisierte Angststörung, Agoraphobie vgl. Sit 2012, S. 137.

Das folgende Beispiel zeigt, dass Kinder oft auch gar nicht über ihre Ängste reden (können oder wollen):

Beispiel

Felix, 9 Jahre, ist beim Fußballspielen schmerzhaft umgeknickt, die Sehne am Fuß tut seit einer Woche sehr weh. Felix tut aber so, als sei nichts passiert, und will weiter zum Training gehen. Schließlich kennen Indianer keinen Schmerz und überhaupt, hier und da eine Verletzung gehöre ja dazu zum Sport ... Der kinesiologische Muskeltest, den ich im Kindercoaching anwende, zeigte aber: Die Angst bei Felix ist eindeutig da, vor allem die Angst vor einer weiteren Verletzung und Schmerzen, verbunden mit der Befürchtung, länger auszufallen.*

Test aus der Kinesiologie.
Zum Testen nehme ich meist den Oberarmmuskel, doch kann jeder Muskel getestet werden. Der getestete Muskel bleibt stark oder ist schwach. Für den kinesiologischen Muskeltest können nur folgende Fragestellungen genutzt werden: »ja/nein« oder »stark/schwach« oder »schädlich/unschädlich« usw.

Lösungsansätze

Es gibt viele Möglichkeiten, Kinderängste Schritt für Schritt in Stärken umzuwandeln. Wichtig finde ich einen ganzheitlichen Ansatz, der das Kind und seine Ängste im Zusammenhang mit seiner Lebenssituation sieht. Ängste isoliert zu behandeln, hilft nur begrenzt (siehe auch Grafik nächste Seite).

Wie hängen Gedanken und Gefühle zusammen?
Hinterfragen Sie in einem ersten Schritt die Ängste Ihres Kindes:

- Wo spürst du die Angst?
- Was geht dir durch den Kopf, wenn du Angst hast?
- Was denkst du, wird passieren?
- Was tust du, wenn du Angst hast?
- Was sagt die Angst (Gedanken notieren)?

Fragen Sie Ihr Kind, was ihm helfen würde, die Angst auslösenden Situationen leichter zu bewältigen. Greifen Sie, wenn möglich, seine Idee auf und setzen Sie sie um.

Die Konfrontationstherapie, -methode
Die Konfrontationstherapie ist eine »Therapieschule«, bei der die betreffende Person mit Hilfe z.B. eines Therapeuten sich genau der Situation aussetzt, vor der sie Angst hat. Für Kinder ergeben sich auf diese Weise stark aufwühlende, extrem stressende Situationen. Ich bevorzuge sanftere Methoden, mit denen gute Erfolge zu erzielen sind. Gerade Kinder sprechen gut auf die folgenden Vorschläge zum Abbau von Ängsten an.

Die Situation mental durchspielen
Diffuse Angst, aber auch konkrete Furcht lassen sich in den Griff bekommen, indem das Kind die betreffende Situation im Geiste vorab durchlebt und ihr kraft der eigenen Vorstellung ein gutes Ende (»happy end«) verschafft.

Bilderarbeit – Kraftbilder malen
Lassen Sie das Kind ein Bild der Angst malen. So kann es sich besser mit seinen Ängsten auseinandersetzen.
Lassen Sie ein Bild malen, das die Gefühle und die Gedanken kurz vor bzw. in und nach einer entsprechenden Angstsituation beschreibt. Betrachten Sie

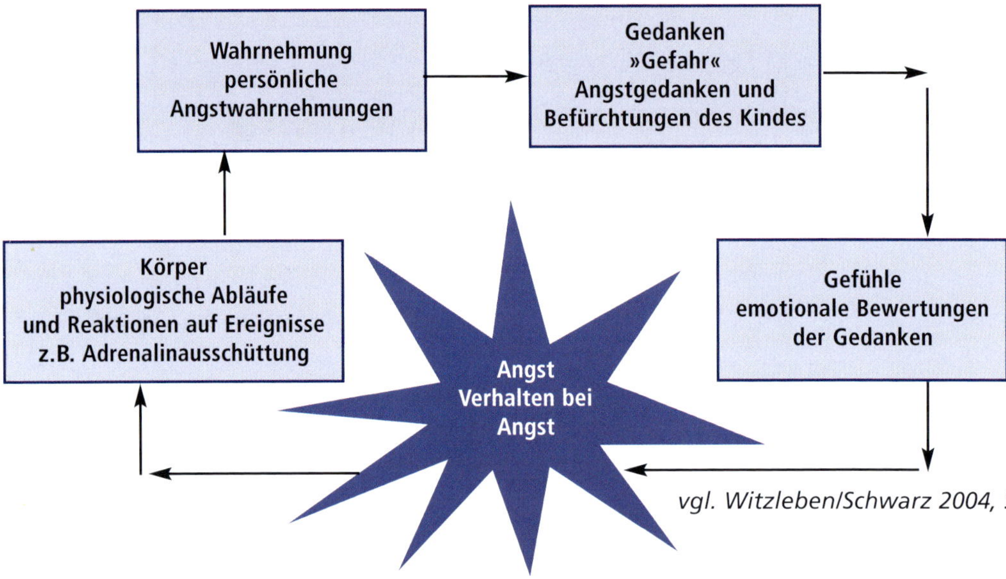

vgl. Witzleben/Schwarz 2004, S. 60

dann das Bild gemeinsam mit dem Kind genauer und sprechen Sie darüber

Leitfragen:

Bitte beschreibe dein Bild doch einmal kurz.
Was ist dir beim Zeichnen durch den Kopf gegangen? Was fiel dir leicht, was eher schwer? Aus welchen Gründen? Wer kommt im Bild vor? Aus welchen Gründen?
(Für die Eltern: Erlebt das Kind Dritte, z.B. Trainer, Freunde oder die neue Familie des Vaters/der Mutter, eher als eine Belastung oder eher als Stütze? Aus welchen Gründen ist das so?)
Stell dir vor, du fühlst dich vor solch einer Situation gut. Wie sähe die Welt dann um dich herum aus? Hast du eine Idee, was du tun könntest, damit das in Zukunft so ist?

Aus dem Angstbild wird ein Kraftbild.

Man sollte das Bild nicht bis zum Exzess interpretieren. Es ist ein Reflektieren über das, was das Kind sieht, hört und fühlt. Vielleicht können Sie so sehen und fühlen, was das Problem des Kindes ist, was zur Angst führte. Nach dem Bildermalen und Reflektieren sind Sie im wahrsten Sinne des Wortes im Bilde. Ermutigen Sie Ihr Kind nun, Möglichkeiten und Situationen zu malen, in denen es sich gegen die Angstauslöser zur Wehr setzt – sich z.B. in Ritterrüstung zu malen, wie es den bösen Drachen besiegt hat. Dadurch entsteht ein konkretes Bild des Kindes als Sieger über die Angst.

Summen

Weniger Furcht durch Pfeifen, Summen und Singen: Nicht das Pfeifen an sich nimmt dem Kind das ungute Gefühl, sondern die Tatsache, dass das Kind dadurch weiter atmet und seine Ausatmung verlängert. Und das Kind wird abgelenkt, indem es sich auf etwas anderes, nämlich das Singen, konzentriert.

NLP-Phobia Cure – Die schnelle Phobietechnik oder »Kino-Übung«

»In der Standardversion für Erwachsene spielt sich alles Folgende in der Vorstellung ab. Wenn Sie mit Ihrem Kind die ›Phobia Cure‹ versuchen wollen, ist es aber besser, das Vorgehen sinnlich zu unterstützen.

Lassen Sie das Kind ein Bild von der Angst malen.

Das Ganze läuft in einem ›Kino‹ ab, in dem die Situation gezeigt wird, in der die Angst ›stattfindet‹. Bauen Sie ein kleines ›Kino‹: Ein Blatt Papier als Kinoleinwand, eine Puppe als Zuschauer und noch eine Puppe im Vorführraum, die weiter hinten steht und die Zuschauer-Puppe beobachtet« (Long/Schweppe 2011, S. 196).

1. Stellen Sie Rapport (siehe Einführungs-Kapitel, Seite 11) mit dem Kind her.

2. Legen Sie einen Ressourcenanker, einen sogenannten »Sicherheitsanker« an: Versetzen Sie das Kind durch das Erinnern an eine positive Situation (beschützt, sehr sicher, geborgen, im Hier und Jetzt) oder Erfahrung in einen positiven Gefühlszustand. Verstärken Sie das positive Gefühl. Nehmen Sie die Hand des Kindes und ankern Sie dieses Gefühl durch einen starken Händedruck (kinästhetischer Anker). Erklären Sie dem Kind, dass es während der ganzen Arbeit diesen Anker hat und Sie während des »Spiels« die Hand halten werden.

3. Besprechen Sie kurz mit Ihrem Kind die Situation, in der die Angst auftrat. Und dann überlegen Sie mit Hilfe Ihres Kindes, wann – möglichst vor dieser unangenehmen Situation – es sich ganz sicher fühlte und alles noch okay war. Und wann es sich nach der Angstsituation wieder vollkommen sicher fühlte. Der »Film« läuft zwischen den beiden Wohlfühlsituationen.

4. Der erste Durchgang: Ihr Kind beobachtet die Vorführer-Puppe, wie sie aus sicherer Entfernung die Zuschauer-Puppe beobachtet, die sich den Angst-Film, in dem das Kind die Situation durchlebt, auf der Leinwand ansieht. In der Regel sollte da noch keine Angst bei Ihrem Kind auftreten. Wenn doch: Halten Sie den Film an, spulen ihn zurück und lassen ihn noch einmal laufen. Der Film kann dabei unscharf und verschwommen werden, in Schwarzweiß laufen oder schneller laufen. Oder Sie setzen den Ressourcenanker ein.

Das alles spielen Sie in der Vorstellung ab, Sie erzählen Ihrem Kind also, was passiert – nicht was im Film geschieht, sondern dass der Film läuft usw. Das wiederholen Sie, bis der Film ganz durchlaufen kann und Ihr Kind keine Angstreaktion zeigt.

3. Der zweite Durchgang: Ihr Kind beobachtet nun direkt die Zuschauer-Puppe. Der Vorgang entspricht ansonsten genau dem ersten Durchlauf.

4. Der dritte Durchgang: Nun betrachtet Ihr Kind den Film selbst, das heißt, es stellt sich die Situation vom ersten Wohlfühlzustand über das Auftreten der Angst bis zum Wohlfühlzustand danach vor. Auch hier halten Sie immer dann an, wenn Ihr Kind Angst spürt. Dann wird der Film zurückgespult.

5. Wenn Angst auftritt und nicht durch Wiederholung vergeht, egal in welchem der Durchläufe, können Sie den Film verändern: Lassen Sie ihn im Zeitraffer ablaufen, mit lustiger Musik oder in Schwarz-Weiß.

6. Wenn Ihr Kind schließlich den Angst-Film ganz angstfrei sehen kann, dann ist die Angst mit großer Wahrscheinlichkeit bereits verschwunden. Machen Sie nun noch einen letzten Durchlauf: Aber nun nicht mit demselben Film, der die Angst in der Vergangenheit zeigt, sondern mit der Vorstellung einer ähnlichen Situation in der Zukunft (Future Pace). Wenn Ihrem Kind auch dies angstfrei gelingt, dann wird es höchstwahrscheinlich diese Angst auch in der Realität in Zukunft nicht mehr haben.

Ganz schön kompliziert, zugegeben. Aber es ist eigentlich ein Spiel. Versuchen Sie, es mit Ihrem Kind zu spielen und dieses spielerisch von seiner Angst zu befreien. Wenn es Sie oder Ihr Kind überfordert, seien Sie nicht frustriert. Dann probieren Sie eben eine andere Technik bzw. Übung aus (vgl. Long/Schweppe 2011, S. 196–197).

Atemtechnik

Anleitung

- *Zimmer vorher lüften.*
- *Eventuell Augen schließen.*
- *Schultern bleiben ruhig.*
- *Einatmen durch die Nase. Atem langsam und gleichmäßig einfließen lassen.*
- *Hände in Höhe des Nabels auf den Bauch legen. Beim Einatmen hebt sich der Bauch. Die Hände gehen nach oben.*
- *Gleichmäßig und ruhig ausatmen. Den Nabel so tief wie möglich einsinken lassen, um vollständig auszuatmen. Der Bauch wird flach. Die Hände gehen in ihre Ausgangslage zurück.*
- *Entspannen, dabei lächeln.*

Die Vorstellung, ein persönliches Krafttier zu besitzen, das ihnen zur rechten Zeit zur Seite steht, kann Kindern Mut machen. Das kann z.B. ein Löwe sein oder auch ein Drache.

Atemtechnik

Jede Emotion hat ihr eigenes Atemmuster. Oder andersherum ausgedrückt: Je nach Atemmuster empfinden wir eine andere Emotion. Bei Angst wird die Atmung sehr beschleunigt, die Pausen fehlen, der Ablauf wird chaotisch, ungleichmäßig, und es wird insgesamt mehr ein- als ausgeatmet. Ruhiges Atmen mit verlängertem, bewusstem Ausatmen versetzt Kinder, die Angst haben, in einen gelasseneren Zustand.

Starke Symbole

Die Vorstellung, ein persönliches Krafttier zu besitzen, das ihnen zur rechten Zeit zur Seite steht, kann für Kinder sehr tröstlich sein und Mut machen. In ihrer Fantasie können sie selbst mit dem Tier verschmelzen und sich seine Fähigkeiten aneignen (der mutige Löwe, das flinke Reh …). Aber auch Symbole, mit denen Kinder positive Gefühle und Erinnerungen verbinden und die sie bei sich tragen können, eignen sich als Helfer in Angstsituationen: zum Beispiel der Kompass, den Opa verschenkt hat und der immer den Weg weist, oder die starke, mutige Puppe, die sich alles zutraut. Oder ein Mutamulett, Mutzauberformeln, Angstheilsteine, Mutbonbons, ein Schnuffeltuch, eine duftende Angstheilcreme, Beruhigungsplätzchen oder ein Mutstein.

Fantasiereisen

Fantasiereisen werden im Kapitel 4 (Entspannung) ausführlich beschrieben.

Kinderhypnose

Kinder mit bestimmten Ängsten profitieren von einer kindgerechten Hypnosebehandlung. Hypnose erleichtert dem Therapeuten/Coach und dem Klienten selbst den Zugang zu dessen Unterbewusstsein. Dieser tranceartige Zustand ist Kindern im Grunde vertraut, sind sie doch mindestens bis zum frühen Schulalter oft und gerne intensiv mit Spielen beschäftigt, so dass sie alles um sich herum vergessen und einfach nur ihrer Fantasie freien Lauf lassen. Ziel der Hypnose ist es, den Zustand der natürlichen Trance so zu nutzen, um die unbewusst im Kind wirkenden Angst-

»Programme« positiv zu beeinflussen und zu ändern. Problemlösung, fühlbare Verbesserungen und die Stärkung des Ichs gehen dabei Hand in Hand. Die Kinderhypnose kann mit anderen Techniken, z. B. NLP und Emotional Freedom Techniques (EFT), kombiniert werden.

EMDR

Emotionen wie Angst lassen sich auch durch schnelle Augenbewegungen verarbeiten. EMDR (Eye Movement Desensitization and Reprocessing) stammt aus den USA und bedeutet Desensibilisierung, Integration und Neuverarbeitung durch Augenbewegungen. Die Methode aus der Psychotherapie eignet sich für Kinder, die traumatische Erlebnisse hatten oder extremen Belastungen ausgesetzt waren, aber auch beispielsweise bei kindlichen Ängsten und Phobien. Durch die Gehirnhälften-Stimulation geraten »eingefrorene« negative Erinnerungen in Bewegung und mit ihnen die über die Zeit erstarrten Gefühlszustände, Körperempfindungen und Selbstüberzeugungen. Der Grad der Belastung geht durch EMDR drastisch zurück, das vormals schlimme Erlebnis kann in seiner Bedeutung neu integriert werden. EMDR darf nur von zertifizierten Therapeuten oder Ärzten durchgeführt werden.[(6)]

Neurolinguistisches Programmieren (NLP)

Mit NLP erkennen Sie, welche ressourcen-, lösungs- und zukunftsorientierten Möglichkeiten Sie für Kinder haben. In Kinder-Einzelcoachings können verborgene Fähigkeiten, Talente und Stärken Kinder entdeckt, Werte erkannt und behindernde Glaubenssätze entmachtet werden.

Emotional Freedom Techniques (EFT)

Wie bei der Wut (siehe oben) eignet sich auch bei Ängsten das »Klopfen«. Das Kind klopft dann zu Aussagen wie z.B.: »Diese Angst vor der Dunkelheit in einem fremden Bett" oder „Auch wenn ich jetzt große Angst spüre wenn ich daran denke, meine Freunde durch den Übertritt auf das Sportgymnasium zu verlieren, bin ich ein toller Junge. Meine Freunde treffe ich am Wochenende und in den Ferien.«

Mit EFT lässt sich Angst sehr gut bearbeiten. Dadurch, dass die körperlichen Symptome, die durch Angst erzeugt werden, schnell nachlassen, ist der Erfolg von EFT direkt spür- und messbar. Mit den Fingern werden spezielle Sequenzen am Körper sanft »beklopft«, so lösen sich energetische Blockaden. Dabei wiederholt das Kind ein bestimmtes Thema, zum Beispiel »Meine Angst in mir, meine Mama zu verlieren«, »diese Angst vor der Dunkelheit in einem fremden Bett« oder »Auch wenn ich jetzt so eine große Angst in mir spüre, wenn ich daran denke, meine Freunde durch den Übertritt auf das Sportgymnasium zu verlieren, bin ich ein toller Junge. Meine Freunde treffe ich am Wochenende und in den Ferien« und bewertet, wie sich die Intensität des Gefühls schrittweise verringert. Kinder und Eltern können EFT auch in Eigenregie anwenden.

wingwave®

Mit der wingwave®-Technik, die ich gezielt bei Kurzzeit-Coachings und wegen der guten Resultate gerne bei Kindern einsetze, durfte ich erfahren, dass durch eine Nachbearbeitung negativer bzw. angstauslösender Erlebnisse mit schnellen Augenbewegungen die emotionale Erinnerung verblasst, sich Unsicherheiten und Stress auflösen und die Einflüsse negativer Gedanken auf die Muskulatur verschwinden. wingwave® dient der Stressregulation, stärkt und stabilisiert die eigenen Ressourcen und die innere Balance. Unter anderem basiert die Methode auf Erkenntnissen der Gehirnforschung. Die Methode vereint drei Verfahren: die Stimulation beider Gehirnhälften durch wache REM-Phasen, d.h. schnelle Augenbewegungen, auch auditive oder taktile Links-Rechts-Impulse durch Berühren; Neurolinguistisches Programmieren sowie den Myostatiktest.

Butterfly-Technik

Die Butterfly-Technik zur neuronalen Stimulation nach Cora Besser-Siegmund (2004, S. 70 f.) können Kinder mit minimalem Zeitaufwand ganz einfach selbst anwenden, im Sitzen oder Liegen. Man kreuzt die Unterarme vor der Brust und legt die rechte Hand auf die linke Schulter, die linke Hand auf die rechte. Nun klopfen die Handflächen abwechselnd auf die Schulter, zwei Klopfer pro Sekunde. Das sanfte Klopfen beruhigt. Eignet sich gut in Prüfungssituationen.

Lachen

Lachen und Lächeln aktivieren hunderte von Muskeln im Gesicht und am ganzen Körper.

Musik

Musik kann gezielt Ängste lösen und durch positive Emotionen ersetzen. Kinder sollten viel Musik hören dürfen, wenn es ihnen guttut. Es müssen bei Weitem nicht immer typische Kinderlieder oder Songs bekannter Stars sein. Jüngere Kinder sind beispielsweise sehr empfänglich für Klassik, wegen der eingängigen Rhythmen und der Vielzahl der Instrumente auch für Volksmusik! Ältere sollten auf jeden Fall einmal ausprobieren, ob sie sich mit meditativer Musik anfreunden können, mit Naturklängen, Instrumentalstücken.

Affirmationen/Gedanken

Angst-Gedanken in positive, konstruktive Gedanken umformulieren: Was spricht gegen den Angst-Gedanken? Was könnten alternative Gedanken zu den Angst-Gedanken sein?

»Jeder hat manchmal Angst, das ist normal.«

»Mut tut gut!«

»Kopf frei – Angst vorbei.«

»Ich kann die Angst zum Schweigen bringen.«

Lob für Mut

- Zeitnahes Loben/Verstärken von mutigem, Angst bewältigendem Verhalten des Kindes z.B. mit Belohnungen. Das muss nichts Materielles sein; schenken Sie Ihrem Kind Zeit und Aufmerksamkeit, entwerfen Sie eine Urkunde, die Sie dem Kind feierlich überreichen, oder es darf sich wünschen, was es am kommenden Sonntag zum Essen geben wird.
- Ängstliches Verhalten nicht durch zu starke Beachtung verstärken.
- Vermeidungsverhalten verhindern.

Zielsetzung

Ziele geben Kindern Sicherheit und Orientierung, auch in Sachen Gefühle (siehe Kapitel 3 Zielsetzung und Motivation).

»Superman-Methode«

Ihr Kind sucht sich einen Helden, der seine Ängste bewältigen kann.

Sich auf etwas ganz anderes konzentrieren

Sie können die Aufmerksamkeitsrichtung des Kindes so verändern, dass die angstauslösenden Bedingungen nicht mehr so beachtet werden, es z.B. rückwärts von 100 bis null zählen lassen, tief und gleichmäßig atmen lassen, ein auswendig gelerntes Gedicht aufsagen lassen, sich an Situationen im Leben erinnern lassen, in denen es sich gelassen, beschützt und sicher gefühlt hat, oder sich auf den linken Zehen konzentrieren lassen ...

Rollenspiele

Eine gute Möglichkeit, aktiv mit Angst umzugehen: Üben Sie den Umgang mit beängstigenden Situationen, z.B. Angst vor Hunden, Angst vor einem Arztbesuch oder Krankenhausaufenthalt, im Rollenspiel ein. Lassen Sie das Kind dabei in verschiedene Rollen – Mama, Papa, Indianer, Katzenmama, aber auch in die Rolle des Angstauslösers, z.B. Kinderärztin – schlüpfen. Mit Hilfe des Rollenspiels erfahren Sie vielleicht auch noch Aspekte, von denen Sie bisher nichts wussten.

Ich setze Rollenspiele in meiner (mentalen) Begleitung von Kindern ab ungefähr drei Jahren ein.

Alternative: Gut geeignet für Rollenspiele sind auch Handpuppen.

Ziel: Verarbeitung und Abbau von Ängsten sowie Entwicklung und folgenloses Ausprobieren von Lösungen: Was könnte ich denn tun, damit ich keine Angst mehr haben muss?

Ermutigen Sie Ihr Kind, sich in angstbesetzten Situationen ein Kuscheltier als Freund und Beschützer mitzunehmen, z.B. für die ersten Tage im neuen Kindergarten oder mit auf Urlaubsreise.

Feste Rituale geben Ihrem Kind Sicherheit und schaffen Vertrauen.
Beispiel: Zu-Bett-Geh-Ritual, Runde Kitzeln, Ritual zum Abschied, Ritual zur Begrüßung, Tischgebet, Kuscheln zum Aufwachen.

Mentaltraining für den Worst Case

Den schlimmsten Fall (worst case) mental durchspielen: Was passiert, wenn …? Was wäre, wenn …?
»Was-wäre-wenn-Falle«: Das Tückische daran ist, dass ein Was-wäre-wenn-Gedanke so lange auf dem vorigen aufbauen kann, bis die Situation in einer gedanklichen Katastrophe mündet. Und das kostet viel Energie und Zeit.
Wenn das Kind die Was-wäre-wenn-Fixierung nicht aufgeben kann, stellen Sie folgende Fragen:
… was wäre, wenn ich Freude am Turnierreiten, an der Schule, am Referat halten … hätte?
… was wäre, wenn meine Freundin, mein Vater, meine Mutter … sich darüber freuen würde?
… was wäre, wenn ich dann eine bessere Leistung auf Wettkämpfen oder bei Klassenarbeiten bringen würde?
… was wäre, wenn mein Trainer, meine Vater, meine Mutter, meine Oma … das bemerkt?
… was wäre, wenn mein Vater, meine Mutter, meine Oma … dann stolz auf mich ist?

Körperhaltung

Eine selbstbewusste Körperhaltung einnehmen – Kopf hoch, entspannter Bauch, Schultern zurück, Brust raus, tief ein- und ausatmen. Falsch: Zusammenkrümmen.

Sport

Beim Sport geht es darum, sich durchzusetzen, stärker und besser zu werden. Ob Einzelkämpfer oder Mannschaftsspieler, Sport ist ein gutes Mittel gegen Ängstlichkeit und Selbstzweifel. Auch weil man körperlich stärker und robuster wird. Sportarten wie Taekwondo oder Judo fördern den Abbau von überschüssigen Energien und Aggressionen; Kinder haben die Chance, selbstbewusster zu werden. Es darf aber auch ruhiger zugehen mit Badminton, Reiten, Schwimmen, Radfahren, Inlineskaten. Hauptsache, es macht Spaß! Das Balancieren auf einer Slackline ist etwas, das Größere herausfordert und die Konzentration fördert. Einer der vielen positiven Nebeneffekte von Sport ist, dass man schlichtweg weniger Zeit für Ängste hat!

Entspannung

Wichtigster Angsthemmer ist die Entspannung und ein leichter Trancezustand. Denn es gelingt kaum, entspannt zu sein und gleichzeitig Angst zu haben. Wenn es gelingt, in Angstsituationen zu entspannen, dann ist dies ein großer Schritt in Richtung Angstbewältigung. Auch in beängstigenden Situationen

kann (nach Übung) weiter tief und ruhig geatmet werden. Empfehlenswerte Entspannungstechniken sind (siehe Kapitel 4 Entspannung):

- Autogenes Training für Kinder
- Progressive Muskelentspannung für Kinder (ab 5 Jahren)
- Meditation für Kinder
- Kinderyoga.

Weitere Möglichkeiten zur Angstbewältigung

- Kuscheln mit Mama oder Papa.
- Hilfe durch klassische Homöopathie, Naturheilmittel und Bach-Blüten.
- Gegenspieler der Angst sind Freude und Spaß.
- Verwandlung der negativen Gedanken in positive bzw. negative Gedanken durchbrechen (Selbstvertrauen aufbauen): Überlegen Sie gemeinsam mit dem Kind, welche Gedanken in schwierigen (Angst-)Situationen auftauchen. Wahrscheinlich sind sie meist negativer Art: »Ich schaffe das nicht« oder »Ich halte das nicht mehr aus«. Wandeln Sie gemeinsam mit dem Kind diese Gedanken in positive Gedanken um.
- Handlungsalternativen entwickeln (»Wenn ich Angst spüre beim Radfahren auf der Straße, steige ich kurz ab und schiebe das Rad ein Stück.«)
- Gute Vorbereitung auf anstehende »Angst«-Situationen.

Was nicht tun?

- Zu starke Identifikation mit der Angst des Kindes.
- Übertriebene Beruhigung des Kindes.
- Ermuntern oder Erlauben von Vermeidungsverhalten.
- Ungeduld und Frustration zeigen.

6 Konzentration

»[Konzentration ist die] Fähigkeit, die richtigen Dinge zur richtigen Zeit wahrzunehmen und Störquellen wie Zuschauer oder die eigenen Zweifel ausblenden zu können« (Engbert et al. 2011, Seite 68).

»Sich auf das Wesentliche zu richten, auf das Gegenwärtige und dabei – bis auf die unterstützenden – alle innere und äußeren Einflüsse auszublenden – das ist Konzentration. Man ist auf das Ziel und die optimale Handlung gerichtet« (Eberspächer 2008, Seite 146).

Eine typische Situation: »Ich habe wieder nur eine 5 geschrieben, Pa.« Traurig und mit hängenden Schultern steht der 12-jährige Tom vor seinem Vater. »Lass mal schauen, was der Lehrer unter deine Schulaufgabe geschrieben hat. Hier steht: ›... zeigt Verstehen des Stoffs, macht aber zu viele Flüchtigkeitsfehler‹.«
Das ist Tom leider schon öfter passiert. Was tun?

»Jetzt konzentrier dich doch mal!« Diesen Satz hören Kinder oft. Aber was bedeutet Konzentration oder Aufmerksamkeit eigentlich? Die Konzentrationsfähigkeit betrifft sowohl die äußeren Sinne (Hören, Sehen, Tasten) und die inneren Sinne (Tast-, Gleichgewichts- und Bewegungssinn) als auch die Steuerung der eigenen (einschränkenden) Gedanken und

Gefühle sowie den Umgang mit Druck, äußeren Einflüssen, Erwartungshaltungen, Anspannungen und Vorstellungen. Konzentration ist immer nur während einer gewissen Zeitspanne möglich. Nicht umsonst dauert z.B. eine Schulstunde nur 45 Minuten oder wird es empfohlen, nach 90 Minuten (Denk-)Arbeit eine kurze Pause zu machen. Eine Faustregel besagt, dass ein Kind sich doppelt so viele Minuten am Stück konzentrieren können sollte, wie es alt ist. Ein sechsjähriges Kind hätte dann eine reine Konzentrationsspanne von weniger als einer Viertelstunde und sollte danach eine kurze Pause einlegen.[1] Inzwischen gibt es Untersuchungen, die sich mit der Aufmerksamkeitsspanne von Kindern beschäftigen, und sie zeigen alle, dass die Zeit der eigentlichen Konzentration bei Kindern geringer ist, als Erwachsene es gemeinhin von Kindern erwarten:

Alter	Dauer der Konzentration im Durchschnitt
5–7 Jahre	bis 15 Minuten
7–10 Jahre	bis 20 Minuten
10–12 Jahre	bis 25 Minuten
12–16 Jahre	bis 30 Minuten

(Tabelle nach Sommer-Stumpenhorst sowie Käppeli/Traber 2003, S. 15)

Wenn Eltern angesichts dieser Zahlen protestieren und sagen, ihr 10-jähriges Kind könne sich aber beim Lego-Spielen durchaus eineinhalb Stunden lang konzentrieren, während es bei den Hausaufgaben schon nach fünf Minuten unruhig wird, dann stimmt das nicht ganz: Auch beim Spielen schweift die Aufmerksamkeit nach einer Weile ab. Die Konzentrationsschwankungen fallen hier jedoch nicht weiter auf, weil das Kind sie ins Spiel einbaut:[2] Es beschäftigt sich dann eine Zeit lang mit den An- und Ausziehen einer Puppe, bezieht neue Ideen ins Spiel

Konzentration ist keine Fähigkeit, die Kinder von sich aus mit auf die Welt bringen, sondern Training und eine Haltung, die sie lernen.

mit ein, lässt seinen Gedanken freien Lauf, guckt auch einfach mal so vor sich hin. Die Konzentrationsfähigkeit von Kindern hängt insgesamt von vielen Faktoren ab, die weiter unten beschrieben werden.

Ob wir uns gut konzentrieren können, hängt unmittelbar mit unserem Gehirn zusammen: Es besteht aus zwei Hälften (Hemisphären) mit je unterschiedlichen Aufgaben: Die linke Hälfte kontrolliert die rechte Körperseite und ist zuständig für Vernunft und Logik, mathematisches Denken, Wahrnehmung von Details, Sprache und Grammatik. Die rechte Hälfte kontrolliert die linke Körperseite. Diese ist zuständig für Instinkt und Intuition, Gefühle, Kreativität, Überblick und die Koordination von Bewegung und körperlicher Aktivität. »Die beiden Gehirnhälften sind zwar miteinander verbunden, jedoch schwankt die Intensität dieser Verbindungen, wovon wieder unsere geistige Leistungsbereitschaft und unsere Möglichkeiten abhängen« (Baisch-Zimmer/Petrig 2011, S. 73).

Konzentration hängt von vielen Faktoren ab:

- von der aktuellen Stimmung: Fühle ich mich heute wohl? Habe ich Sorgen, Ängste?
- von der Sache/Aufgabe,
- von der psychischen Verfassung,
- vom Können: Habe ich Schwierigkeiten? Habe ich etwas nicht verstanden?
- von der Umgebung,
- vom Interesse und der Motivation.

Tipp: Kinder, die sich viel bewegen und an der frischen Luft sind, können sich meistens besser konzentrieren. Kinder sollten täglich bei jedem Wetter ein bis zwei Stunden draußen sein dürfen.[4] Wer sich bewegt und Sport treibt, schafft zudem einen Ausgleich zum vielen Sitzen in der Schule und bei den Hausaufgaben. Ich empfehle außerdem, den Medienkonsum auf das Nötigste einzuschränken – wer viel fernsieht oder Computerspiele spielt, pumpt sich mit zusätzlichen Sinnesreizen voll, trainiert nur das zweidimensionale Sehen (im Gegensatz zum dreidimensionalen, räumlichen Sehen) und ist danach weniger aufnahmefähig. Kinder, die lange vor dem TV o. Ä. stillsitzen, haben danach oft einen ungeheuren Bewegungsdrang und werden zu richtigen Zappelphilippen.

Generell sind Kinder heute wesentlich mehr (Sinnes-) Reizen ausgesetzt (nicht nur durch Medien, sondern auch durch Freizeitprogramme, ständig laufende Musik, gestiegene Mobilität, einen vollgepackten Alltag) als frühere Generationen, wodurch es ihnen durchaus schwerer fallen könnte, zum richtigen Zeitpunkt die richtigen Reize auszuwählen und sich dann darauf zu konzentrieren.[5]

Beispiele aus der Praxis

Sonja ist 10 Jahre alt und ganz gut in der Schule. Sie geht sogar gern hin – nur wenn nachmittags die Hausaufgaben anstehen, verfliegt ihre gute Laune. Denn da braucht sie immer »ewig«, wie ihre Mutter neulich zu einer Nachbarin sagte. So sitzt Sonja gut und gerne zwei Stunden über ihren Heften. Endlich hat sie einen Teil geschafft, nun ist nur noch Mathe dran. Doch sie kommt nicht darüber hinaus, die Textaufgabe ins Heft zu schreiben, weil sie immer wieder in Gedanken woanders ist oder sich anderweitig ablenken lässt: Erst hat sie Durst, dann fällt ihr das Federmäppchen runter. Dann sortiert sie erst mal die Stifte nach Farben. Sie liest sich die Mathe-Aufgabe noch einmal durch, unternimmt einen Rechenversuch, malt dann die Kästchen auf dem karierten Papier aus. Sie hört, wie ihre Schwester Sarah sich im Flur die Inlineskates anzieht – die hat ihre Hausaufgaben also schon geschafft. Schnell kritzelt Sonja noch ein paar Zahlen hin, dann hat sie endgültig keine Lust mehr: Mit schlechtem Gewissen wegen der Hausaufgaben folgt sie Sarah nach draußen. Wieder so viel Zeit vertrödelt, und morgen wird die Lehrerin mit Rotstift etwas in ihr Heft schreiben.

Sarah ist zwei Jahre älter und in der Schule gut, aber keine »Einserschülerin«. Ihre Einstellung: Lieber mehr Zeit zum Spielen als lange Hausaufgaben machen. Aber stimmen müssen die Aufgaben, sonst hat sie am nächsten Tag noch mehr Arbeit, wenn sie alles verbessern soll. Meistens ist sie nach 30 bis 45 Minuten fertig – dafür achtet sie weniger auf ihr Schriftbild, kritzelt hier und da etwas durch. Sie setzt sich nach dem Mittagessen oft auf den Balkon, schottet sich gedanklich komplett von ihrer Umgebung ab und schreibt oder rechnet drauflos. Klingelt das Telefon, wehrt sie ab: »Später, ich kann jetzt nicht!«. Sobald sie fertig ist, lässt sie alles stehen und liegen und widmet sich ihren Hobbys. Vokabeln zum Beispiel lernt sie lieber abends, wenn sie vorher draußen war. Dann hat sie das Gefühl, dass mehr im Kopf bleibt – schließlich hat sie eine Weile ausgetestet, wann sie am besten Wörter lernen kann. Auch hier genügen ihr meist 20 Minuten.

Bessere Konzentration durch mehr Flüssigkeit und richtige Ernährung

Kinder, und nicht nur sie, müssen viel trinken und die richtige Ernährung für bessere Konzentration, Lern- und Denkfähigkeit zu sich nehmen! Flüssigkeitsmangel und falsche Ernährung können echte Konzentrationsräuber sein. Wasser ist ein optimaler Leiter für elektrische Energie, ist Mittler für chemische und physikalische Prozesse im Körper. Wasser ist nötig für den Sauerstoffaustausch in den Zellen. Mit ausreichend Trinkflüssigkeit, idealerweise Wasser, verbessert sich die Kommunikation zwischen Gehirn und Körper. Wir brauchen Wasser für ein erhöhtes Energieniveau, für die Steigerung der Konzentration und zur Thermoregulation, zum Ausgleich der Verdunstung durch den Schweiß, zur Anfeuchtung der Atemluft und zu den erhöhten enzymatischen Reaktionen im Körper. In Stresssituationen, im Sport, bei schweißtreibenden Tätigkeiten, bei Prüfungen und bei Arbeiten mit dem Computer ist der Wasserbedarf höher. Im Leistungssport ist der Wasserbedarf wesentlich höher. Akuter Wassermangel ist nicht nur leistungsmindernd, sondern auch gesundheitsgefährdend.

→ Beim Lernen, auf dem Schreibtisch, im Auto, in der Schule und beim Sport sollte immer Wasser (kein Saft, keine Limonade), am besten ohne Kohlensäure, parat stehen! Wasser wird am besten bei Raumtemperatur aufgenommen.

Vom Kinderarzt empfohlene Trinkmengen:

Kleinkind: 70–90 ml pro kg Körpergewicht (2–3 Jahre: ca. 700 ml)
Schulkind: 50–70 ml pro kg Körpergewicht
Jugendlicher: 50 ml pro kg Körpergewicht
Bei körperlicher Aktivität und Hitze erhöht sich die Trinkmenge!

(Quelle: www.kinderarzt-augsburg.de)

Unkonzentriertheit kann auch nach dem Genuss bestimmter Lebensmittel auftreten. Dahinter kann eine Unverträglichkeit stecken, was der Kinderarzt abklären kann. Manche Stoffe in der Nahrung wirken auch als Stressoren, die eine Lernblockade auslösen. Dazu gehören z. B. Zucker und Lebensmittelzusatzstoffe,

wie sie u.a. in Limonaden und Süßigkeiten stecken. Gerade die Kombination aus Zucker und Farbstoffzusätzen wirkt sich negativ aus (vgl. Koneberg/Förder 2000, S. 30).

6.1 Die vier Formen der Aufmerksamkeit

Der amerikanische Sportpsychologe Robert M. Nideffer definiert Konzentration als gerichtete Aufmerksamkeit, was man sich wie den Lichtkegel einer Taschenlampe vorstellen kann: Entweder wir beleuchten einen kleinen Bereich der Bühne bzw. der Umgebung oder einen Gegenstand sehr hell (Konzentration), während Anderes in der Umgebung im Dunkeln bleibt. Oder wir beleuchten einen größeren Bereich auf der Bühne (Distribution). Weiterhin ist es entscheidend, ob wir unsere Aufmerksamkeit auf ein Objekt außerhalb unseres Körpers und die Umwelt lenken (external/nach außen) oder in unseren Körper hineinhorchen bzw. die Konzentration auf uns selbst und die eigenen Gedanken richten (internal/nach innen), so dass sich vier verschiedene Konzentrationsarten ergeben: weit–außen, weit–innen, eng–außen, eng–innen (siehe Grafik unten).

Die Fähigkeit, umzuschalten

Das Kind muss seine Aufmerksamkeit je nach den Anforderungen der Aufgabe, die es zu erfüllen hat, anpassen und verändern können. Beim Freiwurf im Basketball ist es zum Beispiel optimal, die Konzentration voll auf die Trefferfläche zu richten (eng–außen). Es kann aber passieren, dass das Publikum (weit–außen), die eigenen Erwartungen (eng–innen) oder die Müdigkeit (weit–innen) den Sportler ablenken und ihn in seiner Konzentration stören (Beispiel nach Engbert et al. S. 68). Wenn sich die Umgebung nicht ändern lässt, zum Beispiel in einer Sporthalle während eines Turniers, oder wenn es in der Wohnung, in der das Kind seine Hausaufgaben erledigen muss, laut ist, kann die Fähigkeit zum Umschalten sehr wichtig sein: Etwa von weit–außen (Lärm) auf eng–innen (Mathe-Aufgabe). Denn jeder kann lernen, sich zu konzentrieren.

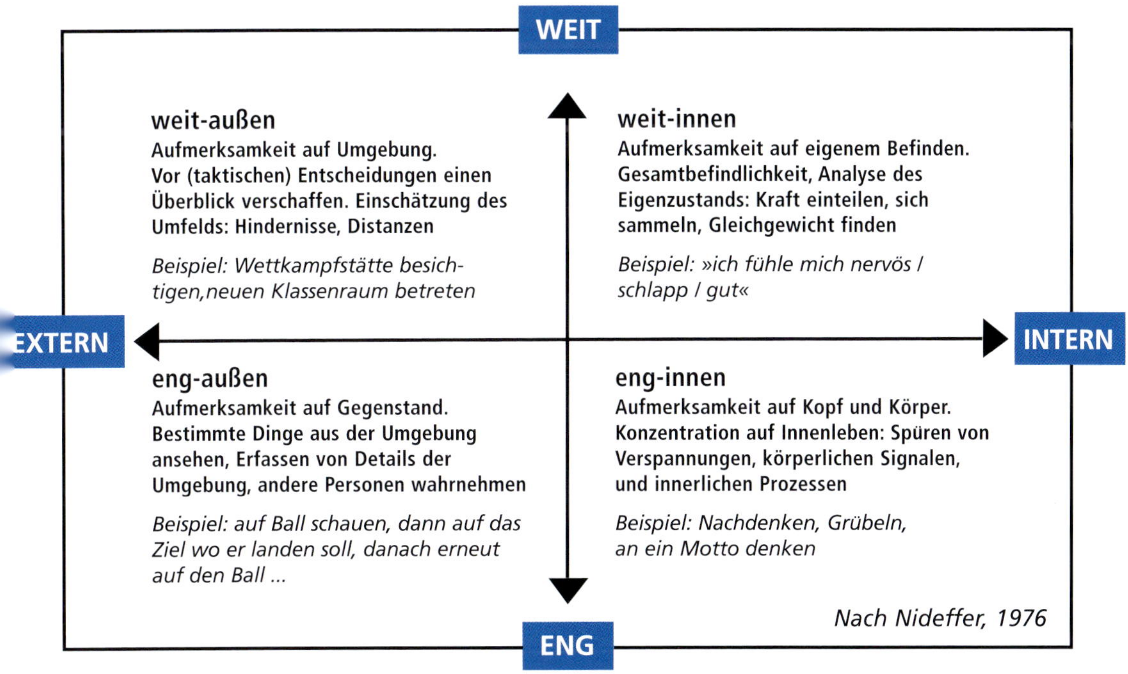

Nach Nideffer, 1976

Wackelbrett

Anleitung für das Kind
Stell dich mit beiden Füßen auf ein Wackelbrett. Halte dich allein darauf. Gehe nun leicht in die Knie und richte dich wieder auf. Kreise mit den Hüften und Armen. Wenn du sicher stehst, hebe ein Bein. Bein wechseln. Später kannst du auch eine Standwaage probieren und andere Positionen versuchen.

Steigerung der Schwierigkeit:
Während du auf einem Bein stehst, schließe deine Augen. Ziel: Halte dich auf dem Brett!

Die Übung »Balancieren auf dem Wackelbrett« hilft, den Wechsel zwischen innen–weit (Balance halten) und außen–eng zu üben. Sie trainiert u.a. Koordination und Gleichgewichtssinn (Anleitung im obenstehenden Kasten).

6.2 Konzentrationsstörungen – innere und äußere Störfaktoren

Unterbrechungen der Aufmerksamkeit treten auf, z.B. wenn:

- zu viele Anweisungen von außen kommen,
- Selbstzweifel aufkommen,
- die Anforderungen die eigenen Fähigkeiten übersteigen,
- das Kind sich fragt, ob es auch alles richtig macht,
- das Kind sich Gedanken macht, was andere denken, wenn es die Sache nicht (gut) macht,
- körperliche Anspannungen auftreten.

Störfaktoren

Die »Aufmerksamkeitsausrichtung« gelingt umso leichter, je mehr wir an Umweltreizen ausschalten (können). Mögliche äußere und innere Störfaktoren für Kinder können sein:

→ Langeweile,
→ kein Ziel,
→ Müssen statt Wollen,
→ negative Einstellung/unangenehme Gedanken (»das ist zu viel« »das schaffe ich nie!«),
→ ablenkender Gefühlszustand und emotionale Probleme (Freude, Ärger mit den Eltern, Unruhe, Nervosität, Sorgen, Angst),
→ geringe Frustrationstoleranz,
→ Unaufmerksamkeit aus Gewohnheit/Zerstreutheit,
→ ungünstige Lichtverhältnisse (z.B. beim Lernen, Hausaufgaben),
→ ungünstige Umgebung (Chaos im Zimmer und auf dem Schreibtisch, wobei Kinder auch in einem »gesunden Chaos« in aller Ruhe spielen können, schlechte Gerüche),
→ Ablenkung durch Geräusche oder Lärm (Straße, klingelndes Telefon, Lärm vom nahen Spielplatz, Musik, Nachbarn, Radio, Fernseher ...),
→ Ablenkung durch Gespräche oder andere Personen,
→ Müdigkeit, Stress, schlechte Gesundheit,
→ Mangel an Interesse und Motivation,
→ anhaltende Misserfolge,
→ Aufschieben,
→ zu wenig Flüssigkeit / schlechte Ernährung, z.B. zu fettes, süßes Essen.

Die positive Absicht von Störfaktoren und Ablenkungen

Manchmal haben Störquellen auch eine positive Absicht – dann haben alle Bemühungen, sich zu konzentrieren, keinen Sinn, bis man den Ablenkungen auf den Grund geht. Wird der Blick zum Beispiel immer wieder auf die Unordnung rund um den Schreibtisch gelenkt, kann es tatsächlich helfen, fünf Minuten lang aufzuräumen. Die positive Absicht war dann, dass man sich in einer aufgeräumten Umgebung einfach besser konzentrieren kann, frei nach dem Motto: »wie außen, so innen«. Oder die Fußballschuhe in der Ecke ziehen immer wieder die Aufmerksamkeit an. Dann ist es besser, schnell den Freund anzurufen, ein Kicker-Treffen für später auszumachen und sich bis dahin endlich beruhigt und konzentriert der Aufgabe zu widmen. Oft tauchen aber immer wieder Gedanken auf, der Kopf wird einfach nicht frei. Dahinter kann das Bedürfnis stecken, mehr Zeit für sich zu haben oder mit Freunden zusammen zu sein. Dann hilft es, sich vor Beginn einer Aufgabe eine feste Zeit dafür vorzunehmen und den Tag so zu planen, dass die Freizeit nicht zu kurz kommt.

Tipps für Kinder – Konzentration bei äußeren Störfaktoren

- Ruhigen Platz suchen (Zimmertüre zu, den ruhigsten Ort in der Wohnung suchen, in die Bücherei gehen, zur Oma, kein Rein- und Rauslaufen von Geschwistern ...).
- Lärmquellen einfach ausschalten oder andere Personen bitten, für eine bestimmte Zeit leiser zu sein.
- Ruhige Musik, um andere störende Geräusche zu übertönen.
- Bequemen Stuhl nutzen.
- Handy ausschalten oder Regeln für die Handynutzung festlegen: Ich beantworte nur die Anrufe von ... oder nur drei Anrufe pro Nachmittag... oder ich spreche maximal nur drei Minuten pro Anruf. Keine SMS schicken während der Zeit.
- Email-Fach schließen, E-Mails erst ab ... Uhr lesen und beantworten.
- Zettel/Schild mit »Ruhe« an die Türe hängen,
- Kopfhörer aufsetzen, Ohrstöpsel tragen, imaginäre »Mickymäuse« oder Ohrstöpsel tragen.
- Angenehme Beleuchtung.

- Schreibtisch frei von ablenkendem Spielzeug (mit Aufforderungscharakter) halten.
- Akzeptanz von Störquellen.

Tipps für Kinder – Konzentration bei störenden Einflüssen von innen

- Wiederkehrende Gedanken oder Gefühle kurz und knapp auf ein Blatt schreiben, dieses in eine Schublade, eine Schuhschachtel, Box oder einen Umschlag geben.
- Gedanklich ein Stopp-Schild visualisieren, laut zu sich sagen oder denken: »Jetzt nicht, Gedanken, später!«
- Ablenkungen gedanklich »abstreifen« vom Körper, z.B. an einer bestimmten Ecke im Zimmer. Dort bleiben sie, bis das Kind Zeit dafür hat, und können dann wieder aufgenommen werden.
- Zwischenschritte definieren. Lob nach jedem Schritt.
- Sich klar machen: Welches Ziel erreiche ich mit der Erledigung der Aufgabe?
- Erlernen eines Entspannungsverfahrens.
- Aufschreiben, was belastet und Sorgen bereitet.

Fragen: Was ist meine genaue Absicht? Was genau will ich erreichen? Was ist mein Ziel und woran merke ich, dass ich dieses Ziel erreicht habe? Es lohnt sich, auch für eine vermeintlich kleine Aufgabe, für jedes Training, schriftlich ein Ziel zu fixieren.

Tipp für Eltern: Ruhig und gelassen bleiben, dem Kind Lob und Anerkennung zuteil werden lassen, wenn es konzentriert und konsequent lernt – als Verstärkung des angestrebten Verhaltens.

Weiter helfen hier Konzentrations- und Abschottungsübungen wie im Folgenden beschrieben:

Imaginäres Gedanken-Wartehäuschen

Kinder haben oft, ebenso wie Erwachsene, tausend Sachen im Kopf, über die sie nachdenken und grübeln. Manchmal merken sie es gar nicht, dass sie träumen bzw. nicht bei der Sache sind. Sich zu konzentrieren bedeutet aber, im Hier und Jetzt, in der Gegenwart zu sein, und nicht bei Sachen, die die Vergangenheit oder Zukunft betreffen. Die folgende Übung hilft dabei.

Anleitung für das Kind:

Stell dir in deinem Kopf einen Raum vor, der nur für die Konzentration reserviert ist. Bist du voll konzentriert, ist dieser Raum belegt. Bist du unkonzentriert, hüpfen in diesem Raum deine Gedanken und Gefühle wild umher. Wohin nun mit deiner Konzentration? Schaffe gedanklich einen neuen Raum, z.B. ein kleines gemütliches Wartehäuschen. Hier hinein steckst du alle störenden Gedanken und Gefühle, bis du dich ihnen nach deiner Hausaufaufgabe wieder widmen kannst.

Wie sieht dein Wartehäuschen aus? Aus welchem Material ist es? Aus Holz oder gemauert? Welche Farbe hat es außen und innen? Stehen Möbel drin? Welche genau?

Weise nun alle deine ablenkenden Gedanken, die du jetzt nicht für die Hausaufgaben brauchst, an, in dieses Wartehäuschen zu gehen.

Wichtig ist, dass du nach den Hausaufgaben/ dem Training wirklich diese Gedanken weiterdenkst, ansonsten funktioniert es beim nächsten Mal nicht so leicht oder womöglich gar nicht mehr.

Wenn du diese Übung die ersten Male nutzt, schreibe unterstützend deine ständig wiederkehrenden Gedanken und Emotionen vor den Hausaufgaben/ dem Training auf ein Blatt Papier auf und lege dieses in eine Box oder Schuhschachtel (siehe auch Übung Problembox).

Glaskugel oder -kapsel

Anleitung für das Kind:

Stell dir beim Lernen (oder einer anderen Aufgabe, die deine volle Konzentration erfordert) vor, du sitzt komplett in einer gläsernen Kapsel oder unter einer Glasglocke. Die Glaskugel kann auch nur um deinen Kopf herum sein. Du kannst so alles um dich herum sehen, aber zu dir dringen keine störenden Einflüsse wie Lärm ein. Du merkst zwar, was um dich herum passiert, z.B. dass jemand spricht, aber der Inhalt kann dich nicht ablenken. Stellst du dir vor, du steckst mit deinem ganzen Körper unter der Glocke, gleicht dies einer Schutzhülle, in der du dich sogar bewegen kannst. Du hast diese Glashülle oder -kugel immer bei dir und kannst sie jederzeit benutzen.

Imaginäre Ohrstöpsel, imaginärer Motorradhelm, imaginäre Kopfhörer

Anleitung für das Kind:

Gegen Lärm, Stimmen und Geräusche von außen kannst du dir einen imaginären Motorradhelm aufsetzen. Bei Bedarf kannst du das gedankliche Visier aufklappen – hältst du es geschlossen, kann dich nichts stören. Genauso funktioniert es mit den imaginären Ohrstöpseln: Die kannst du dir ins Ohr stecken

und außerdem sind sie so klein, dass sie in jede Hosentasche passen.
Wenn dich die angebotenen Ideen nicht ansprechen, erfinde selbst welche, die dir helfen, dich abzuschotten.

Die Konzentration mit Signal- oder Triggerwörtern und Affirmationen unterstützen

Ein kurzes und prägnantes Signalwort kann das Kind (z. B. im Sport) dabei unterstützen, sich in einer Situation auf das Wesentliche zu konzentrieren. Wird es im Training angewandt, sollte die Konzentration per Signalwort mehrmals geübt werden, damit dies zu einem funktionierenden und zuverlässigen Aspekt der Trainingsroutine bzw. der Wettkampfroutine wird (vgl. auch Engbert et al. 2011, S. 81). Solche Signal- oder Codewörter können sein:

»Achtung!«
»Fokus!«
»Konzentrieren! «
»Feuer frei!«

Affirmationen sind im Gegensatz zu Signalwörtern ganze, positiv formulierte, kurze, lebhafte Sätze mit maximal zehn Wörtern, die das Kind mental stärken und sein Unterbewusstsein positiv beeinflussen (mehr zum Thema Affirmationen: siehe Kapitel 2 Gedanken). Negative Selbstanweisungen wirken sich negativ auf das Selbstwertgefühl aus, können ablenken und somit die Leistung beeinträchtigen. Affirmationen sind immer individuell – was dem Einen dabei hilft, sich zu fokussieren, klappt nicht notwendigerweise auch bei jedem Anderen.

Affirmationen:
»Ich bin voll konzentriert.«
»Ich starte kraftvoll und erreiche in Bestzeit das Ziel.«
»Ich wende mein Wissen komplett an.«

Konzentrationsanker

Wer sich schnell konzentrieren können muss, sozusagen auf Knopfdruck, kann einen »Konzentrationsanker« setzen. Siehe dazu Kapitel 8 Ressourcen.

Kinesiologie/Brain Gym® gegen Konzentrationsprobleme

Die Pädagogische Kinesiologie – Kinesiologie ist die Lehre von der Bewegung oder Bewegungsempfindung – geht davon aus, dass Bewegung nicht nur unser körperliches und seelisches Wohlbefinden positiv beeinflusst, sondern sich auch positiv auf unsere Denk-Fähigkeit auswirkt (vgl. Koneberg/Förder 2000, Seite 9). Konzentrationsprobleme werden hier als Blockade gesehen, die durch einfache, ausgleichende körperliche Übungen das Zusammenspiel zwischen der rechten und linken Gehirnhälfte fördern und die Blockade auflösen. Kinesiologische Übungen können Kinder, nachdem ihnen jemand die Übungen gezeigt hat, zuhause durchführen. Große Vorkenntnisse sind nicht erforderlich. Kinesiologisch arbeitende Therapeuten empfehlen übrigens, vor den Übungen ein kleines Glas Wasser zu trinken, um die Zellen mit frischer Energie zu versorgen (siehe oben den Kasten »Bessere Konzentration durch mehr Flüssigkeit und richtige Ernährung«).

Überkreuz-Bewegungen im Stehen nach hinten

→ für Kinder, die viel herumzappeln (z.B. bei Hausaufgaben) und sich nicht konzentrieren können,
→ für Kinder, die häufig bei Aufgaben »abschalten« und vor sich hin starren.

Überkreuz-Bewegungen sind immer Bewegungen über die Körpermittellinie hinweg.

Durchführung:
Stehe aufrecht und entspannt. Den rechten Arm und das linke Bein nach hinten strecken, dann den linken Arm und das rechte Bein nach hinten strecken. Die rechte Hand berührt die linke Ferse und die linke Hand berührt die rechte Ferse.
Finde eventuell einen eigenen Namen für diese Übung.

Überkreuz-Bewegungen im Stehen nach vorne

→ Integration der beiden Gehirnhälften, Förderung der Motorik, positive Auswirkungen auf vernetztes Denken und Konzentration.

Durchführung:
Stehe aufrecht und entspannt. Beginne, indem du dein Bein langsam und bewusst anhebst (marschieren) und dabei mit der Hand oder dem Ellenbogen das gegenüberliegende Knie berührst – anschließend die gleiche Übung mit dem anderen Arm und Bein (mindestens 10 Mal). Wechsle dann zu »einseitigen« Bewegungen: Arm und Bein auf der gleichen Körperseite anheben, langsam und bewusst (mindestens 10 Mal). Und wieder wechseln.
Variation, etwas schwieriger: Während der gesamten Übung langsam mit den Augen rollen, einmal im Uhrzeigersinn, einmal gegen den Uhrzeigersinn. Dann den Blick langsam von oben nach unten gleiten lassen und von links nach rechts, dann umgekehrt.
Weitere Übungen: Überkreuzbewegungen im Stehen nach der Seite, in Bauchlage und in Rückenlage. Und als Partnerübung.

Denkmütze – Ohren massieren (Ohren ausstreichen, Thinking Cap)

Bei dieser Übung werden Reflexzonen im Ohr stimuliert, die mit wichtigen Körperfunktionen zusammenhängen. Die Wirkung der Übung ist sehr umfassend: Sie steigert die Aufnahmefähigkeit gegenüber dem, was man hört. Gleichzeitig kann man das Gehörte besser verarbeiten und speichern.

→ Fördert Durchblutung der Ohren. Die Kiefer-, Zungen- und Gesichtsmuskulatur entspannt sich.
→ Die Übung erhöht die Konzentrationsfähigkeit, so dass sich das Kind besser darauf konzentrieren kann, was der Trainer/Lehrer sagt. Informationen können besser aufgenommen werden.
→ Kann gut in der Schule durchgeführt werden oder zwischendurch wann immer erforderlich.
→ Die Atmung und der Energiekreislauf verbessern sich.
→ Die »Denkmütze« stimuliert über 400 Energiepunkte am Außenohr, die in enger Verbindung stehen mit wichtigen Gehirn- und Körperfunktionen. Kiefer-, Zungen- und Gesichtsmuskulatur entspannen sich.

Durchführung:
Kopf aufrecht halten. Massiere beide Ohrmuscheln gleichzeitig. Am besten nimmst du dafür die Ohrmuscheln zwischen Daumen und Zeigefinger (Daumen hinter, Zeigefinger vor dem Ohr) und schiebst den angewinkelten Zeigefinger auf dem Ohr dabei von innen nach außen. Ziehe die Ohrmuscheln dabei leicht nach außen, als ob du sie ausfalten wolltest. Bewege deine Finger gleichzeitig aufwärts, dann wieder abwärts, bis die Ohren angenehm warm werden. Ein wohlig entspanntes Gefühl stellt sich ein. Die Übung einige Male wiederholen!
Die Ohren lassen sich im Liegen, Sitzen oder Stehen »einschalten«.

Muntermacher, Aufwecker

→ erfrischt den gesamten Organismus bei Anstrengung, z.B. nach der Schule,
→ entspannt die Augen, erhöht die Aufmerksamkeit,
→ schaltet Augen und Gehirn an,
→ fördert die Körperkoordination.

Durchführung:

Du stehst oder sitzt bequem. Nun massierst du mit Daumen und Mittelfinger der einen Hand sanft deine Akupunkturpunkte »Niere 27«. Sie liegen direkt unterhalb des Schlüsselbeins, in den beiden weichen Kuhlen rechts und links vom Brustbein. Die andere Hand massiert gleichzeitig sanft die Region um den Bauchnabel. 20 bis 30 Sekunden lang, dann wechsle die Hände. Die Energiepunkte können anfangs noch empfindlich sein, weil die Berührung ungewohnt ist. Dieses Gefühl lässt mit der Zeit nach.

6.3 Entspannung ist wichtig für Konzentration

Wie eingangs erwähnt: Niemand kann sich lange am Stück konzentrieren, ohne sich zwischendurch zu entspannen. Wer sich oft konzentrieren muss, braucht regelmäßige, effektive Entspannung. Etwa mit Unterstützung einer Entspannungsmusik, der Entspannung mit einer Klangschale oder dem Palmieren (siehe unten). Übungen und Tipps werden ausführlich im Kapitel 4 Entspannung beschrieben. Viel Bewegung als Ausgleich zum Lernen ist wichtig. Ob dies nun ein aktiv ausgeübter Sport ist oder Spiel und Spaß im Freien, beim Radfahren, Inlineskaten, Klettern, Skifahren, Schlittenfahren und mehr, spielt weniger eine Rolle.

Palmieren

(»Palm« ist das englische Wort für Handfläche).

→ im Sitzen oder Stehen,
→ entspannt die Augen nach anstrengender Bildschirmarbeit, Lesen o. Ä.
→ erhöht die Konzentrationsfähigkeit.

Übungsablauf:

Reibe deine Handflächen so lange fest aneinander, bis sie ganz warm werden. Das dauert einige Sekunden. Lege nun deine Handflächen gewölbt über deine Augen (Brille vorher abnehmen), so dass sie abgedeckt sind, und spüre die Wärme, die von den Händen ausgeht. Die Handflächen sollten die Augen nicht berühren. Übe keinen Druck aus. Schließe deine Augen. Entspanne dein Gesicht, lockere deinen Unterkiefer. Konzentriere Dich auf deine ruhige und gleichmäßig fließende Atmung. Nimm wahr, wie sich deine Augen immer mehr und mehr entspannen. Gedanken, die auftauchen, lasse ziehen – wie Wolken am Himmel.

Beende die Übung, indem du deine Handflächen langsam von den noch geschlossenen Augen nimmst. Öffne deine Augen.

Übungsdauer: ca. zwei bis fünf Minuten.

Atemübungen

Atmung passiert im Hier und Jetzt, und das Im-Hier-und-Jetzt-Sein ist Grundvoraussetzung, um konzen-

triert sein zu können. Man kann sich nicht auf eine Aufgabe konzentrieren, wenn man in Gedanken in der Vergangenheit oder der Zukunft ist.
Die Aufmerksamkeit bei aufkommender Unkonzentriertheit sieben Atemzüge lang auf das Ein und Aus des Atems zu richten, ist daher hilfreich. Das Thema Atmung ist im Kapitel 4 Entspannung beschrieben.

An dieser Stelle noch eine gute Atem-Übung, die die Sportpädagogen des Heidelberger Kompetenztrainings im Rahmen der Praxisanleitung für das **»Hara-Prinzip«** anbieten. »Hara«, so viel sei hier nur erklärt, kommt aus dem Japanischen und bedeutet wörtlich »Bauch«.

»Die Übung wird im Stand durchgeführt. Man drückt beidhändig mit den Fingern etwa drei Fingerbreit unter dem Bauchnabel in den Unterbauch. Anschließend werden die Finger durch einen kräftigen Ausatemstoß und gleichzeitiges Anspannen der Bauchmuskulatur wieder hinausgeworfen. Wiederholt man dies mehrere Male, kann man zum einen die Kraft und Energie spüren, die in diesem »Hara«-Punkt vorhanden sind und zum anderen ein Gefühl für seinen Körperschwerpunkt entwickeln« (Knörzer et al. 2011, Seite 70)

Durchführung:
»Stehe locker (in den Knien leicht gebeugt), etwa schulterbreit. In der Vorstellung hältst du mit den Handflächen, die nach oben zeigen, einen großen Wasserball in Bauchhöhe vor dem Körper. Beim Einatmen nimmst du die Hände langsam bis in Brusthöhe und drehst dann die Handflächen nach unten. Beim Ausatmen drückst du den Ball nach unten bis zur Ausgangsposition. Dieser Vorgang wird einige Male wiederholt. Die Abwärtsbewegung sollte man so ausführen, als wolle man den Wasserball allmählich unter Wasser drücken« (Knörzer et al. 2011, Seite 74).

6.4 Flow – Konzentration in ihrer angenehmsten Form

Beim Thema Flow können sich Erwachsene etwas von den Kindern abschauen, denn Kinder sind wahre Meister des Flow-Zustands. Aussagen wie »Ich habe den ganzen Nachmittag an meinem Bild gemalt und gar nicht gemerkt, dass es draußen schon dunkel wurde« oder »Die Zeit beim Basketball-Match verging wie im Flug« verdeutlichen dies. Voll und ganz vertieft sein, tief aus dem Tun selbst heraus motiviert sein und das »Aufgehen« in einer Tätigkeit lässt sich besonders gut bei fasziniert spielenden Kindern beobachten, die alles um sich herum vergessen, die Welt um sich kaum noch wahrnehmen und sich nur noch auf ihr Spiel konzentrieren. Weitere Merkmale für den Flow sind u.a.: Konzentration, Selbstvergessenheit, Gefühl von Können, fokussierte Aufmerksamkeit, Abgeschirmt-Sein von Ablenkungen, Abwesenheit von Selbstreflexion und Zweifeln. »Flow-Erlebnisse« bleiben im Gedächtnis und wecken den Wunsch, diesen Zustand wieder herbeizuführen.

Mihaly Csikszentmihalyi beschrieb das Flow-Erleben so:

»Warum lieben einige Menschen ihre Arbeit, verstehen sich großartig mit ihrer Familie und genießen die Stunden, die sie in einsamer Meditation verbringen, während andere ihren Beruf scheußlich finden, sich zu Hause langweilen und Angst vorm Alleinsein haben? Wie kann man alltägliche Routinearbeit so verwandeln, dass sie genauso aufregend wird wie ein rasanter Abfahrtslauf, so beglückend wie das Singen des Händelschen Halleluja, so bedeutungsvoll wie die Teilnahme an einem geheiligten Ritual? Die Studien, die ich zusammen mit anderen Wissenschaftlern durchgeführt habe, legten nahe, dass solche Veränderungen möglich waren« (Csikszentmihalyi 1995).

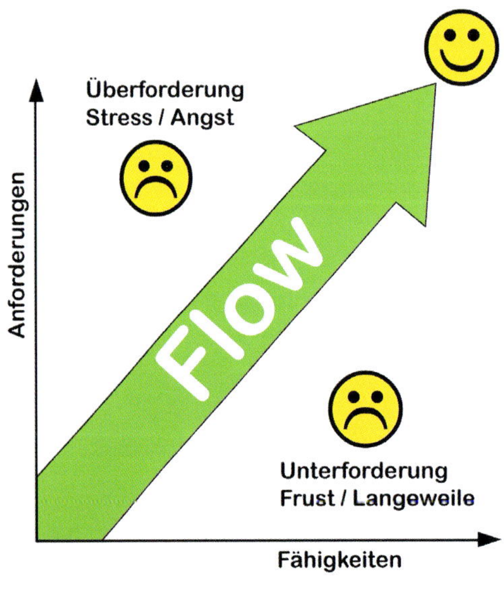

»Flow [ist] ein Bewusstseinszustand, in dem man völlig in dem aufgeht, was man gerade tut, ohne irgendwelche anderen Gedanken oder Emotionen zu haben.« (Csikszentmihalyi/Jackson 2000, S. 13).
Flow ist die »optimale Erfahrung, wie in Trance spielen [im Sport, Anm.], sich high fühlen und völlig konzentriert sein.« (ebenda 2000, S. 7).
Flow kommt auf den drei Ebenen Denken, Fühlen und Handeln zum Ausdruck. Dabei müssen Anforderungen und Können im Gleichgewicht sein. Das heißt, eine Aufgabe darf nicht zu schwierig sein (fördert Angst), aber auch nicht zu leicht (löst Langeweile aus). Sonst kommt es zu keiner besonderen Erfahrung oder Emotion, wie die Grafik zeigt.

Tipps: Förderung des Flow-Zustands

- gute Vorbereitung
- Glaube an Erfolg, Überzeugtsein vom Können
- lernen, Ängste zu bewältigen
- Stress und Probleme in Herausforderungen umwandeln
- auf Stärken konzentrieren, Selbstvertrauen entwickeln → Kapitel 8 Ressourcen
- für Entspannung sorgen
  → Kapitel 4 Entspannung
- Visualisierung der erfolgreichen Bewältigung einer Aufgabe → Kapitel 9 Visualisierung
- klar definierte und eindeutige Zielsetzung
  → Kapitel 3 Zielsetzung
- positives, konstruktives Feedback aus dem Umfeld
- Konzentration auf die bevorstehende Aufgabe, sich ganz dem zuwenden, was getan werden muss
- keine Unterbrechungen durch innere Störung, keine Beschäftigung mit Enttäuschungen, Liebeskummer o. Ä.
  → Übung Problembox, Kapitel 8 Ressourcen
- realistische Erwartungen an die eigene Leistung
- positives Denken

- motivierendes Umfeld
- Spaß und Freude, viel lachen, auch über sich selbst,
- Anerkennen der Erfolge anderer
- Trinkmenge und Ernährung beachten.

6.5 Konzentration im Sport

Höchste Konzentration ist in Wettkampfsituationen angesagt, daher folgen hier noch Tipps aus meiner Erfahrung im (Leistungs-)Sport, wie Kinder und Jugendliche diese Herausforderungen mental gut meistern können: Konzentrationsroutinen und das »mentale Aufwärmprogramm« sowie Pläne für Wettkampf und -vorbereitung. Sie sind übertragbar auf alle ähnlichen Situationen außerhalb des Sports.

Konzentrationsroutine

Rituale und Routinen vor Herausforderungen wie Hausaufgaben, Training, Prüfungen vertiefen die Konzentration, auch unter schwierigen Bedingungen. So genannte Konzentrationsroutinen lenken die Aufmerksamkeit wieder aufs Wesentliche, wenn man abschweift. Voraussetzung dafür ist, dass das Kind selbstständig erkennt, wenn es abgelenkt ist. Dann kann es seine Konzentration z.B. mit einem Code- oder Signalwort wieder neu ausrichten.

Die drei Schritte einer guten Konzentrationsroutine
(nach Engbert et al. 2011, S. 82 f.):

Schritt 1: Wahrnehmung der Ablenkung
Das Kind sollte seine persönlichen Hinweise kennen, die ihm signalisieren, dass es gerade nicht voll und ganz bei der Sache ist. Etwa unruhige Blicke, unwichtige Gedanken, sinkende Anspannung, irgendetwas aus der Umgebung ist plötzlich interessanter.

Schritt 2: Signalwort oder Gedankenstopp (zum Gedankenstopp siehe auch Kapitel 2 Gedanken)
Das Kind bündelt seine Konzentration mit einem Signalwort (»Konzentriert!«, »Hier und Jetzt«, »Fokus«) wieder. Auch hilfreich: Ein Gedankenstopp, das bewusste Ausatmen oder die visuelle Fokussierung eines bestimmten Punktes im Außen.

Schritt 3: Konzentration neu ausrichten
Nun sollte das Kind seine Konzentration bewusst neu auf die anstehende Aufgabe ausrichten. Dabei hilft es auch, einen klaren Handlungsplan zu haben, auf den es sich konzentrieren kann (z.B. bei den Hausaufgaben: erst Englisch, dann Mathe, zuletzt Erdkunde o.Ä.).

Bewährt haben sich in der Praxis folgende Konzentrationsroutinen (n. Engbert et al. 2011, S. 83 f.):

- Bewusstes Ausatmen, am besten in Kombination mit einem Schlüsselwort. Dann wieder auf die Aufgabe konzentrieren.
- Den Fokus kurz auf sich selbst richten und den Körper spüren. Dann wieder auf die Aufgabe konzentrieren.
- Gedanken-Stopp-Technik (z.B. Visualisierung eines roten Stoppzeichens). Dann wieder auf die Aufgabe konzentrieren.

Routinen vor dem Beginn/während einer Aufgabe unterstützen dabei, dass jetzt Konzentration und Ruhe angesagt ist.

Mentales Aufwärmprogramm

Erfolgreiche Sportler bereiten sich körperlich und geistig auf einen bevorstehenden Wettkampf vor. Mentale Vorbereitung heißt: Es wird in Gedanken durchgespielt, was sich am Tag des Wettkampfs oder des Turniers alles ereignen könnte, was von Belang ist: Durch das Visualisieren von Bewegungsabläufen verbessert sich die Koordination, denn das geistige Vorstellen unterstützt Bahnungsprozesse im Gehirn. Dank der mentalen Aufwärmphase hat der Sportler Mittel zur Problemlösung parat, kann sich optimal auf seine Aufgabe konzentrieren, ist eingestimmt auf

Beispiel

Torsten ist ein Schüler, der mit dem Lernen auf eine Schulaufgabe immer recht spät anfängt, manchmal auch erst drei Tage vor der Prüfung. Dafür muss er umso konzentrierter lernen. Er hat sich dafür eine Routine zurechtgelegt, die ihm hilft, sich auf die intensive Lernphase einzustimmen.
Er geht erst eine Runde mit dem Hund raus, aber nicht länger als eine halbe Stunde. Dann trinkt er ein Glas Wasser. Alle Bücher, die er braucht, legt er mit den relevanten, aufgeschlagenen Kapiteln vor sich auf den Schreibtisch, damit er während des Lernens nicht lange suchen muss. Und weil er bei der letzten Prüfung, bei der er eine Eins bekam, zufällig den blauen Pulli anhatte, zieht er nun zum Lernen immer diesen Pulli an.
Seine Schwester lacht ihn deswegen manchmal aus, aber Torsten ist überzeugt, dass er dann besser lernt.

den Wettkampf, kann negative und störende Gedanken ausblenden. Mentale Einstimmung hat großen Einfluss auf die Psyche am Wettkampftag und kann über Sieg oder Niederlage entscheiden.

Das Programm besteht aus drei Schritten:

1. Gedanklich am Wettkampfort sein

Mit allen Sinnen stellt sich der Sportler den Ort des Wettkampfs vor. Er sieht z.B. die Umkleiden, den Weg zum Austragungsort, die Startbahn oder Halle, die Zuschauertribüne, das Siegertreppchen; er hört die Stimmen des Publikums, der Kampfrichter, der anderen Sportler, stellt sich den Geruch der Tartanbahn o.Ä. vor, spürt vielleicht den Geschmack des isotonischen Getränks auf der Zunge.

2. Die optimale Handlung vorstellen

Der Sportler sieht sich im Geiste die Bewegungen ausführen oder einen speziellen Bewegungsablauf, benutzt dabei Signalwörter (siehe Konzentrationsroutine). In Gedanken gelingen die Bewegungen leicht, locker und präzise.

3. Stärken und Fähigkeiten bewusst machen

Das eigene Potential wird noch einmal ins Bewusstsein gerufen: Was kann ich besonders gut? Welche

Turniertag

(Beispiel für einen Jugendlauf)

Morgens auf dem Turnier

1. Halbe Stunde früher aufstehen, Sachen bereitlegen.
2. Müsli frühstücken, ausreichend trinken. Kein Kaffee heute.
3. Lieblingsmusik hören, so gut wie möglich entspannen.

Zwei Stunden vor dem Start

1. Trinken, Banane essen.
2. Ablauf in Gedanken noch mal durchgehen.
3. Meine Affirmationen sprechen.
4. Sachen ins Auto, Mitnehm-Liste checken, losfahren.

Die letzte Stunde vor dem Start

1. 60 Minuten vor dem Start vor Ort sein.
2. Eintragen/Anmelden, Leute begrüßen, Toilette.
3. Gute Gedanken machen!

Warm-up vor dem Start/ vor der Prüfung

1. Aufwärmen
2. An den Start gehen, Position einnehmen
3. In Ausgangsstellung begeben, ruhig atmen.

Fähigkeiten habe ich im Training noch entwickelt? Welche Stärken helfen mir jetzt speziell? Ich vertraue auf folgende Stärken: …

Mentale Wettkampfvorbereitung

Der Wettkampf selbst kann mental vorbereitet werden in Ergänzung zur körperlichen Vorbereitung. Studien belegen, dass Sportler dann besonders gut ihre Leistung abrufen können, wenn sie sich im Vorfeld des Wettkampfs strukturiert, d.h. auch geistig, darauf vorbereiten. Die Sportler lernen so, mit ihrer Energie hauszuhalten, und haben Orientierung und Struktur in Zeiten erhöhter Anspannung und Nervosität. Auch diese Anleitung kann für andere Prüfungssituationen verwendet werden.

Vorbereitungsplan für den Wettkampf-/ Turniertag – Anleitung

Das Kind oder der Jugendliche schreibt alle Schritte auf, die er/sie vor jeder Prüfung/Turniersituation machen möchte, um sich optimal körperlich, mental sowie taktisch vorzubereiten. Alles, was überflüssig und nicht notwendig ist, soll wegfallen. Dazu gehören auch Schritte, die nicht der eigenen Kontrolle unterliegen (z.B. unnötige Gespräche oder Ablenkungen)! Am Ende wird der Plan noch einmal in Ruhe durchgesehen, mit dem Trainer/Sportpsychologen besprochen und ggf. angepasst (siehe Beispiel Turniertag/Jugendlauf im nebenstehenden Kasten).

Der Wettkampfplan

Der Wettkampfplan konzentriert sich auf die Zeit, in der Höchstleistung gefragt ist. Der Sportler fertigt ihn im Vorfeld an. Ein Beispiel finden Sie auf der nächsten Seite.

Wettkampfplan

Ziel:
Erster Platz beim Jugendlauf 14–15 Jahre, Distanz 15 km

Aufgaben, um das Ziel zu erreichen
(Handlungsziele, mit »ich« beginnen lassen):

1. Ich wärme mich in den Tagen vor dem Lauf mental auf, auch am Tag X.
2. Ich sorge am Tag vor dem Lauf für Ruhe und ernähre mich gut.
3. Ich starte entspannt, spare anfangs Energie, steigere mich nach und nach.
4. Ich laufe die ganze Zeit locker und konzentriere mich ganz auf meinen Lauf-Rhythmus.

Wenn …	**Dann-Strategien**
… mich die Zuschauer ablenken	mentale Glasglocke auf dem Kopf, Ohrenstöpsel, richte meinen Blick nach vorn
… ich Unterzucker bekommen sollte	halbe Banane vom Zwischenstopp, schluckweise Wasser
… ich kurz vorm Ziel überholt werde	durchschnaufen, alle Kraft zusammennehmen und ein letztes Mal losspurten

Auswertung der Zielerreichung
nach dem Wettkampf/Turnier

Lauf am *30.05.2013* in *München*

1. Erster Platz leider verfehlt, zweiten Platz gemacht.
2. Insgesamt guter Lauf, keine Blessuren.
3. Einen Trinkstopp gemacht, kein Unterzucker.
4. Auf letzten zwei Kilometern verkrampfter gelaufen, für kurze Zeit etwas unaufmerksamer, Nr. 34 rempelte mich an, ich bin erschrocken und stolperte.
5. Beim nächsten Mal noch konzentrierter laufen bis zum Schluss, locker am Ende bleiben.

7 Selbstbewusstsein

Ich bin im Einklang mit mir und der Welt.
Ich fühle mich wohl in meiner Haut.
Ich bin zufrieden mit mir mit dem, wie ich bin und was ich mache.
Ich blicke optimistisch und vertrauensvoll in die Zukunft. Ich bin zuversichtlich und guten Mutes, Schwierigkeiten überwinden und Probleme lösen zu können.
Meine Umgebung macht einen freundlichen und wohlwollenden Eindruck.
Meine Begegnungen mit anderen Menschen sind angenehm und befriedigend.
Ich bin im Einklang mit mir und der Welt.
Ich fühle mich wohl in meiner Haut.

Aus: Schachinger 2005.

7.1 Begriffsklärung

»Selbst|vertrauen: Vertrauen zur eigenen Kraft, zu den eigenen Fähigkeiten« (www.wissen.de)
Das Psychologische Wörterbuch von Häcker und Stapf (2004, S. 851) unterscheidet Selbstvertrauen und Selbstbewusstsein. Selbstvertrauen wird definiert als: »Ein auf kräftiges Eigenmachtgefühl gegründetes Gefühl, mit möglichen Schwierigkeiten fertig zu werden.«

Selbstwert, Selbstbewusstsein und Selbstvertrauen sind Begriffe, die oft in einem Atemzug genannt werden. Tatsächlich braucht es zunächst mal ein Sich-seiner-Selbst-Bewusst-Werden und Vertrauen in sich selbst, um über einen stabilen Selbstwert verfügen zu können. Man spricht auch vom Selbst-Konzept, das sich im Laufe der Kindheit aufbaut und im Zuge dessen sich der Selbstwert entwickelt – dies geschieht in den ersten sechs Lebensjahren[1], während denen das kindliche Selbstwertgefühl vor allem durch die Eltern geprägt wird. So ist das Selbst-Konzept in der frühen Kindheit noch unrealistisch positiv, es gibt keinen Unterschied zwischen »sein sollen« und »sein wollen«. Nach den Erziehern im Kindergarten kommt ab dem Schuleintritt der Einfluss der Lehrer hinzu. In der mittleren Kindheit, wenn soziale Kontakte zu Gleich-

Beispiel

Josefine, 8, fällt im Sportunterricht auf, weil sie in der Bewegung einfach nicht aus sich herauskommt. Motorisch wirkt sie ungeschickt und kann mit den anderen nicht mithalten, zumindest was Beweglichkeit und Flexibilität angeht. Die Sportlehrerin hat zunächst den Verdacht, Josefine »stelle sich einfach nur an«. Als Josefine nach einem Mannschaftsspiel (bei dem sie wieder mal als Letzte und nur widerwillig in eine Gruppe aufgenommen wurde) in Tränen ausbricht, nimmt die Lehrerin sie zur Seite. Ob ihr der Sport denn gar keinen Spaß mache? – »Ich hab doch so X-Beine und zwei linke Hände, sagt meine Mama immer!« bricht es aus dem Mädchen heraus. »Und Oma sagt, Mädchen dürfen nicht schwitzen!«.

altrigen wichtiger werden, bekommt das Kind erste Rückmeldungen von Freunden und Mitschülern, die der Selbstwertentwicklung zu- oder abträglich sind (Kranz 2010).[2]

Festhalten lässt sich, dass das Selbstwertgefühl eine »fließende Erfahrung« (Nelsen 2006) ist: Mal fühlen wir uns gut in unserer Haut, dann gibt es wieder Zeiten, in denen wir uns nicht so gut fühlen. Dass es solche und solche Zeiten gibt und wie man nach einer schlechten Erfahrung wieder aufsteht, müssen Erwachsene Kindern zeigen, es ihnen vorleben.[4]

Kinder mit einem positiven Selbstwertgefühl sprechen und handeln mit der Grundüberzeugung, Lebensaufgaben bewältigen, Konflikte lösen und meistern zu können. Je positiver ihr Selbstwertgefühl und damit das Selbstvertrauen, umso erfolgreicher und besser können Kinder mit anderen Menschen, dem Leben und Problemen umgehen, verhalten sich sozial angemessen, entwickeln sich zu stabilen Persönlichkeiten. Kinder mit geringem Selbstwertgefühl haben die Grundüberzeugung, dass sie mit den auf sie zukommenden Situationen und mit bestimmten Aufgaben nicht zurechtkommen und sie nicht bewältigen können. Sie geben schneller auf oder fangen mit einer Aufgabe gar nicht erst an. Ihre Gedanken kreisen darum, was andere von ihnen denken mögen. Sie sind sehr kritisch mit sich selbst (siehe auch Beispiel oben).

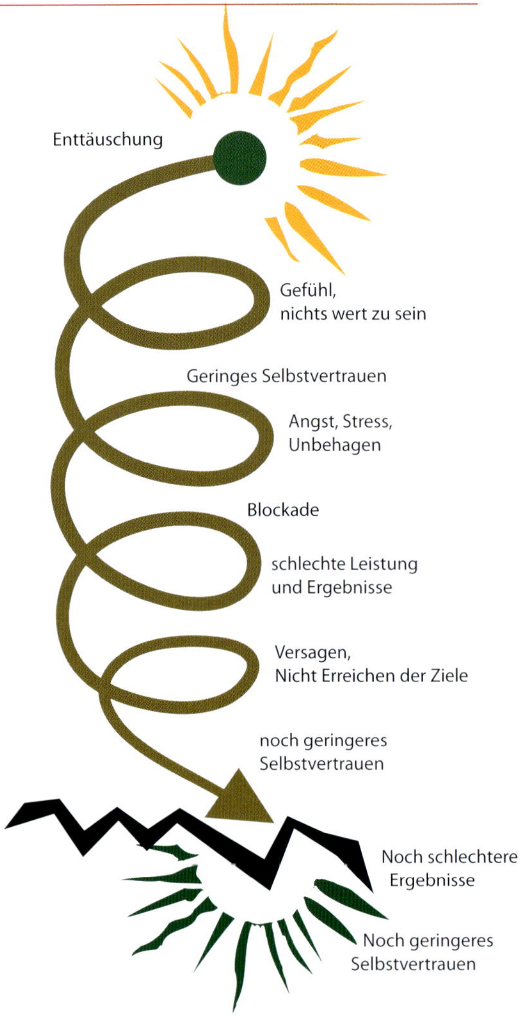

Was geschieht, wenn das Selbstvertrauen abnimmt?

Selbstvertrauen (vgl. Terry 1990, S. 80)

Beispiel

Lukas, 13, möchte gern mit Freddy aus der Nachbarklasse befreundet sein. Der spielt Hockey und hat viele Freunde, mit denen er nach der Schule immer beisammen steht. Lukas findet Freddy total cool. Es würde bestimmt Spaß machen, zu seiner Clique zu gehören …

Lukas weiß, dass die andere Jungs fast jeden Nachmittag im Stadtpark Hockey spielen oder dort einfach nur abhängen. Aber er weiß nicht, wie er Freddy ansprechen soll oder wie er auf die Gruppe zugehen könnte. Er kommt sich unglaublich doof vor.

»Lade ihn doch zu dir ein«, schlägt seine Mutter vor. Lukas winkt ab: Sein Zimmer sieht doch noch total nach Kind aus! Mit dem Dino-Poster und der Michael-Schumacher-Bettwäsche? Und dann würde auch noch die kleine Schwester nerven … das ginge ja gar nicht!

Das Schuljahr vergeht und Lukas konnte sich nicht überwinden, Freddy anzusprechen. So bleibt es dabei, dass er die Clique nur von Weitem beim Hockeyspielen beobachtet und sich wünscht, dabei sein zu können.

7.2 Zusammenhänge von Selbstvertrauen, Leistung und Selbstbild

Ursachen eines geringen Selbstwertgefühls und geringer Selbstachtung

Kleine Kinder sind noch sehr abhängig von den Erwachsenen und nehmen, ohne sie kritisch hinterfragen oder überprüfen zu können, Kritik der Erwachsenen bezüglich Fehlern oder vermeintlichen Schwächen an. Erst sind die Eltern die erste Instanz zur Beurteilung, ob das Kind etwas gut oder schlecht gemacht hat, später übernimmt es diese Bewertungen selbst: »Das kann man doch so nicht machen!«, »Das gehört sich nicht!«, »Wie kann man nur so dämlich sein …« Ständige Äußerungen dieser Art lassen im Kind die Überzeugung reifen, es sei nicht in Ordnung. Bestrafungen (»eine Woche keine Freunde besuchen«) und Liebesentzug (»weil du …, musst du heute selbst ins Bett gehen, es gibt kein Küsschen«) verstärken das gering gehaltene Selbstwertgefühl des Kindes. Als Jugendliche und Erwachsene übernehmen sie die Bestrafung selbst, um ihr Verhalten zu korrigieren. Erwachsene gehen meist so mit sich um, wie ihre Eltern mit ihnen umgegangen sind. Wer kein positives Selbstbild und stabiles Selbstwertgefühl aufbauen konnte, fühlt sich minderwertig und unzulänglich und wird vielleicht sein Leben lang versuchen, diese Gefühle zu kompensieren, oder zu einer Person zu werden, die von anderen endlich akzeptiert wird.[5]

Wir alle kommen mit einem gesunden Selbstbewusstsein auf die Welt.

Selbstvertrauen als Schlüssel für bessere Leistungen

Mütter und Väter investieren häufig bereitwillig und viel in die musikalische und sportliche Ausbildung ihrer Kinder. Oft kommt es vor, dass Eltern lieber den Wechsel des Musiklehrers oder gar des Instruments bezahlen oder eine ganz neue Sportausrüstung kaufen, noch teurere Markenturnschuhe erwerben und in Nachhilfe investieren, wenn es nicht so läuft wie gewünscht. Meistens aber liegt das nicht am Lehrer, am Instrument oder am Material, sondern am mangelnden Selbstvertrauen der Kinder (und am mangelnden Vertrauen der Eltern in diese!).

Ich werde in den Seminaren immer wieder gefragt, ob zu viel Selbstbewusstsein nicht schnell in Arroganz umschlägt. Meine Antwort: Es gibt kein Zuviel an Selbstvertrauen und Selbstbewusst-Sein. Ich hatte in meinen vielen Berufsjahren noch keinen solchen erwachsenen oder jugendlichen Klienten. Die meisten Menschen, die ich begleite, haben eher zu wenig Selbstvertrauen. Und dann reagiert man unter Druck entsprechend.
Der Alltag von Kindern und Jugendlichen unterliegt zahlreichen Einflüssen, die sich negativ auf ihr Selbstbild auswirken können. Mental gestärkt sind Kinder »resistenter« dagegen. Kinder, deren Selbstvertrauen gut ausgeprägt ist, sehen die Ursache für Erfolge eher bei sich und sind auch aufnahmefähiger für konstruktive Kritik, wenn etwas nicht gut lief. Kinder mit niedrig ausgeprägtem Selbstvertrauen neigen eher dazu, andere für ihre Fehler (und Erfolge) verantwortlich zu machen.

»Selbstwertgefühl entsteht, wenn ein Kind seine Eigenschaften und Fähigkeiten in verschiedenen Bereichen einschätzt und bewertet. Das Selbstwertgefühl ist ein Maßstab dafür, wie ein Kind sich selbst mit all seinen Stärken und Schwächen annimmt und wertschätzt. Hier spielen affektive Faktoren eine weitaus bedeutendere Rolle als kognitive. Das Kind überträgt frühe soziale Erfahrungen in ein Grundgefühl von Stolz oder Scham. Dies legt die Basis des Selbstwertgefühls und entscheidet darüber, wie wertvoll es sich fühlt, wie optimistisch und selbstvertrauend es den alltäglichen Anforderungen entgegentritt. (…) Viele Untersuchungen belegen, dass ein hoher Selbstwert wesentlich für unsere sozialen Beziehungen und unsere psychische Gesundheit ist« (Sit 2012, Seite 88 f.).

Tipp: Das Erfolgstagebuch stärkt die Wahrnehmung kleinerer oder größerer Erfolge und kleinerer und größerer Fortschritte. Diese Methode fördert das Selbstbewusstsein, Zuversicht und Motivation des Kindes und macht gute Laune. Das Erfolgstagebuch hilft über Durststrecken und Stimmungstiefs hinweg.

Übung Erfolgstagebuch

Das Kind sucht sich ein schönes Heft oder ein Tagebuch aus, nimmt einen Stift in die Hand und denkt über die Erfolge der letzten Zeit nach. Es notiert künftig unsortiert möglichst täglich die kleinen und großen Erfolgserlebnisse aus Schule, Sport und Alltag, damit keiner der großen und kleinen Erfolge in Vergessenheit gerät. Es geht nicht nur darum, besondere Leistungen im Sinne von »schneller, weiter, höher« aufzuschreiben. Nicht nur Einser-Noten sind ein Erfolg, es zählen auch die vermeintlich »kleinen« Dinge und vielen Erfolge des Alltags. Natürlich kann (ersatzweise) das Erfolgstagebuch auch am Computer angelegt werden. Ich persönlich schreibe mein Erfolgstagebuch abends, denn so hat die Übung einen positiven Einfluss auf meinen Schlaf. Bei mir ist das Führen des Erfolgstagebuchs zu einer dauerhaften Einrichtung in meinem Leben geworden. Und ich habe es noch niemals jemandem zum Lesen gegeben.

Beispiele für mögliche Einträge:
Lächeln eines Menschen, alle Eigenschaften, die ich an mir schätze; Erfolge, positive, aufregende (alltägliche) Erlebnisse und Erfahrungen; alles, worauf ich stolz bin; alles, was ich gut kann; alles, von dem andere sagen, dass ich es gut kann.

Fragen:
Was hast du gut gemacht, was ist dir gelungen, wofür kannst du dir auf die Schulter klopfen?
Was macht dir in deinem Leben Spaß?
Was hast du dazugelernt?
Welche Probleme hast du gelöst?
Was sind deine positiven Seiten? Wo liegen deine Stärken?
Was können andere nicht so gut wie du?
Was hat gut geklappt im Training?
Worauf kannst du stolz sein?
Wann ist es dir gelungen, dich einmal deutlich abzugrenzen?

7.3 Die Familie als erste Quelle von Selbstwert

»Kinder wachsen nicht in einem Vakuum auf. Sie wachsen in einem gesellschaftlichen Gefüge auf. Und das Drama der sich entfaltenden Individuation und Autonomie kann sich nur in der Begegnung und durch die Begegnung mit anderen Menschen vollziehen. Die ersten Begegnungen in der Kindheit können dem Kind ein Gefühl der Sicherheit und Geborgenheit geben, in dem das Selbst wachsen kann – oder sie sind so entsetzlich und instabil, dass das kindliche Selbst gespalten wird, noch ehe es sich voll herausbilden konnte«, schreibt der amerikanische Psychologe Nathaniel Branden (2011, S. 193).

Vermögen, elterliche Bildung, Wohnort, Schichtzugehörigkeit, die Berufe der Eltern und ob die Mutter berufstätig sei, hätten, so Branden, keinen nennenswerten Einfluss auf den Selbstwert des Kindes (ebenda S. 194, nach Coppersmith, 1967). Was dagegen eine Rolle spiele:

- die Qualität der sozialen Beziehungen,
- wie Eltern ihr Kind als Persönlichkeit mit seinen Gedanken und Gefühlen annehmen,
- wie sie es respektieren,
- in seiner Würde als Mensch achten,
- ihm Grenzen setzen,
- hohe Maßstäbe und Erwartungen an Verhalten und Leistung setzen,
- bei gleichzeitiger Förderung der Stärken des Kindes,
- sich selbst wertschätzen.

Beispiel

Lea und Simon, beide 3, spielen zusammen im Sandkasten. Die Mütter sitzen daneben und unterhalten sich. Die Kinder spielen Bäckerei mit Sandförmchen. Leas Kuchen fallen immer wieder in sich zusammen, während Simon das richtige Mischungsverhältnis aus Sand und Wasser rausgefunden hat. »Blöd! Blöd!« schimpft Lea. Erst pfeffert sie das Förmchen über die Wiese und klopft sich dann selbst mit der Sandschaufel auf den Kopf: »Ich kann das nicht, ich doofe Kuh!« Letzteres hört sie oft von ihrer 13-jährigen Schwester Sina, wenn diese sich beim Gitarre-Üben verspielt. Und »Du bist ja so doof, du Baby!« sagt Sina auch oft zu ihrer kleinen Schwester, wenn sie genervt ist von Lea.

Dr. Branden sieht das Selbstwertgefühl begründet auf sechs Säulen:

1. bewusst leben (»Das tue ich, weil ...«)
2. sich selbst annehmen
3. eigenverantwortlich leben (Verantwortung für Erfolg und Misserfolg übernehmen)
4. selbstsicheres Behaupten der eigenen Person
5. zielgerichtet leben (Was will ich?)
6. persönliche Integrität (authentisch sein, sich selbst treu sein).

Wenn Kinder von Anfang an wertschätzend mit sich umzugehen lernen, werden sie auch einen angemessenen gedanklichen Umgang mit sich pflegen (Baisch-Zimmer/Petrig 2011, S. 32). Wie kleinere Kinder über sich selbst denken, erfahren die Eltern oft durch zufälliges Mithören von Selbstgesprächen, Gesprächen mit Puppen oder durch Beobachten von Rollenspielen unter Kindern. Spricht ein Kind auffällig oft abwertend über sich (oder andere Kinder), ist das ein Signal für die erwachsene Person, darauf einzugehen.

Die Mutter aus dem Beispiel im Kasten links oben könnte nun auf Lea eingehen und zu ihr sagen: »Hey, du ärgerst dich, weil deine Kuchen nicht so schön werden? Komm, wir probieren es zusammen, bis es klappt.« Sie sollte aber auch zuhause genauer hinhören und intervenieren, wenn die Schwestern unter sich sind und die Größere ihren Teenager-Frust an der Kleinen auslässt.

Das persönliche Selbstwertkonto

Sean Covey, amerikanischer Motivationstrainer und ehemaliger Quarterback-Spieler, schlägt Kindern und Jugendlichen vor, ein persönliches Selbstwert-Konto anzulegen (Covey 2007, S.47 ff.). Darauf können Kinder regelmäßig »einzahlen«:

Übung: Dein Selbstwertkonto auffüllen

(nach Covey 2007, S. 65 ff.)

1. Steh drei Tage hintereinander durch, was du dir vorgenommen hast! Z.B. täglich um 15 Uhr eine Stunde Vokabeln lernen und jeden Morgen deinen Hasen selbst füttern (nicht Mama!).
2. Halte dein Wort.
3. Geh achtsam mit anderen um.
4. Vollbringe heute eine gute Tat. Du kannst z.B. deiner Oma einen lieben Brief schreiben, Müll im Wald einsammeln, den Tisch decken, dem Nachbarn beim Rasenmähen helfen.
5. Sei nachsichtig mit dir.
6. Denke einen ganzen Tag lang nur positiv über dich! Bei jedem negativen Gedanken musst du drei gute Gedanken über dich dagegenstellen!
7. Sei ehrlich!
8. Wenn dich deine Eltern fragen, was du gerade so machst, erzähle es ihnen. Versuche einen Tag lang, nicht zu übertreiben, nichts zu beschönigen oder zu verheimlichen.
9. Hebe deine Stimmung. Tu jetzt, was dir Spaß macht und wonach dir ist. Wenn du dich träge fühlst, dreh' die Musik auf und tanze dazu oder laufe eine Runde ums Haus.
10. Nutze deine Talente. Welches Talent würdest du gern ausbauen? Schreibe dir auf, was du dieses Jahr an dir besonders fördern willst (Schritte). Welche Talente bewunderst du an anderen? Welche Person schätzt du und wofür?

Vorbild sein

Eltern, die sich selbstbewusste, glückliche und selbstständige Kinder wünschen, müssen bei sich selbst anfangen. Wer z.B. im Alltag ständig die eigenen Bedürfnisse übergeht, lebt Kindern vor: Ich bin es nicht wert, dass ich etwas für mich tue. Grundsätzlich sind die Bedürfnisse von Erwachsenen und Kindern ähnlich: Schlaf, Entspannung, körperliche Bewegung, Vertrauen, Geborgenheit, (emotionale) Sicherheit und Zugehörigkeit, Liebe, Freizeit, Spaß, Freundschaften, Erfolg und Anerkennung, Sinnhaftigkeit des Tuns. Beispiele dazu finden Sie in der Tabelle auf der nächsten Seite.

Liebe zeigen

Kinder sollten daheim jeden Tag die positive, stärkende Erfahrung machen, dass sie geliebt werden. Sie müssen dies hören, sehen und fühlen können – durch Worte und Taten: z.B. indem Eltern sagen »Es ist schön, dass du da bist!« und sie herzlich umarmen, knuddeln, mit ihnen kuscheln, ihnen Wärme geben, sie anlächeln, mit ihnen lachen oder ihnen liebevoll

Sind Sie ein Vorbild? (vgl. Sit 2012, S. 91)

Ihr Kind soll lesen, anstatt stundenlang mit dem Computer zu spielen oder fernzusehen?	Sie lesen außer Zeitungen so gut wie gar nichts. Ihre Wohnung ist mit einigen Fernsehgeräten ausgestattet. Sobald Sie nach Hause kommen, laufen der Fernseher oder der Computer ununterbrochen.
Ihr Kind soll sich bewegen?	Sie arbeiten die ganze Woche hart und am Wochenende ist Entspannung auf der Couch angesagt. Für Sport draußen ist es Ihnen im Winter zu kalt.
Ihr Kind soll nicht so viel Süßes essen?	In der Speisekammer liegen genügend Süßigkeiten, auf die alle Familienmitglieder regelmäßig zugreifen.
Ihr Kind soll nicht rauchen?	Sie rauchen täglich – und Ihre Umgebung raucht passiv mit.
Ihr Kind soll keinen Alkohol trinken?	Sie genehmigen sich täglich Ihr Bier oder Ihr Glas Wein zum und nach dem Essen. Und das nicht erst abends.
Ihr Kind soll keine Gewalt ausüben?	Es kommt schon mal vor, dass Sie herumbrüllen oder dass Ihnen sogar die Hand ausrutscht.
Ihr Kind soll sich an bestimmte Regeln halten?	Bei Regelverstößen sind Sie nicht immer konsequent genug: Sie greifen nicht immer ein. Oder lassen mit sich diskutieren.
Ihr Kind soll gerne und motiviert in die Schule gehen?	Sie empfinden Ihren Beruf als Belastung: Morgens jammern Sie und quälen sich zur Arbeit.

über die Haare streichen. Kinder dürfen auch sehen, dass sich andere lieben; etwa die eigenen Eltern.

Weitere Tipps für Eltern, um Selbstwertgefühl und Selbstbewusstsein ihrer Kinder zu stärken

- Halten Sie feste Familienzeiten ein (z.B. gemeinsames Frühstück am Sonntag, gemeinsame Wanderung in den Bergen, gemeinsam Spiele spielen, Zeit für Gespräche).
- Setzen Sie Grenzen.
- Widmen Sie Ihrem Kind ungeteilte Aufmerksamkeit (z.B. beim gemeinsamen Spielen).
- Ermutigungen, Lob und Anerkennung im Alltag: Loben Sie auch, wenn mal etwas nicht funktioniert hat. Loben Sie dafür, dass Ihr Kind aktiv geworden ist bzw. einen Versuch unternommen hat.
- Ermutigen Sie Ihr Kind, Neues auszuprobieren, z.B. alleine etwas einkaufen zu gehen.

Halten Sie es aus, Ihrem Kind bei Problemen nicht gleich helfen zu wollen. Bieten Sie dem Kind Unterstützung und Hilfe an, wenn es an sich zu zweifeln beginnt. Glauben Sie an Ihr Kind!

- Behüten Sie Ihr Kind nicht übermäßig. Manche Eltern haben große Angst um ihr Kind. Kinder müssen sich aber ausprobieren dürfen.
- Stehen Sie auch bei Fehlern zum Kind; helfen Sie ihm, mit Fehlern umzugehen.

Beispiel

Frau F. wundert sich im Elterngespräch mit der Grundschullehrerin: Angeblich macht ihre kleine Franzi Probleme – sie haut auf dem Pausenhof gerne mal zu, und andere Eltern haben sich nun beschwert. Frau F. hat Franzi noch nie geschlagen, beteuert sie, das Verhalten von Franzi kenne man von zu Hause gar nicht.

Was Frau F. nicht sagt, ist, dass man in ihrer Familie lediglich hin und wieder einen »ordentlichen Klaps« an die Kinder verteilt, wenn sie nicht hören, und das ist ja nun wirklich nicht schlagen, wie sie und ihr Mann meinen.

Dabei weiß Frau F. gar nicht, was sich in den Kinderzimmern abspielt, wenn die 7-jährige Franzi, ihr 12-jähriger Bruder und die 10-jährige Schwester alleine sind: Dann bekommt Franzi öfter mal eine kräftige Ohrfeige oder eine Kopfnuss verpasst – die Geschwister kennen es selbst nicht anders von den Eltern. Nicht selten sehen die Kinder dabei zu, wie die Eltern den Geschwistern einen »ordentlichen Klaps« geben und auch der Hund einen Tritt kassiert. Inzwischen schlägt Franzi zurück, wenn etwas nicht so läuft, wie sie es sich vorstellt.

- **Aktives Zuhören:** Zuhören ist nicht gleich zuhören. Verzichten Sie auf Bewertungen und Interpretationen. Aktives Zuhören heißt, sich in das Kind hineinzuversetzen und seine Worte in den eigenen Worten zu wiederholen. So vermeiden Sie Missverständnisse. Signalisieren Sie, dass es im Moment nichts Wichtigeres gibt, als Ihrem Kind zuzuhören.
Aktives Zuhören ist eine Grundeinstellung. Thomas Gordon, Psychologe und Autor der »Familienkonferenz«, spricht vom »aktiven Zuhören« als einem kommunikativen »Türöffner«: Wer gut zuhören kann, wird auch viel erfahren.

Beispiel

Michaela reitet erfolgreich zwei Ponys auf nationalem Niveau und ist im Kader. Im Stall gibt es noch eine Kaderreiterin, Sarah, ein Jahr älter als Michaela. Sarah geht auf die gleiche Schule wie Michaela, ist immer einen Tick besser in den Prüfungen als Michaela, hat aber ansonsten bisher grundsätzlich das Gleiche erreicht! Sarahs Eltern haben ihrer Tochter jetzt ein zweites Pony für sehr viel Geld gekauft.
Michaelas Mutter macht ihr deutlich, wie wichtig es sei, den eigenen Weg zu finden und zu gehen und sich nicht mit Anderen zu vergleichen. Aber Michaela möchte nun umso mehr der Trainerin Anna gefallen – aus Angst hinter Sarah völlig abzufallen. Denn Anna ist auch die Trainerin von Sarah.
Es fließen viele Tränen bei Michaela.

- **Vergleiche vermeiden:** »Das Gras wächst nicht schneller, wenn man daran zieht« (afrikanisches Sprichwort). Jeder Mensch ist einzigartig (NLP-Axiom). Vergleichen Sie Kinder nicht mit anderen Kindern oder ihren Geschwistern. Kinder fühlen sich dann schnell nicht mehr liebenswert.
Verzichten Sie auf Kommentare/Klassiker wie »Nimm dir ein Beispiel an deinem Bruder/deiner Schwester. Von dem kannst du dir mal 'ne Scheibe abschneiden« (siehe auch Beispiel im Kasten).
- Sprechen Sie über Gefühle und Gedanken. Nehmen Sie Ihr Kind ernst und wichtig.
- Sprechen Sie über sich selbst (»Mir ging es auch

mal so …«, »Ich bin vor Prüfungen auch immer nervös gewesen und hatte morgens Durchfall.«).

• Trennen Sie die Beziehungs- von der Sachebene, das Verhalten von der Person.

• Lieben Sie Ihr Kind bedingungslos, unabhängig von Leistung oder Verhalten. Bedingung wäre: »Wenn du so und so bist, dann mag ich dich nicht. Ich hab dich nur lieb, wenn du dich änderst.« Besser: »Ich liebe dich auch unabhängig von deinen Problemen und deinem Verhalten X (z.B. deiner Nörglerei über die Schule, über die Trainerin, über eine andere Teilnehmerin aus dem Kader und deren Mutter).«
Mir erzählen Kinder immer mal wieder, dass die erste Frage, die ihnen gestellt wird, wenn sie nach Hause kommen, lautet: »Hast du heute die Mathe-Klassenarbeit zurückbekommen?« Gute Note – Nachmittag gerettet, schlechte Note – Nachmittag gelaufen. Fragen Sie zuerst: »Wie geht es dir? Wie war dein Schultag?«

• Bestrafen Sie Ihr Kind nie mit Schweigen oder Entzug von Liebe. Konsequenzen beziehen sich immer auf die Handlung.

• Entschuldigen Sie sich, wenn Sie dem Kind gegenüber ungerecht waren.

• Wenn Ihr Kind zu Ihnen ungerecht war, fordern Sie Ihr Kind zu einer Entschuldigung auf, wenn es sich nicht bei Ihnen entschuldigt hat.

• **Positive Erinnerungen:** Wenn sich Ihr Kind z.B. schlecht fühlt, fragen sie nach Situationen, in denen es sein Bestes gab, und nach letzten Erfolgen. Reden Sie über Erfolgserlebnisse in der Vergangenheit bzw. der letzten Zeit. Oder reden Sie über eine Situation, in der es stolz auf sich selbst war bzw. Sie stolz auf Ihr Kind waren.

• Kinder müssen nicht perfekt sein. Jeder darf Fehler machen. Für Fehler muss man sich nicht schämen oder abwerten. Wichtig ist, aus Fehlern zu lernen.

• Sprechen Sie Ihr Kind mit Namen an. Verwenden Sie den Namen, mit dem es angesprochen werden möchte. Kinder bekommen manchmal Spitznamen durch Dritte, lehnen diese aber innerlich ab. Und haben nicht den Mut, darauf hinzuweisen.

• Halten Sie im Gespräch mit Ihrem Kind Blickkontakt.

• Ich führe ein Dankbarkeitstagebuch, auf das mich eine Freundin und Trainerin aufmerksam machte. Das hat mein Leben verändert.
Vielleicht wollen Sie und Ihr Kind auch so ein Dankbarkeitstagebuch schreiben? Dann machen Sie sich täglich bewusst: »Wofür ich heute dankbar sein will« und »Wofür ich heute dankbar bin«. Nach etwa 21 Tagen werden Sie erste Veränderungen spüren.

7.4 »Ich-« statt »Du-Botschaften«

Vieles, was Erwachsene zu Kindern sagen, kommt unreflektiert als »Du-Botschaft« daher: »Hast du wieder mal dein Zimmer nicht aufgeräumt/immer noch nicht gelernt/den Hund vor der Tür warten lassen?« Oft sind diese Botschaften verallgemeinernd (»immer wenn du …«, »nie tust du …«). Unbewusst hören Kinder aus »Du-Botschaften« Mitteilungen heraus, die zu negativen Glaubenssätzen (siehe Kapitel 2 Gedanken) werden können, wie: »Ich bin faul« oder »Aus mir wird nichts, ich lerne ja nicht gescheit«. Solche destruktiven Botschaften lassen sich umformulieren in weniger beleidigende, verletzende und verallgemeinernde »Ich«-Botschaften.

Beispiele für »Du-Botschaften«

- Eltern zu ihrem Dreijährigen, der mitten in der Trotzphase steckt: »Es ist ja nicht zum Aushalten mit dir. Du benimmst dich wie ein Baby.«
  → Wirkung: »Ich bin anstrengend.«
- »Du bist sehr ungezogen.«
- »Du machst immer alles kaputt.«
- »Brave Kinder tun das nicht.«
- »Du bist immer so schlecht gelaunt.« – Konstruktive Ich-Botschaft: »Ich habe das Ge-

Gewaltfreie Kommunikation

1. Beschreibung einer konkreten Handlung, die man beobachtet hat, und die das Wohlbefinden beeinträchtigt.

2. Ausdruck der Gefühle, die durch die Handlung ausgelöst werden.

3. Formulierung der Bedürfnisse, welche hinter den Gefühlen stehen.

4. Bitte um eine konkrete Handlung – auch die Nichterfüllung der Bitte ist in Ordnung

fühl, dass es dir in letzter Zeit nicht so gut geht.«

- »Du bist blöd.«
- Wenn eine 14-Jährige mit Make-up experimentiert: »Du siehst ja schrecklich aus, wie läufst du denn herum!« → Wirkung: »Ich bin nicht hübsch.«
- »Du willst nur Aufmerksamkeit erregen.«
- »Du lügst doch sowieso.« – Besser ist: »Ich habe das Gefühl, dass du nicht die Wahrheit sagst. Mir fällt es schwer, dir zu vertrauen.«
- »Du willst immer da spielen, wo ich arbeite.«
- »Sei nicht wieder so faul, räum dein Zimmer auf.« → Kind speichert unbewusst oder bewusst ab: »Ich bin faul.« Dabei tut es viele andere Dinge mit großer Motivation.

Die vier Teile der Ich-Botschaft:

1. Wenn du ... (Nennen Sie den Anlass.)
2. bin ich ... (Nennen Sie Ihr Gefühl.)
3. weil ... (Nennen Sie den Grund/Begründung.)
4. und ich möchte ... (Nennen Sie Ihre Erwartung, Bitte.)

Verzichten Sie auf »Du-Botschaften« und Vorwürfe. Ein erster Schritt ist es, stattdessen zu sagen: »Ich befürchte, dass du morgen früh deine Sportsachen nicht finden kannst, wenn dein Zimmer nicht aufgeräumt ist.« Oder: »Ich verstehe, du möchtest hübsch aussehen. Für die Schule finde ich Schminke unpassend. Wenn wir am Samstag in die Stadt gehen, helfe ich dir vor dem Spiegel.« Eine weniger verletzende, aber nicht minder aussagekräftige Ich-Botschaft transportiert das Gemeinte ganz anderes zum Kind.

Erwachsene wirken auf Kinder (und pubertierende Teenager, die sich gerne verschließen oder auf die Barrikaden gehen) ehrlicher und authentischer, wenn sie selbst über ihre Gefühle, Sorgen, Bedürfnisse und Gedanken sprechen. Häufig erzählen mir Eltern in meinen Seminaren, dass Kinder überrascht sind, wenn sie hören, wie ihre Eltern empfinden. Gleichzeitig entwickeln sie als Eltern mehr Empathie für ihre Kinder.

Meine Erfahrung: Ich-Botschaften erzeugen weniger Verteidigung, Rebellion und Widerstand. Kinder verschließen sich weniger. Ich-Botschaften erleichtern Kindern, sich zu verändern.

7.5 Übungen für Kinder

Hinweis: Es eignen sich auch die Übungen »Ressourcen aktivieren« aus dem Kapitel 8 Ressourcen, da sie dem Kind bewusst machen, dass es ein reiches inneres Potential besitzt.

Spiegelübung – Anleitung:

Stell dich vor einen Spiegel. Schließ dich dazu einfach mal fünf Minuten im Bad ein. Hauptsache, du kannst dich ungestört und unbeobachtet dir selbst widmen. Mach dir, wenn du magst, deine Lieblingsmusik an. Schau dich aufmerksam im (Hand-)Spiegel an und sag dir (oder denk dir), was du an dir magst oder besonders schön findest. Sag dir »Du bist vollkommen okay. Ich mag dich! Ich hab dich gern.« Nimm dir mindestens eine Minute Zeit dafür. Lass deine Stimme dabei immer liebevoller klingen. Freu dich über dich selbst.
Wirf dir ein liebevolles Lächeln zu.
Übe regelmäßig, am besten täglich.

Diese Übung ist auch super geeignet, wenn du dich für bestimmte wichtige Ereignisse in eine Top-Stimmung bringen willst, z.B. eine mündliche Prüfung, ein Date, ein Vorstellungsgespräch etc.

Noch eine Übung – Anleitung:

Vervollständige auf einem Blatt Papier die folgenden

Sätze und finde mindestens zehn Beispiele:
»Ich bin es wert, dass …«
»Ich wollte damals unbedingt … – und ich habe es geschafft!«

Etwa:
»Ich bin es mir wert, dass andere Kinder mit mir spielen«.
»Ich bin es mir wert, dass meine Familie und Freunde mich lieb haben.«
»Ich bin es mir wert, dass ich anderen auch mal die Meinung sagen kann.«

Trage diese Sätze in dein Buch ein.

Weitere Tipps für Kinder und Jugendliche

- Sei du selbst: Was du gerne hast, isst, anziehst, ist vor allem deine Sache. Du musst dich in dieser Hinsicht nicht deinen Freunden anpassen (um den Familienfrieden nicht zu gefährden, ist das zuhause manchmal jedoch schon notwendig!).
- Setze deine Grenzen: Lass dich nicht schlecht behandeln. Weise auch andere darauf hin, wenn dir etwas zu viel ist, dir andere zu nahe treten.
- Sag deine Meinung. Es ist okay, wenn sie von anderen Meinungen abweicht.
- Erlaube dir, »Nein!« zu sagen: Tu nichts, was dir nicht gut tut, wovon dir dein Bauchgefühl abrät. Du musst nicht alles mitmachen, um cool zu sein.

»Gesundheit ist weniger ein Zustand als eine Haltung, und sie gedeiht mit der Freude am Leben.« (Thomas von Aquin)

8 Ressourcen aktivieren

8.1 Warum brauchen Kinder Selbstvertrauen?

Eine positive Selbstachtung, Selbstbewusstsein, Leistungsfähigkeit, ein positives Familienklima und stabile außerfamiliäre Beziehungen sind wichtige Grundlagen dafür, dass Kinder eine stabile psychische Gesundheit bewahren können. So können sie gut und leistungsfähig sein, wenn sie unter (Leistungs-)Druck stehen, Belastungen standhalten oder mit der Ablehnung durch andere umgehen müssen, beispielsweise in sozialen Gruppen wie Kindergarten, Schule, Sportmannschaften oder in der Ausbildung. Selbstvertrauen nimmt für Erfolge in allen Lebensbereichen, u.a. Schule, Beruf und Sport, eine Schlüsselrolle ein und bestimmt mit, wie viele und welche sozialen Kontakte ein Mensch eingeht.

Selbstvertrauen ist die subjektive Überzeugung einer Person, neue und schwierige Anforderungen bewältigen zu können. In der Psychologie wird in Anlehnung an ein bekanntes Konzept von Albert Bandura (1997), einem amerikanischen Psychologen, auch von der »Selbstwirksamkeitsüberzeugung« gesprochen. Ich werde in diesem Buch den gebräuchlicheren Begriff »Selbstvertrauen« verwenden.

Eltern und Trainer sollten Kinder und Jugendliche stets darin fördern, am Aufbau ihres Selbstvertrauens, an ihrer mentalen und emotionalen Stärke und ihrer Stressresistenz zu arbeiten sowie am Umgang mit ihren Gefühlen, an ihren Einstellungen und Haltungen und am Umgang mit Konflikten. Mit zunehmendem Selbstvertrauen und mentaler Stärke geht auch das Lernen und Trainieren leichter von der Hand.

Beispiele aus der Praxis

Anna vermisst ihre beste Freundin Lena, neben der sie in der Schule auch sitzt. Lena hatte einen Autounfall und liegt verletzt im Krankenhaus. Anna darf sie noch nicht besuchen. Der tägliche Gang zur Schule ohne die Freundin fällt ihr schwer. Außerdem hat sie Angst, dass Lena nicht mehr ganz gesund wird. Heute muss sie trotz ihrer Trauer und Sorge um Lena ein Referat halten. Sie schafft es, sich vor der Klasse tapfer zu zeigen, und zieht das Referat durch, obwohl ihr beim Blick auf Lenas leeren Stuhl eher nach Weinen zumute ist.

Oliver spielt seit zwei Wochen in der neuen Volleyball-Mannschaft. Vor Kurzem ist er mit seinen Eltern (mal wieder) umgezogen – diesmal von München ins weit entfernte Zürich, weil Olivers Vater als Hochschuldozent hier eine Stelle bekommen hat. Oliver ist 13 Jahre alt und hat schon vier verschiedene Schulen besucht, weil die Familie sich danach ausrichtet, wo der Vater seine Forschungen weiterführen kann. Auf diese Weise musste Oliver schon viele Freunde zurücklassen und die Erfahrung machen, dass das Einleben am neuen Wohnort erst einmal schwierig ist. So sprechen auch die neuen Mannschaftskollegen noch nicht viel mit ihm, er hat sogar das Gefühl, sie ließen ihn mit Absicht wenig an den Ball. Aber das gibt sich, weiß Oliver, immerhin hat ihm heute Sascha aus der Mannschaft ein Handtuch geborgt und Robert hat den gleichen Nachhauseweg.

Das setzt jedoch voraus, dass Sie auch an die Fähigkeiten des Kindes glauben! Unbewusste Erwartungen von Erwachsenen an Kinder können fatale Auswirkungen auf deren Leistung haben, wie der sogenannte Pygmalion-Effekt zeigt.

Pygmalion-Effekt (auch: Rosenthal-Effekt. Versuchsleiter-Erwartungseffekt, geht auf Untersuchungen von Rosenthal und Jacobson (1971) zurück): Die Erwartungen eines Lehrers bezüglich der Leistungen bestimmter Schüler beeinflusst seine Beurteilungen der Schüler und begünstigt Urteilsfehler. Weiter beeinflussen solche Erwartungen auch die tatsächlichen Leistungen. Selbst dann, wenn die Schüler von den Erwartungen nichts wissen und der Lehrer glaubt, sich neutral zu verhalten.[1]

8.2 Stärken stärken

Unsere Gesellschaft ist sehr defizitorientiert. Auch bei Kindern und Jugendlichen konzentriert man sich oft auf ihre Schwächen – er oder sie ist nicht gut genug in Physik, ist ein schlechter Esser, hört nie,

Ich fragte junge Skiläufer im Ziel eines Trainingslaufs, was ihnen gerade gut gelungen sei. Ich erntete ungläubige Blicke und bekam erst einmal keine Antwort. Sie konnten mir sagen, was nicht geklappt hat, aber das wollte ich in dem Moment ja nicht wissen.

räumt nie das Zimmer auf, träumt ... schon im gelben Vorsorgeheft des Kinderarztes stehen selbst bei kerngesunden Kindern von Geburt an Bemerkungen wie »Kopf ist für sein Alter zu klein« oder »auffallend schmächtig«, und das geht weiter bis zu den Zeugnissen in der Schule und den Beurteilungen in der Ausbildung. Ein Selbstwertgefühl müssen Kinder erst entwickeln, es ist nicht angeboren, »sondern [es] entwickelt sich über Erfahrungen, die Kinder in ihrer sozialen Umwelt machen. Besonders wichtig ist dabei die Erziehung in der Familie. Eltern können also entscheidend dazu beitragen, das Selbstwertgefühl ihres Kindes zu stärken« (Sit 2012, S. 88 f.).

Ein Kind, das oft hört: »Ich bin überzeugt, dass du das schaffst!« oder hört, wie seine Eltern oder der Trainer positiv mit anderen über es reden, entwickelt eher ein positives Bild von sich als ein Kind, dem man immer wieder an den Kopf wirft: »Warum bloß schaffst du das nicht?« oder »Andere können das auch!«.

»Es sind vor allem die ganz alltäglichen Gespräche und Verhaltensweisen, die das Selbstbild Ihres Kindes nachhaltig prägen. Im Erziehungsalltag geben Sie Ihrem Kind immer wieder Botschaften, aus denen es schließt, wie Sie über es denken, was Sie von ihm halten, was Sie ihm zutrauen und ob es für Sie liebenswert ist« (Sit 2012, S. 88 f.).

Sich auf Defizite zu konzentrieren kostet Energie und demotiviert. Wenn sich Trainer über unmotivierte Sportler oder Lehrer über vermeintlich desinteressierte Schüler beschweren, sollten sie sich fragen, ob das nicht eine Folge ihres Fokus auf Schwächen, Misserfolge oder Wissenslücken ist. So wie Erwachsene Kinder sehen, sehen Kinder sich auch selbst, vor allem, wenn sie noch jünger sind und das, was an sie herangetragen wird, nicht reflektieren können (»Was bist du nur schon wieder so ...?« »Warum kannst du nicht ...?«). Kinder glauben ihren Eltern – und so entstehen Bilder wie die vom »Zappelphilipp«, der »Trödelliese«, der »Nervensäge« oder dem »Tollpatsch« usw.

Übung für Eltern

Was Sie und andere über Ihr Kind denken

Notieren Sie auf einer Liste möglichst mindestens 15 Stärken und positive Eigenschaften Ihres Kindes. Oft sagen Eltern: »Er kann ganz gut Skifahren, aber ...«. Blicken Sie auf Ihr Kind ohne »Aber«, und schreiben Sie, was Ihnen gerade einfällt! Suchen Sie in der Erinnerung nach Beispielen, wo Ihr Kind Stärke gezeigt hat. Wann waren Sie stolz auf Ihr Kind? Was finden Sie toll an Ihrem Kind? Was schätzen Sie an Ihrem Kind? Was tut es gerne? Was kann es gut? Wann bringt es Fähigkeiten am besten zum Ausdruck?

Es gibt Vieles, das Ihr Kind gut kann. Konzentrieren Sie sich auf die Stärken. Genießen Sie Ihr Kind.

Alternative: Schreiben Sie einmal pro Woche ins Tage-/Erfolgstagebuch (siehe Kapitel 7 Selbstbewusstsein) Ihres Kindes, was Ihrer Tochter, Ihrem Sohn während einer Woche gut gelungen ist.

Wie gewinne ich mein Selbstvertrauen zurück?

Selbstvertrauen räumt jeden Zweifel aus.

Selbstvertrauen bedarf

- keiner Zweifel.
- keines Vergleichs mit anderen.
- keiner Angst vor Misserfolgen.
- keiner Sorge über das, was andere denken.
- keiner Leugnung (der eigenen Schwächen), keiner Ausreden.
- der Kenntnis der persönlichen Stärken (Heimsoeth 2012, S. 54).

Für Selbstvertrauen ist vor allem eines wichtig: Die eigenen Stärken zu kennen.

Welches Selbstbild hast du?

Übungsanleitung

Wie schätzt du dein Selbstvertrauen auf einer Skala von 1 bis 10 (1 = keines, 10 = absolutes Selbstvertrauen) ein? Wohin willst du (Soll-Wert)? Nachdem du regelmäßig mentale Übungen in dein Training, in deinen Alltag und dein Lernen eingebaut hast, wiederhole diese »Skalierung« (subjektive Einschätzung) nach einigen Wochen. Was hat sich verändert?

Fragen, die dabei helfen, die persönlichen Stärken herauszufinden:

Welche Rückschläge, Misserfolge musstest du in den letzten Wochen einstecken? Was hast du daraus gelernt?

Was hast du schon alles erreicht (im Sport)? Welche Erfolge hast du schon feiern können? Schreibe alles auf, das dir einfällt. Wofür wirst und wurdest du gelobt? Worum beneiden dich vielleicht andere?

Bei welcher Tätigkeit vergisst du die Zeit? Was kannst du sehr gut? Wen (Personen) oder was (Dinge) magst du besonders? Wofür hast du ein besonderes Händchen? Denke dabei auch an deine anderen Hobbys und Freizeitbeschäftigungen. Was macht dir Spaß? Frage auch deine Großeltern, Familie, Trainer, Lehrer, Freunde ..., was du für Stärken hast. Welche Charaktereigenschaften und Stärken schätzen andere an dir besonders? Teilst du diese Einschätzung? Was findest du toll an dir? Inwiefern bist du stolz auf dich?

8.3 Ressourcen

Ressourcen sind Erfahrungen, Kenntnisse, Fähigkeiten, Stärken und Talente, die oftmals gar nicht bewusst sind, aber die jedem Menschen für Lern- und Wachstumsprozesse zur Verfügung stehen. Im NLP gibt es das Axiom: **Jeder Mensch verfügt in seiner Einzigartigkeit über alle Ressourcen, die er braucht, um eine von ihm angestrebte Veränderung zu erreichen.** All meine Klienten haben Ressourcen.

Viele Kinder (und Erwachsene) wissen gar nicht, was in ihnen steckt. Das Bewusstsein, über sehr viele Ressourcen zu verfügen und auf sie zurückgreifen zu können, ist beruhigend, auch wenn von diesem Wissen bis zur Lösung eines Problems noch einige weitere Schritte nötig sind.

Ressourcen- und Stärkenarbeit mit Kindern und Jugendlichen

- steigert ihr subjektives Wohlbefinden,
- steigert Erfolge in Schule, Sport und Freizeit,
- versetzt sie in einen Zustand optimaler Leistungsfähigkeit,
- lässt sie persönliche Ziele effektiver und erfolgreicher erreichen,
- lässt sie an Selbstvertrauen gewinnen,
- bringt sie in Kontakt mit den eigenen Fähigkeiten und Potentialen,
- erleichtert die Bewältigung von Herausforderungen,
- macht Kinder widerstandsfähiger, verbessert die Resilienz.

Ressourcenbaum/Stärkenstrauß

Übung/Anleitung: Dein Ressourcenbaum/Stärkenstrauß (siehe auch Anhang)
Er kann als Blumenstrauß dargestellt werden. Sammle deine Stärken und trage sie wie Früchte an einem Baum an »Ästen« oder »Zweigen« ein. Finde mindestens 15 solcher Stärken bzw. positiver Eigenschaften, u.a. mithilfe der oben stehenden Fragen. Überlege dir, zu wie viel Prozent du deine Stärken gerade lebst (Ist-Wert) und ob du diesen Wert evtl. verändern möchtest (Soll-Wert)*. Überlege dir, wenn du deinen Stärkenbaum ansiehst, welche Strategien du einsetzen kannst, um von Ist zum Wunsch-/Soll-Wert zu kommen.
Ruf dir dann pro Stärke mindestens eine Situation aus deiner jüngsten Vergangenheit in Erinnerung, in der du die jeweilige Stärke intensiv oder besonders schön erlebt und gespürt hast. Die Situation und die inneren Bilder und Gefühle dazu brauchen wir später, nämlich dann, wenn du diese Stärke zukünftig auch in einem Moment, wo du zum Beispiel gerade an dir zweifelst, gezielt einsetzen möchtest.

*Noch ein paar Worte zum Soll-Wert: Hier geht es nicht darum, jede Stärke auf 100 Prozent bringen zu wollen – das wäre nicht ganz realistisch und birgt die Gefahr, sich im Perfektionismus zu verzetteln

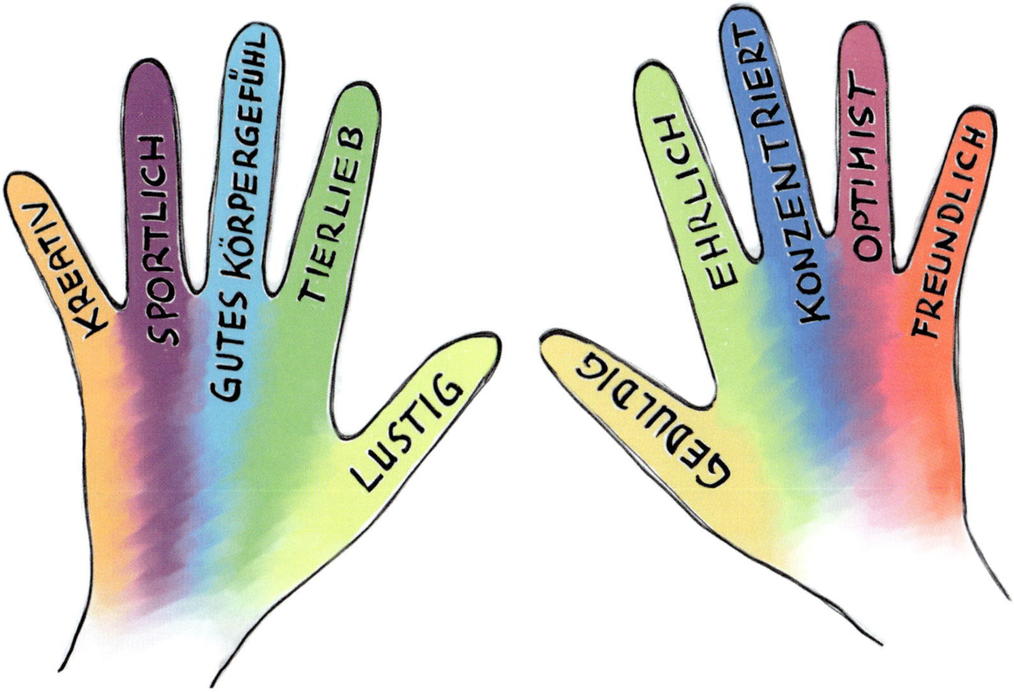

Alternative

Alternative zum Ressourcenbaum:
Male die Umrisse deiner beiden Hände auf ein Blatt Papier oder in dein Tagebuch und trage deine Stärken auf den Fingern (und auf den Handflächen) ein, so dass du nachher Hände voller Ressourcen hast (**»Zehn-Finger-Ressourcen-Team«** nach Lötscher-Gugler 2002, S. 34 ff.).

Führe nun deine Fingerspitzen zusammen und baue ein »Haus«. Die beiden Daumen und kleinen Finger berühren sich und bilden den Boden des Hauses, die anderen Finger oben das Dach, das »Haus der tausend Möglichkeiten«, in dem deine Fähigkeiten noch stärken werden können.
Hänge deine Hände auf, z.B. über deinem Bett!

Resilienz oder Ressource?

Jedes menschliche Wesen hat Anspruch auf eine Erziehung, die es fähig macht, in sich selbst zu ruhen.
Malwida Freiin von Meysenbug

Resilienz (v. lat. resilire, **›zurückspringen‹ ›abprallen‹**, deutsch etwa Widerstandsfähigkeit) ist die Fähigkeit, Krisen durch Rückgriff auf persönliche und sozial vermittelte Ressourcen zu meistern und als Anlass für Entwicklungen zu nutzen (www.wikipedia.de).

> Resilienz kann verstanden werden als eine psychische Widerstandsfähigkeit von Kindern und Jugendlichen gegenüber biologischen, psychologischen und psychosozialen Entwicklungsrisiken (vgl. Wustmann 2004a, 2004b, 2005).

In der Literatur werden die Begriffe Stressresistenz, psychische Robustheit, psychische Elastizität häufig synonym für Resilienz verwendet.

Spezifische, schon vorhandene Ressourcen können sich unter bestimmten Lebensumständen, in herausfordernden Situationen, nach Verlusten (von geliebten Menschen, Beruf, Gesundheit), in schmerzhaften Veränderungsprozessen (durch Unfälle, Naturkatastrophen ...) und unter schlechten Bedingungen erweitern. Die Person entdeckt eventuell Fähigkeiten, die ihr aus der Krise helfen oder geholfen haben. Insofern sind Ressourcen an der Entwicklung von Resilienz beteiligt oder entstehen erst aus dieser Situation heraus. Resilienz zeigt sich erst im Umgang mit Problemen unter Verwendung vorhandener und neuer Ressourcen und Kompetenzen. Diese finden sich zum einen bei der Person selbst, in Eigenschaften wie Selbstwertgefühl, Optimismus, aktiver Problemlösefähigkeit oder Selbstwirksamkeit, zum anderen auch auf der familiären und sozialen Ebene, in stärkenden Umgebungsbedingungen wie Geborgenheit, Ermutigung innerhalb der Familie, Wertschätzung und Unterstützung, Freundschaften, sicheren Bindungen, positiven Rollenmodellen, Lernerfahrungen oder stabilen Kontakte zu Gleichaltrigen (vgl. Caby/Caby 2011).

Man kann nicht in Abwesenheit von Risiken von Resilienz sprechen, sondern nur im Zusammenhang mit einem Problem. Ohne Problem keine Resilienz. »Personen, denen ein hohes Maß an Resilienz zugeschrieben wird, zeichnen sich u.a. durch eine gute Sozialkompetenz, Zuversicht, aktive Bewältigungsstrategien, Selbstvertrauen und die Fähigkeit zur Selbstregulation aus (...) Ressourcenarbeit kann also zu einer Verbesserung der Resilienz führen und befähigen, eine eventuelle Krise besser zu bewältigen, als es ohne diese Ressourcen möglich gewesen wäre« (aus Caby/Caby 2011, S. 72).

Untersuchungen zeigen, dass resiliente Denk- und Verhaltensweisen in jedem Alter erlernbar sind. Bei Kindern, die unter problematischen Umständen aufwachsen, wie etwa in einem Heim, spielten im Hinblick auf ihre Resilienz schützende Faktoren wie die stabile Beziehung zu einer erwachsenen Person eine Rolle.[2]

8.4 Strategien und Übungen, mit denen Sie das Selbstwertgefühl Ihres Kindes stärken können

Im Folgenden finden Sie eine kleine Auswahl an Übungen, die Erwachsene mit Kindern gemeinsam machen können, um Stärken und Ressourcen »auf die Schliche« zu kommen bzw. sie wieder zu erwekken und als Kraftquelle anzapfen zu können.

Ressourcenmannschaft

(Angelehnt an Caby/Caby 2011, S. 75 sowie an das Innere Team nach Schulz von Thun und aus dem NLP)

→ zur Bewältigung von Herausforderungen

Das Kind stellt sich, mit Unterstützung eines Erwachsenen, eine Sportmannschaft auf (z.B. angelehnt an den Lieblingssport). Die einzelnen Spieler repräsentieren die eigenen vorhandenen bzw. die noch zu entwickelnden Ressourcen.

Es können je nach Herausforderung Spieler vorgerückt oder gegen einen der Reservespieler eingetauscht werden, die derweil auf der Ersatzbank auf ihren Einsatz warten.

Anleitung

Schreibe deine vorhandenen oder erwünschten Fähigkeiten auf Kärtchen. Stelle deine »Mannschaft« auf einem Tisch auf. Überlege dir, welche besondere Herausforderung du gerade zu bewältigen hast und welche Fähigkeiten du dafür brauchst oder welche besonders gut dafür geeignet wären.

Deine »Mannschaft« kann auch für spätere Situationen aufbewahrt werden – dann stellt sich die Frage, ob dieselben Ressourcen gebraucht werden oder ob Ersatzspieler eingewechselt werden sollten oder nicht.

(Fußball-)Fans können z.B. auch die besonderen Ressourcen ihrer Lieblings-Mannschaft nutzen. Kleinere Kinder mögen anstelle der Kärtchen eher Handpuppen, denen die Stärken zugeschrieben werden.

Ressourcen aus dem Wunderladen

(Komarek 2010, S. 162)

Stell dir vor, du betrittst einen kleinen Laden – den Wunderladen. Hinter der Theke steht ein alter Mann mit weißem Haar und Bart. Die Regale sind voller Krüge, Dosen, Schachteln und Kisten. Auf ihnen sind Etiketten, auf denen steht: »mutig«, »ausdauernd«, »genau«, »risikofreudig«, »schnell«, »pünktlich«, »aufmerksam«, »selbstständig«, »engagiert« ... Also all das, was Lernende stark macht. Nachdem du dich ein wenig umgesehen hast, fragt dich der alte Mann, was er dir einpacken soll. Und wie viel du von jedem haben möchtest: 100 Gramm, ein halbes Kilo oder gar ein ganzes? Das Tolle ist: Die Waren kosten nichts, du kannst mitnehmen, so viel du möchtest. Überlege dir, welche Stärken für das Lernen notwendig sind. Überlege dir dann, welche Stärken du schon zu Hause hast und welche du aus dem Wunderladen mitnehmen möchtest.

Arbeiten mit dem Namen des Kindes

(In Anlehnung an Caby/Caby 2011 und Dreesen 1999)

Besonders geeignet bei ängstlichen und wenig selbstbewussten Kindern, bei Erwachsenen mit wenig Selbstwert und bei Jugendlichen auf der Suche nach ihrer eigenen Identität/Persönlichkeit.

Der Name des Kindes wird mit Ressourcen und besonderen Fähigkeiten verknüpft. Eine Übung, die Kindern wie Erwachsenen viel Freude bereitet.

Anleitung
Schreibe/male deinen eigenen Namen in großen Buchstaben (z.B. mit einem dicken Filzstift) mittig auf ein großes Blatt (DIN A3 oder A4). Finde zu jedem Buchstaben eine oder mehrere Stärke(n) und positive Assoziationen.
Zur Erleichterung dürfen sich die Buchstaben des Namens auch in der Mitte des Eigenschaftswortes befinden.
Beispiel:
F – Fleißig, flexibel, freundlich, furchtlos
I – interessiert, intelligent, ideenreich
O – ordentlich, originell, offen
N – naturverbunden, nachdenklich, neugierig
A – ausdauernd, abenteuerlustig

Eventuell noch den Nachnamen hinzunehmen.
Alternative 1: Mit den Vornamen der Eltern arbeiten.
Alternative 2: Schreibe die Buchstaben deines Lieblingshobbys oder einer Tätigkeit, die du gerne ausüben würdest, untereinander.

Tipp für Eltern: Hinterfragen Sie die genannten Ressourcen und skalieren Sie sie (z.B. auf einer Skala von 1–10, wobei 1 für »Ressource sehr schwach« steht und 10 für »Ressource top ausgeprägt«). Was wäre anders, wenn Ihr Kind mehr von einer Ressource X, z.B. Mut, hätte?
Man kann auch Freunde, Eltern oder den Trainer bitten, die Übung für ein Kind zu machen. Ich mache das manchmal in Seminargruppen. Die Seminargruppe gestaltet dann für einzelne Teilnehmer Flipcharts mit ihren Assoziationen und den Stärken, die ihnen zum entsprechenden Teilnehmer einfallen. Ich erfahre oft von Teilnehmern, dass diese Flipcharts

lange als Erinnerung an dieses »Geschenk« zuhause z.B. im Flur oder Hobbyraum hängen.

Wochenrückblick
Mit Hilfe eines Rituals schreibt das Kind einmal pro Woche (am besten festen Wochentag festlegen) in sein Tage- oder Erfolgstagebuch, was ihm während der Woche gut gelungen ist, seine Erfolge. Machen Sie eventuell Musik dazu an.

Was andere über das Kind denken
Diese Übung können Sie nur in einer Gruppe, Klasse, Team durchführen. Bei jedem Kind wird mit Klebeband ein DIN-A-4-Blatt auf dem Rücken fixiert. Dann schreiben sich die Kinder mit einem Farbstift, der nicht durchdrückt, gegenseitig Komplimente, wohltuende Bemerkungen (»Was ich an dir schätze...«, »Was finde ich toll an dir?«) und Stärken auf den Rücken. Jedes Kind nimmt dieses »Geschenk«, den Zettel, mit nach Hause und hängt ihn z.B. über Bett oder am Schreibtisch auf.

Indianernamen
Am besten anzuwenden bei jüngeren Kindern am Ende des Vorschulalters bis ins Grundschulalter, manchmal mit viel Humor auch bei Jugendlichen und Erwachsenen.

Indianernamen drücken die verschiedenen Facetten einer Persönlichkeit aus. Sie haben meist zwei Bestandteile, das Krafttier und eine Eigenschaft des (Kraft-)Tieres (»Starker Bär«, »Ausdauernder Affe«, »Flinkes Wiesel«, »Mächtiger Büffel«, »Tapferer Hirsch«, »Unruhiger Löwe«). Die Namen beziehen sich auf die Lebensgeschichte, ein besonderes Talent des Betreffenden oder auf ein bestimmtes Erlebnis (»Grollender Donner«, »Goldener Regenbogen«); auch Umschreibungen und Beschreibungen sind möglich (»Die wie die Sonne strahlt«, »Der mit dem Bären kämpft«). Statt eines Krafttieres bezeichnen indianische Namen oft auch ein Naturobjekt (»Rauschender Fluss«, »Guter Weg«, »Träumende Wolke«, »Tanzende Feder«, Blumen, Baumarten). Bei Kindern kann der Name mit einer derzeitigen Eigenschaft, mit Stärken und Eigenarten des Kindes verknüpft werden – in Bezug auf ein bestimmtes Thema oder ein Problem. Indianer bekommen von ihrem Stamm einen neuen Namen, wenn sie älter und reifer sind. Passen Sie daher, wie bei den Indianern, im Verlauf der Zeit den Namen dem Entwicklungsstand des Kindes an.

Der ausgesuchte schmückende Indianer-Name muss zum Kind passen und sollte immer Stärken-orientiert sein. Das Kind muss mit dem Namen einverstanden sein, denn nichts ist schlimmer, als mit einem Namen gerufen zu werden, den man nicht mag bzw. ablehnt. Auch alle anderen Familienmitglieder können sich Indianernamen geben oder diese von den anderen aussuchen lassen.

Ziel: Problemeigenschaften aus einer etwas anderen Perspektive sehen, sich als vielseitige Persönlichkeit, die viele Möglichkeiten und Fähigkeiten in sich hat, begreifen. Stärkung des Selbstbewusstseins. Erreichen von Zielen.

Beispiele

Tommy ist oft ziemlich ungestüm, aber er kann zuverlässig und liebevoll auf seine kleine Schwester aufpassen: Er ist »der starke Baum, der beschützt«.

Susi sitzt nicht gerne still, sie ist immer in Bewegung. Sie ist »das kleine flinke Eichhörnchen«.

Ressourcen»pflaster«

Die Übung ist eher für die jüngere Altersgruppe geeignet.

Immer dann gut, wenn gerade ein »Notfall« besteht und dringend eine Stärke gebraucht wird. Kinder lieben Pflaster mit Bildchen. Auf ein Pflaster kann ggf. noch eine Ressource gemalt oder geschrieben werden.

Variante: Aufkleben eines unsichtbaren, magischen Pflasters, von dem nur das Kind »weiß«:

»Was könntest Du besonders gut gebrauchen bis zum nächsten Mal? Welche Deiner Fähigkeiten wird speziell gefragt sein?«

»Man kann es noch spannender machen, indem die Ressource auf die Haut geschrieben und mit dem Pflaster überklebt wird. Die Eltern könnten eventuell versuchen herauszufinden, was sich unter dem Pflaster befindet« (nach Caby/Caby 2011, S. 83).

Kraftbriefe von Schülern für Schüler

»Jedem Kind wird ein anderes Kind aus der Klasse zugelost. Für diese Person schreibt es einen Kraftbrief mit folgendem Inhalt: was es am Empfänger bewundert, was es toll findet an ihm; es bedankt sich für das, was der Empfänger für es tut. (…) Jeden Tag wird ein anderes Kind mit einem Kraftbrief beschenkt und darf entscheiden, ob der Brief vom Schreiber vorgelesen werden soll oder ob es den Brief lieber für sich lesen möchte« (Vogt/Caby 2010, S. 83).

Ressourcen raten

Eignet sich für Gruppen, in Familien mit häufigem Streit, für Sportmannschaften, Klassen, Teams und Gesprächsrunden.

Auf Karteikärtchen o. Ä. notieren die Teilnehmer gut

lesbar eine (oder mehrere) ihrer persönlichen besonderen Fähigkeiten/Stärken (bei einer Familie mit vier Personen kann jeder ein paar Karten schreiben). Zuerst darf niemand die Karten der Anderen sehen. Alle Karten werden dann vermischt und umgekehrt auf den Boden oder Tisch, in eine Schachtel oder einen Korb gelegt. Jeder zieht eine Karte, zeigt sie und beschreibt der Runde, was er unter dieser Stärke versteht, ob er sie auch bei sich feststellt, evtl. findet er Beispiele, wann die Stärke sinnvoll sein kann, wie er/sie diese erweitern könnte.

Im nächsten Schritt überlegen alle, welche Karte von wem sein könnte, zu wem die Ressource passen könnte. Die Teilnehmer können sich auch dazu äußern, z.B. ob sie sich diese Ressource ggf. auch für sich wünschen.

Werbespot oder Slogan

Mit einzelnen Kindern, auch kleineren Gruppen, Familie. Fernsehen mal anders: Mit flotten Slogans weckt die Werbung unsere Neugier für Produkte – diesen »Trick« können Kinder nutzen, um für sich selbst »Werbung« zu machen. Kinder zeigen sich dabei nur von ihrer besten Seite. Am leichtesten findet man Stärken in Situationen in der Vergangenheit.

Wie lautet dein Slogan?

Was könnte in deinem Werbespot über dich gesagt werden? Welcher Spruch stünde in einer Sprechblase über dir? Welche tolle positive Eigenschaft bzw. Stärke könntest du lautstark bewerben?

Z.B.: »Die flotte Fiona ist ein Französisch-Genie!« oder »Karl, der klasse Kicker, trifft immer ins Tor.«

Lassen Sie den Werbespot vom Kind aufführen, natürlich zur »besten Sendezeit«.

Auch **Ressourcengeschichten und -märchen**, die von den Fähigkeiten und Stärken der Helden berichten, eignen sich, um Stärken zu stärken oder bei Kindern den Wunsch nach der Verstärkung diverser Ressourcen bei sich selbst zu wecken.

Kinder bewegen sich gerne und viel. Sollten sie das »vergessen« haben, weil sie nachmittags meistens vor dem Fernseher sitzen, dann holt sie diese Übung vom Sofa. Im Kapitel 3 Zielsetzung und Motivation ist das Erwandern eines Ziels als Übung beschrieben. Ähnlich funktioniert das auch mit Stärken.

Ressourcen erwandern

Gut in Gruppen, Mannschaften, Klassen.

Lege einen »Weg« aus Papier, Steinen oder Schuhen auf dem Boden aus, so wie es dir deine Fantasie vorgibt. Der Weg kann gerade oder krumm und kurvig sein. Die Gegenstände am Boden symbolisieren deine Stärken. Von welcher Stärke aus startest du? Bei welcher Ressource kommst du an? Welche Stärken sammelst, streifst, benutzt du auf dem Weg dahin? Lässt du vielleicht eine aus, übersiehst du eine Stärke, obwohl sie vor deinen Augen liegt? Brauchst du Ressourcen, die (scheinbar) noch nicht vorhanden sind?

Meine Ressourcensonne (Sonnenstrahl-Übung)

→ sich seiner Ressourcen bewusst werden, Nachdenken über Ressourcen

Anleitung

Schneide aus (gelbem) Papier Streifen aus, ca. 10 cm lang, die so breit sind, dass du etwas darauf schreiben kannst. Schneide einen Kreis aus. Nun klebe die Streifen wie Sonnenstrahlen um den Kreis herum auf ein größeres Blatt Papier. Auf die Streifen notierst du nun nacheinander, was du besonders gut kannst: »Geschichten erfinden und spannend erzählen«, »habe in Mathe alles verstanden« oder »kann 30 Minuten am Stück joggen«, »Ausdauer bei Mountainbike-Touren mit Papa«.

Deine Ressourcensonne kannst du dir auch einrahmen! Du solltest sie alle paar Monate überprüfen

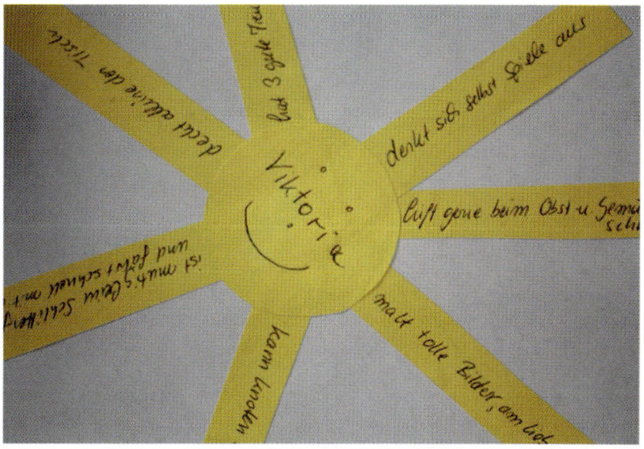

und ggf. erweitern, wenn du neue Stärken an dir feststellst.

Variante: Nimm ein bis zwei andersfarbige Streifen dazu, auf die du Stärken notierst, die du in nächster

Zeit ausbauen oder erwerben möchtest. Verwende keine Warn- und Signalfarben wie Rot.

Ressourcen-Jeans

(aus Komarek 2010, S. 163)

Das Wunderbare an einer Jeans ist ihre Vielseitigkeit: Sie kann mit einem alten Schlabber-T-Shirt im Urlaub oder beim Malern oder mit der edlen Bluse und dem grünen Blazer in einem schicken Restaurant getragen werden. Auch die meisten Ressourcen sind wie Jeans: Man kann sie in den unterschiedlichsten Kontexten einsetzen.

Anleitung

»Überlege dir, was du gut kannst. Das muss überhaupt nichts mit dem Lernen zu tun haben. Vielleicht bist du eine tolle Skifahrerin? Schreibe nun auf, welche Fähigkeiten du hast, damit du so gut Ski fahren kannst: z.B. Mut, Ausdauer beim Üben, Spaß, Genauigkeit, Willensstärke und eine positive Einstellung. Dies sind sehr wertvolle Ressourcen, die du in dir trägst! Überlege dir, welche der Stärken du auch gut zum Lernen gebrauchen kannst, beispielsweise Willensstärke. Suche dir nun eine Situation aus, in der du beim Skifahren Willensstärke bewiesen hast. Wie fühlt sich das an? Was sagst du dir innerlich? Wie sieht das aus? Erlebe diese Situation so stark wie möglich, so als wäre sie jetzt. Mit diesem Wissen kannst du nun eine künftige Situation planen, in der du beim Lernen Willensstärke beweisen möchtest wie etwa beim Lösen einer schwierigen Matheaufgabe. Versetze dich in eine zukünftige Situation, in der du Willensstärke für die Matheaufgabe brauchst. Rufe nun das gleiche Gefühl wie beim Skifahren hervor, sage dir innerlich die gleichen Sätze und zeige die gleiche Körperhaltung und Gestik! Sage dann mindestens drei Mal laut den Satz: ›Ich kann beim Skifahren willensstark sein ... und beim Lösen der Matheaufgabe!‹ Vielleicht magst du diesen Satz auch noch aufschreiben. Damit nutzt du die Vielseitigkeit deiner Sinne!«

Manchmal weiß man genau, welche Fähigkeit man für eine Sache braucht oder kann sie aus irgendeinem Grund nicht richtig abrufen und einsetzen – eine Blockade macht uns einen Strich durch die Rechnung. Oder wir werden unbewusst von etwas Äußerem blockiert, zum Beispiel durch negative Einstellungen anderer in Bezug auf unsere Ressourcen (siehe Pygmalion-Effekt oben).

Folgende Übungen können hier helfen:

Mein Kissen, die Blockade – Externalisierung

→ wenn Ressourcen nicht abgerufen werden können, blockiert sind

»Manchmal sind Blockaden sehr diffus, schlecht zu beschreiben. Mit diesen kann man dann auch nur schwer umgehen. Sie scheinen übermächtig zu sein. Genau hier setzt der folgende Trick ein: Nimm die Blockade einfach aus deinem Kopf heraus und lasse sie ein beliebiger Gegenstand werden. Ist es beispielsweise eine allgemeine Unlust, die dich vom Lernen abhält, kannst du so tun, als sei ein bestimmtes Kissen diese Blockade. Bringe es an einen Platz, an dem es dich nicht stören kann. Lege es beispielsweise vor dem Lernen vor die Türe und hole es danach wieder herein. Der Vorteil dabei ist, dass dir dieses Vorgehen hilft, schwer Fassbares konkret und damit bewältig- und bearbeitbar zu machen. Und dadurch, dass du sie außerhalb deines Körpers platzierst, schaffst du eine Distanz zu ihr – sie kann dich nicht mehr so emotional mitreißen. Probier es einfach aus, du wirst sehen, es funktioniert!« (Komarek 2010, S. 159).

Mit der Kraft innerer Bilder an Blockaden arbeiten

→ wenn Ressourcen nicht abgerufen werden können, blockiert sind

→ siehe Kapitel 9 Visualisierung

Ein wirkungsvoller Weg weg von der Blockadehaltung hin zu einer ressourcevollen Haltung geht über die Körperhaltung. Wer also gerne kraftvoll und energiegeladen an eine Aufgabe rangehen möchte, darf das nicht mit hängenden Schultern und gesenktem Kopf tun.

8.5. Das Ankern

Ankern, wie ich es im Mentaltraining verwende, ist eine sehr wichtige Intervention aus dem Neuro-Linguistischen Programmieren (NLP). Die Grundlagen für diese einfache, aber sehr wirkungsvolle und für Kinder absolut geeignete Technik liegen schon einige Jahrzehnte zurück. Anker sind natürliche Reiz-Reaktionsmechanismen, basierend auf den Erkenntnissen des russischen Verhaltensforschers Iwan Petrowitsch Pawlow (»Pawlow´sche Hunde«). Wir sehen (visuell), hören (auditiv), fühlen (kinästhetisch), riechen (olfaktorisch), schmecken (gustatorisch) etwas (Anker), das in uns bestimmte Erinnerungen auslöst, die uns in einen bestimmten Gefühlszustand versetzen. Dieser wird mit einer Berührung, Wort, einem Geräusch oder auch einem Ort verbunden.

Manchmal entstehen solche Anker ganz von selbst.

Pawlow bot in einem Versuch Hunden Futter an (unbedingter Reiz), worauf bei diesen der Speichelfluss angeregt wurde (unbedingte Reaktion). Er setzte einen neutralen Reiz, einen Glockenton, worauf beim Hund keine Assoziation ans Futter geweckt wurde, also auch kein Speichel floss. Dann ließ er die Glocke erklingen und bot kurz darauf Futter an – schließlich reagierten die Hunde auch mit Speichelfluss, wenn sie nur die Glocke hörten und kein Futter bekamen. Das Fazit: Auch neutrale Reize können bei uns zu körperlichen, emotionalen Reaktionen (Verhalten) führen – dazu muss die gewünschte Reaktion vorher mit dem Reiz verknüpft werden.

Ein Anker ist also eine konditionierte Reaktion, die man gezielt in Situationen, in denen genau dieses Gefühl oder diese Fähigkeit gebraucht wird, abrufen kann. Geankert werden Ressourcen wie positive Gefühle (Emotion), Fähigkeiten, Einstellungen und Werte. Der Anker kann zu gegebenem Zeitpunkt abgerufen werden und steht dann zur Lösung von Blockaden und Problemen zur Verfügung.

→ Ein Anker sollte überall wiederholbar und dennoch einzigartig sein, d.h. er sollte sonst im Alltag nicht verwendet werden.

→ Das Kind muss bei einem kinästhetischen Anker (mit Berührung) die Stelle selbst auch leicht erreichen können (z.B. Fingerknöchel, Handgelenk ...).

→ Der Anker soll auch im Alltag ohne aufzufallen ausgelöst werden können, daher einen unauffälligen Anker auswählen.

→ Die Berührung kann auch mit einem Wort gekoppelt werden.

Reiz → Bewertung → Gefühl → Reaktion

Konzentrationsanker

(vgl. Komarek 2010, S. 60 ff., Lötscher-Gugler 2006, S. 32 ff.)

Konzentration auf Knopfdruck: eine prima Sache, wenn Kinder zu lange vor den Hausaufgaben sitzen, weil sie sich einfach nicht aufs Wesentliche konzentrieren können oder beim Sport zum Beispiel nie den Ball treffen, weil sie ständig abgelenkt oder mit dem Kopf bei den nicht erledigten Teilen der Hausaufgaben sind.

1. Für eine ruhige, entspannte Atmosphäre sorgen.
2. Gewünschten Gefühlszustand bzw. Reaktion aussuchen/definieren (z.B. konzentrierter Zustand).
3. Anker bzw. Reiz aussuchen (Das Kind bestimmt den Anker, in der Regel geschieht das durch eine Geste, Anker auf ein Spielzeug, z.B. kleiner Stein, Spielfigur oder Murmel, (körperliche) Berührung, z.B. Fingerpunkt (»Feen«-, »Zauber«-Punkt), hier: Mittelfingerspitze drückt auf Daumenspitze).
4. Man ruft den Wunschzustand hervor, indem man ein Erlebnis oder eine Situation in der Vergangenheit noch einmal mit allen Sinnen erlebt (z.B. die hohe Konzentration beim Zeichnen eines Bildes oder das völlige Wohlfühlen). Vielleicht war das Kind in dieser Situation sehr entspannt und ruhig – oder aktiv und konzentriert – oder besonders mutig, selbstbewusst, ausbalanciert, glücklich. Veranlassen Sie, dass sich das Kind genau an diese Situation erinnert. Es soll die Situation jetzt noch einmal erleben, und zwar so, als würde sie jetzt in diesen Moment passieren. Sie können zu ihm sagen: »Was siehst du alles in der Situ-

Der Ablauf des Ankerns.

ation? Was hörst du? Was fühlst und denkst du? Vielleicht gibt es auch etwas zu riechen und zu schmecken in dieser Situation? Welche Körperhaltung bringt das Gefühl am stärksten zum Ausdruck?« Dabei auf die Physiologie des Kindes achten.

5. Kurz vor dem Moment, in dem man die maximale Stärke des gewünschten Zustands stark empfindet (egal ob in Echtzeit oder in der Erinnerung), ankern, indem man das vorher definierte Ankerzeichen ausführt (also hier Mittelfinger und Daumen aneinanderdrückt). Diesen Anker hält man ca. 5 Sekunden bis eine Minute lang.

6. Separator: Anker lösen, neutralen Status etablieren, z.B. nach der Uhrzeit fragen.

7. Zur Überprüfung soll das Kind seinen Anker selbst berühren. Erlebt das Kind nicht die gleichen angenehmen Gefühle wie vorher, dann wiederholen Sie die Schritte.

8. Brücke schlagen in die Zukunft: Führen Sie das Kind nun in Gedanken in eine zukünftige Situation, wo es diese Ressource, die es eben geankert hat, braucht und gerne zur Verfügung haben möchte. Das Kind erlebt diese Situation vor dem inneren Auge, während es selbst den Anker auslöst. Dadurch ist das Kind in einem positiven inneren Zustand, während es die Situation in der Zukunft durchlebt. »Was siehst du? Was hörst du? Was fühlst du?«

9. Wann immer man nun diesen Wunschzustand herbeiführen möchte, kann man den Anker auslösen, z.B. vor Prüfungen (Mittelfinger und Daumen aneinanderdrücken. Dadurch wird der Wunschzustand ausgelöst).

10. Da Anker wie Akkus funktionieren, sollte man sie immer wieder aufladen, d.h. wenn man sich in seinem Wunschzustand befindet, gleichzeitig den Anker ersetzen, dann wird der Akku aufgeladen.

Für das Gehirn macht es fast keinen Unterschied, ob wir etwas real erleben oder ob wir es uns vorstellen. Beides schafft Spuren im Gehirn.

Beispiele für Ankern

»Ich kann Selbstvertrauen ankern, indem ich eine bis drei Erfahrungen ankere, in denen mir etwas besonders gut gelungen ist oder wo ich mich gut gefühlt habe.

Bei Prüfungsstress ist es sinnvoll, Erfahrungen zu ankern, in denen die Person ruhig und gelassen war.

»Mit einem Drittklässler habe ich einmal für das Diktat die Ressource »Mut« geankert. Da er jeweils vor dem Diktat ziemlich viel Angst hatte, Fehler zu machen, war die Fehleranzahl dementsprechend hoch. Als Anker wählte er eine farbige Murmel. Er nahm sie in die linke Hand, während er eine Situation, in der er mutig war, nochmals durchlebte. Damit war dieser Zustand von Mut und damit Selbstvertrauen über die Murmel, die er »Mutkugel« nannte, gespeichert.

Nach zwei Wochen kam er in die nächste Sitzung und gab mir die Murmel zurück mit den Worten: »Ich habe ein gutes Diktat geschrieben. Jetzt weiß ich, dass ich es kann. Das ist eine gute Mutkugel, die kannst du sicher noch für andere Kinder brauchen« (aus: Lötscher-Gugler 2006, S. 33 ff.).

Achten Sie darauf, dass Ihr Kind verschiedene Orte zum Spielen, zum Arbeiten und zum Entspannen hat. Orte werden so zu Ankern. Ihr Kind sollte die Hausaufgaben nicht im Bett machen oder am Schreibtisch spielen.

Ankern für Fortgeschrittene

Zur Verstärkung können z.B. mehrere Anker »gestapelt« werden: Mehrere ressourcevolle Situationen werden an der gleichen Stelle geankert, wodurch beim späteren Auslösen des Ankers alle Ressourcen gleichzeitig zur Verfügung stehen. Oder »verkettet« werden, um in der benötigten Reihenfolge zu wirken. Sie können auch negative Gefühlszustände ankern und diese dann mit positiven Ankern »kollabieren« lassen.

8.6 Ressourcen ankern – weitere Übungen

Ankern mit einem Stein oder Talisman

Funktioniert wie oben beschrieben – geankert wird aber nicht über eine Berührung des Körpers, sondern über einen schönen Stein, einen persönlichen Talisman, ein Armband, ein altes Spielzeug, Schmuck, eine Murmel, oder eine Spielfigur. Der Gegenstand sollte bequem in die Hosentasche oder das Federmäppchen passen.

Das Kind nimmt von Beginn an den Stein o. Ä. in die linke Hand und drückt ihn, wenn es den gewünschten Gefühlszustand intensiv spürt. Mehrmals wiederholen (nach Lötscher-Gugler 2006, S. 38). Das Kind sollte dann den Anker eine Weile bei sich tragen, um ihn gleich parat zu haben.

Konzentrationsfigur

Während sich das Kind mit Knete oder Salzteig beschäftigt, denkt es an eine Situation, in der es sich besonders gut konzentrieren kann, etwa bei einem Hobby oder beim Sport. Das Kind formt nun aus dem Knetmaterial eine Figur oder ein Objekt, das für den Zustand »Konzentration« steht. Salzteig ist hier ideal, weil er eine Weile hält. Die Figur darf eine Zeitlang auf dem Schreibtisch stehen oder aus dem Federmäppchen lugen (sollte aber nicht zum Spielen animieren), als Symbol für den Wunschzustand. So wird das Unterbewusstsein immer daran erinnert (nach Lötscher-Gugler 2006, S. 39).

Ankern mit einem Stein oder Talisman.

Eine Konzentrationsfigur aus Knete oder Salzteig herstellen.

So könnte ein Ruhebild aussehen.

Sorgenpüppchen

Dieser aus Südamerika stammende Brauch ist ideal für Kinder: Ein kleines Püppchen, eine sehr kleine Plüschfigur oder ein selbst gebasteltes, genähtes Figürchen nimmt alle Sorgen und Ängste auf. So fungiert es wie ein Anker. Vorm Zubettgehen etwa teilt das Kind seinem Sorgenpüppchen mit, was es belastet, welche Sorgen und Ängste es hat, und legt es über Nacht in ein Kästchen oder unters Kopfkissen. Die Übung hilft.

Fantasiereise

Das Kind hat einen Gegenstand in der Hand, z.B. einen Stein, während es in Gedanken mit auf eine Fantasiereise genommen wird. Dort wird es seinem Wunschzustand begegnen. Zum Beispiel kann es an einen (Fantasie- oder realen) Ort geführt werden, wo es sich wohl fühlt und seine Stärken und Fähigkeiten einsetzen kann. Dabei drückt das Kind den Gegenstand in seiner Hand und ankert so das gute Gefühl. Zugang zu seinen Ressourcen erhält es, wenn es den Anker in besonderen Situationen bei sich trägt.

Ruhebild

Gute Gefühle braucht man immer! Deshalb kann das Kind diese über ein gemaltes Bild ankern. Es denkt sich an einen schönen Ort, wo es gerne war oder schon lange mal gerne sein möchte, oder an eine schöne Situation, die es erlebt hat und wo es sich wohl, beschützt, geborgen, glücklich, ruhig etc. gefühlt hat. Das Kind soll das innere Bild am besten mit allen Sinnen und Einzelheiten erfassen. Vordergrund des Bildes … Geräusche … vielleicht wird gesprochen? … Meeresrauschen? … vielleicht die warme Sonne auf dem Körper … ein kühler Luftzug, der über die Haut streicht … vielleicht Gerüche? …

duftende Blumen ... Wichtig ist, dass diese Bilder ganz unterschiedliche, gute und intensive positive Gefühle im Kind hervorrufen (z.B. Freude, Spaß, Unterhaltung, Stolz, Entspannung, Geborgenheit usw.). Das Erlebnis bzw. innere Bild – es kann ein reales oder ein konstruiertes sein – malt das Kind auf ein Blatt z.B. mit Ölkreiden. Diesen visuellen Anker so aufhängen, dass das Kind ihn oft sieht.
Auch nach einer Fantasiereise kann ein Bild gemalt werden.

Ressourcenbild oder Kraftbild als Anker

(nach Lötscher-Gugler 2006, S. 39 ff.)
Das Kind malt sich selbst auf ein größeres Blatt Papier oder klebt sein Foto in die Mitte. Drum herum zeichnet es seine Stärken und Fähigkeiten, Hobbies, Interessen und Dinge, die es gut kann, in Form von Symbolen, Wörtern oder Fotos. Das Bild kann jederzeit erweitert werden, indem das Kind neue Entdeckungen über sich in das Bild aufnimmt. Das Bild wird gut sichtbar im Kinderzimmer oder im Klassenraum aufgehängt.

Krafttiere und Kraftfiguren

»Kinder sind von sich aus zäh und reich an Ressourcen, und deswegen können sie auch fast alles lernen«, ist Ben Furman, finnischer Psychiater und Begründer des »Ich schaff´s«-Trainingsprogramms für Kinder und Jugendliche, überzeugt. »Um ihnen zu helfen, ihr Durchhaltevermögen und die vielfältigen Ressourcen zu entdecken, können wir sie bitten, eine Figur als Kraftfigur auszuwählen, die sie gern haben« (Furman 4. Aufl. 2011).

→ Wie müsste ein Tier/Figur aussehen, um einem Kind Kraft zu geben?

Dein persönliches Krafttier könnte z.B. ein Adler sein.

Fragen: Welches Tier möchtest du als Krafttier/Kraftfigur haben? Welche Eigenschaften und Fähigkeiten wären für dich besonders wichtig? Welche Fähigkeiten setzt das Krafttier ein? Was genau tut das Krafttier? Wie schaut es aus? Was kann es? Wie beschreibst du es? Wie bewegt sich das Tier? Wie wirkt es auf dich? Was sagt es? Was macht dein Krafttier/deine Kraftfigur unverwechselbar?

Future Pace: Wie, wann und wo genau wirst du dein Krafttier/Kraftfigur nutzen?

Persönliche Krafttiere: Bär, Katze, Dinosaurier, Maskottchen, Fantasietier, dem das Kind einen Namen gibt. Krafttiere sind sehr gute imaginäre Helder. Sie erinnern das Kind an seine Fähigkeiten.

Lassen Sie das Kind sein Krafttier oder seine Kraftfigur auf ein Poster zeichnen. Es kann sich mit ihm unterhalten, es um Rat fragen usw. Krafttiere geben bei Schwierigkeiten Schutz und Hilfe.

Variante: Das Kind malt ein Bild mit Krafttier als Helfer und sich selbst.

In Gruppen bzw. in einer Familie werden dann die Krafttiere gegenseitig vorgestellt.

Heißer Stuhl

Eine Gruppenübung, die ich am Ende meiner NLP-Ausbildung kennengelernt habe und heute gerne auch mit Kindern anwende.

Alle setzen sich in einen Kreis. Ein Kind setzt sich auf den »heißen Stuhl«, der im Kreis steht und dekoriert wurde. Jedes Kind sitzt mal auf dem heißen Stuhl. Drei Kinder, die zufällig ausgewählt werden, geben dem Kind auf dem heißen Stuhl nun ein positives Feedback. Sie beginnen immer mit den Worten: »Ich mag/schätze an dir, dass du ...« Dann können sie alles Mögliche ergänzen, besonders tolles Verhalten, besondere Fähigkeiten und Eigenschaften, cooles Aussehen o. Ä. Das Kind auf dem »heißen Stuhl« antwortet jedes Mal mit den Worten »Ich danke dir.« Niemand sonst darf etwas sagen, kommentieren, lästern, lachen oder Grimassen schneiden. (Keine Rechtfertigungen seitens des Kindes auf dem heißen Stuhl.) Zum Schluss darf das Kind auf dem heißen Stuhl, wenn es möchte, ein kurzes Statement, das sich auf die im Feedback genannten Aspekte bezieht, abgeben.

Variante 1: Das Kind auf dem »heißen Stuhl« kann sich selbst aussuchen, wer ihm Feedback geben soll.

Variante 2: Zuerst tauschen sich je zwei Kinder darüber aus, welche Punkte sie über das Kind auf dem heißen Stuhl in der Feedbackrunde sagen wollen, bevor es dann im Kreis/Plenum weitergeht.

8.7 Noch mehr zum Thema Ressourcen ankern

Unbewusst ankern wir eigentlich laufend innere Zustände, Gefühle, Berührungen durch andere oder durch Musik und Materialien. Ein Kind, das beim Sportunterricht wiederkehrend die leidvolle Erfahrung machen muss, als Letzter in eine Mannschaft gewählt zu werden, ankert das Gefühl von Scham und Untauglichkeit. Hört es dann noch, »Der ist doch eh nicht schnell genug/zu schmächtig/zu klein ...« fühlt es sich später in ähnlichen Situationen, wo es ums Mitmachen in einer Gruppe geht, minderwertig. Dass unbewusst gesetzte Anker uns auch sehr gut tun können, merken wir, wenn wir Musik hören, die uns an einen schönen Moment erinnert.

Gerüche und Düfte sind starke Anker, weil die von ihnen ausgehende Information direkt zu unserem Gehirn ins limbische System, den »Gefühlsort«, gelangt. Deshalb freuen wir uns z.B. bei Schoko-Duft auf den nächsten Geburtstag, wenn es Familientradition ist, an Geburtstagen Schokotorte auf den Tisch zu bringen. Ebenso funktioniert das bei Geschmäckern.

In vielen Familien ist es leider so, dass Kinder zu wenig körperliche Zuwendung erfahren. Oft erfolgt diese – besonders in der Erziehung von Jungen –

Beispiel

Raffaela, 19, und ihre Schwester Jenny, 17, fahren beide seit zehn Jahren Motocross. Ihr Vater begleitet sie zu Trainings und Rennen. Fast jedes Wochenende verbringen die drei auf Campingplätzen entlang von Motocross-Pisten und Trainingslagern in ganz Deutschland. Dabei passiert auch viel: Unfälle, schlechtes Wetter, technische Probleme.
Wann immer die Töchter eine Niederlage wegstecken müssen, kann sich der Vater zu einer knappen Umarmung und einem »Wird schon«-Rückenklopfer durchringen – körperliche Zuwendung kann er ansonsten schwer zum Ausdruck bringen, obwohl er, wie er sagt, stolz auf die beiden ist. Die Schwestern bekommen seine Nähe nur in Situationen zu spüren, die negativ assoziiert sind.

höchstens, wenn etwas passiert ist (siehe Beispiel im Kasten oben).

Reize als Ressourcen nutzen

Einen Anker bei sich zu setzen ist Selbstkonditionierung, ob positiv oder negativ. Negative Anker versetzen uns in einen ressourcenarmen Zustand – wir »vergessen« in diesem Moment, dass wir doch voller Vertrauen, selbstbewusst und sportlich fit sind. So beurteilen wir eine Situation plötzlich ganz anders als sonst, was Stress auslöst. Dabei haben wir fast immer mehrere Optionen, zu reagieren. Diese Tatsache nützt etwa das NLP.

Reize von innen und außen können wir gezielt als Ressourcen nutzen. So lassen sich zum Beispiel bei Kindern positive Anker »auf Vorrat« setzen, indem beim Kind oder Jugendlichen ein positiver, entspannter Gefühlszustand geankert wird (nach Long/Schweppe 2011, S. 173):
Wenn das Kind nach Herzenslust lacht, legt die Mutter oder der Vater ihm eine Hand auf den Ellbogen (oder eine andere Stelle). Um solche Situationen zu »provozieren«, können lustige Geschichten vorgelesen werden oder Eltern und Kinder machen zusammen Spaß bzw. erzählen sich lustige Witze. Das Ankern wird ein paar Tage lang wiederholt. Sobald das Kind bei den Eltern Unterstützung sucht wegen einer schwierigen Sache, es Stress, Ärger oder Streit hat, können die Eltern den positiven Gefühlszustand mit der Berührung des Ellbogens (die richtige, geankerte Seite wählen!) auslösen. Das Kind ist dann aufnahmebereiter für eine Lösung.

Negative Anker in positive umwandeln

Es gibt noch weitere Anker-Techniken. Lassen Sie negative Gefühlszustände mit positiven Ankern »kollabieren«. Diese Übung funktioniert, wenn man mit dem Ankern positiver Gefühlszustände schon etwas Erfahrung hat. Gut geeignet ist sie zum Beispiel für pubertierende Teenager, die oft mit einem ganzen Bündel an großen und kleinen Problemen nach Hause kommen: der erste Liebeskummer, Stress mit einem Lehrer, Notendruck, Taschengeld ist alle, Handy verloren, die »falschen« Klamotten getragen. Diese Anker-Technik eignet sich aber auch, wenn Kinder das Gefühl haben, »alles« sei schwierig – etwa in der Schule. Wenn es also nicht nur ein Problem gibt, das sich auf eine bestimmte Situation bezieht. Voraussetzung: Der Anker für positives Gefühl wurde erfolgreich gesetzt und schon mehrfach angewandt.

Ablauf: Sie sprechen mit Ihrem Kind »über sein Problem und setzen dabei den negativen Anker.

Dadurch werden die negativen Gefühle besonders präsent. Wenn Sie merken, dass Ihr Kind die negativen Gefühle deutlich spürt, setzen Sie den (vorher etablierten) positiven Anker und achten darauf, wie sich in Sprache, Haltung und Stimme Ihres Kindes die Gefühle verändern. Lösen Sie dann – aber erst, wenn das positive Gefühl deutlich wird – den positiven Anker und kehren Sie noch einmal zum negativen Anker zurück. Halten Sie diesen Anker und rufen Sie gleichzeitig den positiven Anker auf. Wiederholen Sie das einige Male: Die negativen Gefühle werden auf diese Weise effektiv mit den positiven überlagert und dadurch gelöscht. Das wirkt manchmal wie reine Zauberei! Beim Lesen kommt Ihnen das vielleicht noch etwas seltsam vor. Probieren Sie es aus« (nach Long/Schweppe 2011, S. 174).

Kinästhetische Anker, also solche, die mit dem Gefühl einer Berührung verbunden sind, gelten übrigens als die stabilsten Anker.

9 Visualisieren

»Visualisierung ist eine Übung, in der bestimmte Vorstellungsbilder konzentrativ und imaginativ hervorgerufen werden« (www.wikipedia.de).

Visualisierung bedeutet Denken in Bildern. Man »sieht« dabei etwas vor dem geistigen Auge und schafft sich so eine klare, konkrete Vorstellung davon, wie eine Situation, ein Bewegungsanlauf, ein Gespräch usw. erfolgreich ablaufen soll. Wir sehen voraus, was wir tun werden. Wir »programmieren« so positive Vorstellungsbilder. Das Visualisieren ist, wenn man es regelmäßig macht, äußerst effektiv und wird deshalb auch gerne von Sportlern und Spitzenathleten angewandt. Mit inneren Bildern lassen sich sowohl vergangene Situationen geistig noch einmal durchlaufen und zu einem positiven Ergebnis führen als auch neue, unbekannte Situationen auf positive Art durchleben.

Vorstellungstraining kann allerdings reales Training und Üben nicht ersetzen.

Jeder Gedanke, jede Vorstellung, ob positiv oder negativ, hat einen Einfluss auf mein seelisches und körperliches Befinden. Ich kann mich darüber schwächen oder stärken.

Anwendungsmöglichkeiten des Visualisierens sind u.a.:

- Mängel im Bewegungsablauf (Sport),
- häufig auftretende Probleme, welche im Wett-

kampf/in Prüfungen immer wieder zu Fehlern führen (Bevor du mit einem Vorstellungstraining beginnen kannst, musst du zuerst den Wettkamp bw. frühere Prüfungen analysieren.),

- Lernblockaden,
- Wiederherstellung des emotionalen Gleichgewichts nach einem Misserfolg,
- Hilfe zum Heranwagen an neue, schwierigere Aufgaben,
- Erlernen neuer, komplexer Inhalte oder Bewegungsabläufe,
- Einprägen von wichtigen Details,
- Entspannung,
- Entwicklung taktischer Kenntnisse,
- Üben/Lernen während einer Trainingspause, nach Verletzung, Krankheit, Ferien, etc.

Wirkungsweisen und Nutzen der Visualisierungen, die überall ausgeführt werden können, sind u.a.:

- Aufbau mentaler Stärke,
- Verbesserung sportlicher/physischer Leistungen,
- Verbesserung schulischer/kognitiver Leistungen,
- Steigerung von Selbstvertrauen, innerer Sicherheit, Souveränität, Gelassenheit,
- besseres Einstellen auf Neues und Veränderungen,
- verkürzte Lernzeiten,
- schnellere Reaktionsfähigkeit,
- Reduktion von Ängsten, Hemmungen, Nervosität etc.
- Ziele und Visionen erhalten Glaubwürdigkeit.
- Innere Bilder werden zur selbsterfüllenden Prophezeiung.
- Lern- und Übungstechniken verbessern sich.

Es gibt inzwischen Hinweise darauf, dass bei Kindern mit Hilfe von Visualisierungen sogar medizinische Behandlungserfolge bis zu drei Mal besser ausfallen als wenn die Vorstellungskraft nicht genutzt wird. So konnte gezeigt werden, dass der Behandlungserfolg bei Kindern, die an Bauchschmerzen litten, mit einer Visualisierung (Traumreise, angeleitet per CD) bei über 73 Prozent lag – bei Kindern ohne die Traumreise lag er bei knapp 27 Prozent.[1]

Jedes Kind nutzt seine angeborene Fähigkeit der Vorstellungskraft. Kinder geben sich ihrer Fantasie zu 100 Prozent hin, lassen das, was ihnen einfällt, einfach geschehen und sind dabei völlig überzeugt, das zu sein, was sie sich mithilfe ihrer Vorstellung gerade wünschen.

Unter den folgenden Bedingungen haben Visualisierungen die stärkste Wirkung:

- Das Kind befindet sich an einem bequemen und ruhigen (Lieblings-)Ort, z.B. in einem gemütlichen Sessel oder im Hotelzimmer sitzend, ohne jegliche Ablenkung und Störung wie durch das Handy.
- Das Kind ist entspannt. So verschwinden alle äußeren Reize, die Motorik kommt zur Ruhe, und störende Gedanken werden ausgeschaltet.
- Gefühle, Gedanken, Erwartungen, Wünsche oder Sehnsüchte, die keinen Bezug zu dem geistigen Vorstellungsbild haben, werden beiseite gelegt.
- Geschlossene Augen erleichtern das Visualisieren, weil das Kind nicht von (visuellen) Eindrücken der Umwelt abgelenkt wird; die Innenschau fällt leichter.
- Das Kind stellt sich einen inneren Bildschirm vor, auf den die inneren Bilder projiziert werden. Das kann eine Leinwand sein (die an einer Hauswand hängt), ein Computerbildschirm oder eine weiße Wand.
- Die inneren Bilder sollten besonders anschaulich sein. Die innere Leinwand mit Farben, Berührungen, Tönen, Gerüchen, Gefühlen und Musik füllen!
- Alle fünf Sinne werden genutzt (= »VAKOG«): visuell – das Sehen (Farben, Details)

auditiv – das Hören
kinästhetisch – das Fühlen (innere Körperspannungen)
olfaktorisch – das Riechen (z.B. Schweiß)
gustatorisch – das Schmecken.

- Alle Gedanken und Gefühle werden zugelassen. Emotionen spielen eine Schlüsselrolle beim Speichern und Abrufen von Erinnerungen. Jede Erinnerung aktiviert automatisch die daran gekoppelten Emotionen.
- Visualisiert wird in so vielen Einzelheiten und Details wie möglich (heißes und feuchtes Wetter, Schweißperlen auf der Stirn, Sonnenschein, Schatten, Blumen, Zuschauer, Rascheln des Laubs, Luftzug im Gesicht).
- Es wird zu einer ruhigen Zeit geübt.
- Zunächst sollte ohne Druck geübt werden (später auch unter Druck, um z.B. Bewegungen auch unter Wettkampfstress abrufen zu können).

Medial im TV oder am Computer erzeugte Bilder können innere Bilderwelten nicht ersetzen. »Kinder brauchen von Geburt an eine natürliche Lernumgebung, die möglichst alle Sinne mit einbezieht. Heute konsumieren aber sogar schon Babys und Kleinkinder computerproduzierte Bilderwelten – sie haben damit nur eine verarmte Lernumgebung zur Verfügung, weil die Signale sehr schlecht korreliert sind: ›Eine ›Klangsoße‹ und eine ›Bildsoße‹ nützen dem Kind nichts, um zu lernen, die Welt zu begreifen‹« (Spitzer 2006, S. 226).

9.1 Visualisierungsübungen

Hinweise und Tipps:

→ Es gibt beim Visualisieren verschiedene Perspektiven: Man selbst ist Darsteller im inneren Film (subjektive Visualisierung) oder man betrachtet sich von außen (Beobachter seiner selbst) während einer Situation oder Bewegung (objektive Visualisierung).
→ Visualisiert werden nur positive Ausgänge (keine Misserfolge, keine Fehlversuche).
→ Geübt wird die Vorstellungskraft anhand neutraler Ereignisse (»Stell dir deinen Lieblingsplatz vor. Was siehst du, was hörst du, was denkst du, was fühlst du, was riechst/schmeckst du dort?«).
→ Kinder sollten Schritt für Schritt an Visualisierungsübungen herangeführt werden.
→ Das Visualisieren muss oft und regelmäßig geübt werden. Bitte haben Sie Geduld mit Ihrem Kind, wenn es nicht auf Anhieb klappt.
→ Die Zeitdauer z.B. einer Bewegung soll etwa der Wirklichkeit entsprechen.

Anleitung

Setz dich oder leg dich locker und bequem hin. Mach es dir so bequem wie möglich und schließ deine Augen. Verändere solange deine Lage oder deine Haltung, bis du ganz bequem und ganz entspannt sitzt oder liegst.
Alles um dich herum ist jetzt völlig gleichgültig. Du musst jetzt überhaupt nichts leisten. Und vielleicht korrigierst du noch einmal deine Haltung, bis du dich ganz wohl fühlst.
Achte darauf, wo du Kontakt zu deiner Unterlage hast, an den Füßen, an den Unter- und Oberschenkeln, am Gesäß, am Rücken und an den Schultern. Vielleicht am Kopf, an den Armen und Händen.
Lass deine Gedanken kommen und gehen und hänge ihnen einfach nach.
Stell dir in Gedanken verschiedene Szenen/Situationen vor. Was siehst du? Was hörst du? Was fühlst du? Was riechst/schmeckst du? Versuche, die Bilder so wirklichkeitsnah wie möglich vor deinem inneren Auge erscheinen zu lassen. Als kleine Hilfestellung dazu kannst du zu diesen Szenen/Filmen z.B. Fotos aus Zeitschriften sammeln. Diese betrachtest du zum Visualisieren. Im zweiten Schritt übst du dann, ohne

die Fotos zu visualisieren. Beispiele für Szenen, die mit allen Sinnen visualisiert werden können:

- trabendes Pferd,
- vertrautes Haus oder Gebäude,
- knackende Äste,
- leuchtender Kürbis mit einem Stiel,
- feuchtes Laub am Boden,
- Brennesseln, die dich streifen,
- Eis auf der Zunge,
- salzige, leicht scharfe Chips auf der Zunge,
- saure Zitrone im Mund,
- nasse Kleidung,
- du im Wettkampf,
- Ort, an dem du dich wohlfühlst.
- Du liegst auf deinem Bett in deinem Zimmer und betrachtest die vertrauten Gegenstände und die Einrichtung deines Zimmers.

Und nun beende die Übung. Die Augen bleiben zunächst noch geschlossen. Atme durch die Nase ein und tief wieder aus. Stell dir dabei vor, wie du bei jedem Atemzug Kraft und Ruhe in dich aufnimmst, was immer du darunter verstehst – und wie du beim Ausatmen diese Kraft und Ruhe in deinen ganzen Körper strömen lässt. Nimm soviel Ruhe und Kraft in dich auf, wie es dir möglich ist.

Fange nun bei geschlossenen Augen an, deinen Körper zu bewegen, zuerst die Finger, die Hände ein paarmal kräftig zu Fäusten ballen und wieder öffnen und dabei tief weiteratmen. Dann bei geschlossenen Augen die Arme und Beine kräftig bewegen, beugen und strecken, recken und dehnen – und zum Schluss die Augen öffnen.

Mach dir bewusst, wo genau du bist, und lass dir nun Zeit, in deiner Gegenwart richtig anzukommen. Wenn du diese Vorstellungsübung im Liegen gemacht hast, so drehe dich bitte jetzt langsam auf die Seite und setz dich auf.

Mentales Training ist »Probehandeln«. Flugkapitäne zum Beispiel arbeiten sämtliche möglichen Vorkommnisse während eines Fluges im Vorfeld mental durch, um optimal auf alle Eventualitäten vorbereitet zu sein und so jederzeit adäquat, ohne Panik, handeln zu können. Sie rufen dann die vorher geistig durchdachten Arbeitsschritte ab und entlasten sich so gleichzeitig mental in einer schwierigen Situation. Vergleichbar ist dies mit einer Hochseilsicherung im Gebirge. Auf Wegen, die mit Seilen gesichert sind, fühle ich mich persönlich sicherer. Dies setzt aber voraus, dass eben vorher schon mal jemand da war, um den Weg zu prüfen, schwierige Stellen zu identifizieren und diese Sicherungen und Seile anzubringen!
Das alles ist auch auf die Welt der Kinder übertragbar, die sich so auf sportliche, schulische oder sonstige Leistungen vorbereiten können.

Zum imaginären Probehandeln gehört auf jeden Fall:

- Das **Aufschreiben** der einzelnen Punkte auf ein Blatt Papier – in der Reihenfolge, die im »Ernstfall« nötig ist.
- Das **Auswendiglernen** dieser Punkte wie bei einem Gedicht.
- Das **entspannte Hinsetzen**, um sich mental in die Situation (in der Schule, im Wettkampf ...) zu versetzen und sie durchzuspielen (nach Eberspächer 2004, S. 77).

Das Drehbuch

Oft nehmen wir uns vor, eine Handlung oder eine Bewegung endlich einmal anders zu machen, und scheitern an diesem Punkt immer wieder daran, dass uns erlernte Handlungsmuster einen Strich durch die Rechnung machen. Hier hilft es, selbst zum Autor seines persönlichen »inneren Drehbuchs« zu werden und damit z.B. eine optimierte Bewegungsausführung abrufen zu können. So kann sich das Kind etwa auf kritische Wettkampfsituationen vorbereiten oder ein optimales Verhalten in bestimmten Situationen trainieren. Das innere Drehbuch berücksichtigt auch innere Prozesse, die sich im Kind abspielen. Sich beim Meistern einer schwierigen Lernphase oder Prüfung zu sehen und sich vorzustellen, wie es sich anfühlt, die Situation bewältigt zu haben, hilft. Wir können auch Varianten in Gedanken durchspielen. Fehler, die das Kind eventuell in der Realität macht, finden im Kopfkino nicht statt. Das präzise Drehbuch wird mündlich und schriftlich verfasst.

Anleitung

Beschreibe präzise die Ausführung der Bewegung/ Handlung mit möglichst vielen Sinnen und in der richtigen Reihenfolge. Wenn möglich, schreibe das Drehbuch am PC. So kannst du später leichter und schneller Korrekturen anbringen und Ergänzungen vornehmen.

Lerne dein Drehbuch auswendig. Sag es auf. Erzähle es Dritten, z.B. deinen Eltern oder deinem Trainer. Verinnerliche es.

Wichtigster Schritt: Setz dich entspannt hin und spiele mental die Situation/Handlung durch. Das Drehbuch muss »technisch« richtig sein, darf z.B. keine zeitlichen Sprünge beinhalten – beschreibe nacheinander alle nötigen Schritte, denke genau nach. Das Drehbuch ist in der Ich-Form verfasst, handelt vor allem von den Empfindungen, Gefühlen, Gedanken, die du in der Hauptrolle durchlebst.

Hinweise zum Drehbuch:

- Der erste Bewegungsplan ist immer eine Rohfassung. Mir ist ein solcher Plan noch nie aufs erste Mal gelungen. Das Drehbuch daher in den ersten Wochen weiter optimieren.
- Eigene Worte und Formulierungen verwenden.
- Gegenwartsform verwenden.
- Formulierung ohne »nicht« oder »kein«, ohne Verneinungen.
- Positive Formulierungen verwenden.
- Üben, üben, üben – und das gezielt, oft und regelmäßig.
- Das Vorstellungstraining im Sport fest in den Trainingsplan einbauen.

Beispiel Drehbuch

***Der Tennisspieler** (aus Eberspächer 7. Auflage 2007, S. 84–85)*

»Mit einem Tennisprofi habe ich gemeinsam ein Drehbuch für seine Pausengestaltung beim Seitenwechsel entwickelt. Diese Pause dauert eine Minute und muss im Sinne einer effektiven Regeneration optimal genutzt werden. Er hält sich daher an folgenden Ablauf:

1. Hinsetzen, durchatmen.

2. Abtrocknen.

3. Trinken und essen.

4. Schlägerkontrolle und -auswahl.

5. Handtuch über den Kopf, sich zwei-, dreimal auf die Ausatmung konzentrieren (Entspannung!).

6. Aufstehen, anspannen, Selbstgespräch auf Mobilisation und nächste Bewegungsabläufe richten.«

Der imaginäre Schutzraum

Sie alle können sich selbst in einen **imaginären Schutzraum** hineindenken. Sie finden dort genau das, was sie jetzt benötigen – einen Ort der Ruhe und Sicherheit oder einen Ort, um sich mit neuer Energie zu versorgen.

Anleitung:

Geh in einen Entspannungszustand, z.B. über die Atmung. Atme gleichmäßig durch die Nase ein und durch den leicht geöffneten Mund aus. Werde ganz ruhig. Visualisiere für dich einen schöneren, sicheren Raum. Stell dir vor, wie du sanft eingeschlossen wirst von einem unsichtbaren, dichten Schutzmantel. Dieser kann auch die Form einer Glasglocke, eines Schutzanzugs, einer Luftblase, einer Hülle oder Zwiebel haben.

Wenn der Raum eine Farbe hätte, welche Farbe hat er dann?

Und wenn zur Farbe ein Licht passen würde, welches Licht wäre das dann?

Und wenn zu der Farbe und dem Licht ein Klang passen würde, wie klingt dann der Raum?

Und wenn zu der Farbe, dem Licht und dem Klang ein Geruch passen würde, welcher Geruch ist das – und welcher Geschmack?

Und wenn du dir die Farbe, das Licht, den Klang, den Geruch und Geschmack noch einmal ganz intensiv vergegenwärtigst, dann erlebst du auch ganz intensiv das Gefühl, das dazugehört.

Ist dieses Gefühl im ganzen Körper gleichmäßig zu spüren, oder gibt es einen Bereich, wo es besonders intensiv ist? Wenn ja, berühre diesen Bereich und verankere es auf diese Art und Weise.

Lass deinen Körper und Raum ganz erfüllen und umhüllen von dem eben Erlebten.

Fülle den Raum mit genau der Atmosphäre, die du jetzt gerade brauchst, um z.B. konzentriert, erfolgreich und effektiv arbeiten zu können.

Gestalte die Atmosphäre in deinem inneren Raum so, dass nur die Informationen und Gefühle von außen, z.B. vom Trainer, Freund/in, Geschwistern, Eltern bei dir ankommen, die du an dich herankommen lassen willst, und dass alles ferngehalten wird, was draußen bleiben soll.

Der Erfolgsfilm

Anleitung

Sitze entspannt oder liege bequem an einem ungestörten Platz, schließe deine Augen. Und geh in dein inneres Kopfkino. In deinem Erfolgsfilm bist du der Hauptdarsteller. Du siehst deinen Erfolgsfilm in Farbe und mit Ton (vielleicht hörst du sogar Musik!). In diesem Film siehst du dich selbst, wie du deine Bewegungen perfekt ausführst, einen klasse Wettkampf hinlegst, begnadet ein Instrument vorspielst oder eine Prüfung richtig erfolgreich meisterst. Du siehst, wie du jeden Schritt perfekt ausführst, in der richtigen Reihenfolge. Du hörst, was du sagst oder andere zu dir sagen (dich loben, anfeuern, dir gratulieren ...). Was du denkst (Positives, Ermunterndes, Bestärkendes). Wie du dich fühlst und was du tust. Du entscheidest, welche Fähigkeiten du in deinem Film einsetzt. Nimm dir die Zeit, die du brauchst, um deinen Film so zu entwickeln, dass du ganz zufrieden bist. Genieße den Film dann in vollen Zügen. Am Ende des Films gibt es natürlich ein Happy End, du erreichst, was du wolltest, und fühlst dich großartig beim Betrachten der letzten Sequenzen. Dann komm wieder ins Hier und Jetzt zurück.

Schutzraum

Beispiele für die Notwendigkeit eines imaginären Schutzraumes

Thomas hat vier Geschwister, und wenn er sich auf seine Hausaufgaben konzentrieren will, muss er sich schon was einfallen lassen, denn es ist immer turbulent im Haus.

Sarah will einfach nicht mehr hören, wie sich ihre Eltern und die größere Schwester jedes Wochenende lauthals um Ausgehzeiten und Klamotten streiten.

Angela braucht Ruhe, um sich mit ihrem Pferd auf das Turnier vorzubereiten.

Nimm in Gedanken deinen »Schutzmantel«, deine große Blase oder Glocke voll und ganz wahr und höre die Stimmen von außen, spüre Gefühle und Informationen, die von außen auf dich einwirken. Spüre nach, was sich verändert hat!?
Erledige so erst im Kopf deine Aufgaben.
Schaffe dir künftig in solchen Situationen immer einen imaginären Schutzraum.

New Behaviour Generator

Beim NBG (»New Behaviour Generator«) geht es um die mentale Vorbereitung von Verhaltensweisen und um die Optimierung von Verhalten und Können. Mit diesem Format kann das Kind oder der Jugendliche erfolgreich mental auf anstehende Herausforderungen wie Prüfungen vorbereitet werden. Die mentale Technik wird in vielen Bereichen wie Sport, Schule, fürs Präsentieren, Vortragen etc. eingesetzt.
Nutzen: Ressourcenmobilisierung, Verstärken eigener Ressourcen; mentale Sicherheit in neuem Verhalten

Anleitung:

1. Was möchtest du erreichen können? Worauf willst du dich mental vorbereiten? Welches neue Verhalten möchtest du zeigen können? Was möchtest du gerne tun können? Welche Fähigkeit möchtest du besitzen? Das kann der Beginn eines Referats sein, das souveräne Präsentieren einer Arbeit, der Start eines Wettkampfes.

2. Werde der Regisseur deines Traumes. Drehe vor deinem geistigen Auge einen Film davon, wie du genau dies perfekt machst! Betrachte den Film von außen, so als würdest du dich auf einer Leinwand sehen, wie ein Zuschauer im Kino. Hört es sich gut an, sieht es gut aus? Du kannst Einstellungen jeder-

zeit wiederholen (auch mit anderen Darstellern, Bühnenbildern etc.). Wenn die Szene optimal im Kasten ist, geht es weiter.

3. Verlass den Regiestuhl und gehe (assoziiert) in die Szene hinein und schlüpfe in eine von dir selbst arrangierte Rolle. Spiele die Situation, die du erfolgreich meistern willst, durch. Wie fühlt sich das an? Wenn du unzufrieden bist, muss eine Einstellung wiederholt werden. Geh dann noch einmal zu Schritt 2 und verändere den Film.
4. Wiederhole diesen Film sieben Mal. Erlebe ihn mit allen in dir aufkommenden Gefühlen mit.

9.2 Visualisieren von sportlichen Bewegungen: »Ideomotorisches Training« bzw. Mentales Training

Neue Bewegungsabläufe oder solche, mit denen das Kind Schwierigkeiten hat, z.B. im Sport, gelingen besser, wenn sie regelmäßig vor der eigentlichen Ausführung visualisiert werden. Hier macht sich der Sportler den sogenannten Carpenter-Effekt zunutze. Allerdings ersetzt der Carpenter-Effekt nicht das Üben oder das Training!

Kinder, die regelmäßig eine Sportart trainieren oder gerade eine erlernen, sollten die Methode des ideomotorischen Trainings einmal ausprobieren. Der Ablauf besteht aus fünf Schritten:

1. Instruktionen/Anleitungen
2. eigene Beschreibung des Bewegungs-/ Handlungsablaufs (Drehbuch, Skript)
3. Internalisierung, Verinnerlichung
4. Knotenpunkte festlegen
5. Symbolisch markieren.

Instruktion

Am Anfang steht die Instruktion, zum Beispiel die Anleitung für den Bewegungsrhythmus eines Golfers beim Abschlag oder den Abschlag des Pucks beim Eishockeyspielen.

Carpenter-Effekt

*Der **Carpenter-Effekt** (auch: ideomotorisches Gesetz) beschreibt die Beobachtung, dass intensiv vorgestellte und tatsächlich durchgeführte Bewegungen die gleiche Wirkung auf unsere Muskeln haben. **Muskeln, die man in Gedanken benutzt, werden auch effektiv trainiert.** Dieser Effekt wurde erstmals im Jahr 1852 von dem englischen Naturwissenschaftler William Benjamin Carpenter beschrieben. Untersuchungen mit elektrophysiologischen Methoden und Superzeitlupenaufnahmen haben dieses ideomotorische Prinzip bestätigt.*

So beschreibt zum Beispiel Tiger Woods in seinem Buch »So spiele ich« seinen Griff: »Genau so, wie ich es hier zeige [es ist ein Bild zu sehen], verläuft der Schlägergriff in meiner linken Hand. [...] Wenn ich den Schläger, nur mit der linken Hand gegriffen, in die Ansprechposition bringe, sollte mein Daumen ein wenig nach rechts am Schaft anliegen und nicht genau oben darauf. Das vom rechten Daumen und dem Zeigefinger gebildete V weist, wenn ich alles richtig gemacht habe, ziemlich genau auf mein rechtes Ohr« (Woods 2006, S. 102).

Diese Instruktion kann aus Büchern (wie eben dem von Tiger Woods) oder auch vom Trainer kommen. Im Idealfall wird sich die Instruktion sprachlich und fachlich an die kognitiven Voraussetzungen des Kindes anpassen. Gute Instruktionen lassen sich sofort umsetzen.

Eigene Beschreibung

Mit geschlossenen Augen werden alle wesentlichen Punkte und Details des Bewegungsablaufs (angestrebte Technik, Körperhaltung, Schlägerhaltung, Flugbahn des Golfballs, innere eigene Empfindungen, Reihenfolge, Geräusche, Gerüche, Bewegungsgefühle) unter Berücksichtigung der eigenen Fähigkeiten beschrieben, laut vorgesprochen und schriftlich auf einem Blatt Papier oder in ein Dokument am PC fixiert. In der Reihenfolge, in der die Bewegung ausgeführt wird.

Fragen: Was genau siehst du an? Was spürst du wo? Wie fühlt sich das an? Es fühlt sich an wie ...? Was hörst du? Wann ist die Hand wo, der Blick ...? Wohin verlagert sich dein Gewicht? Was ist mit der Körperspannung?

Hinweise:

- Individuelle Sicht und Bewegungsbeschreibung mit möglichst vielen Sinnen.
- Auf Ausführlichkeit achten.
- Einen Erwachsenen, einen Freund, den Trainer bitten, den Plan zu überprüfen. So werden eventuelle »Filmrisse« und fehlende Details deutlich.
- Hier keine Modelle oder Vorbilder verwenden.

Bewegungsbeschreibung durch Videoaufnahmen differenzieren

Verwende Videoaufnahmen, auch in Slow Motion, zur Optimierung.

Internalisierung

Anleitung

Lass deinen Bewegungsplan vom Trainer überprüfen, ob du die Instruktionen richtig aufgenommen und verstanden hast. Nach Absegnung durch den Trainer beschreibe deine eigene Handlung laut, leise oder nur innerlich hörbar und mental (= subvokal). Lerne den Bewegungsplan und damit den richtigen Bewegungsablauf auswendig. Vergegenwärtige und visualisiere den Bewegungsablauf (subjektive Visualisierung).

Knotenpunkte

Anleitung

Da der Bewegungsplan für die Praxis zu lang ist, erarbeite dir Knotenpunkte und reduziere deine Beschreibung auf die wesentlichen Knotenpunkte (= wichtigste Schlüsselstellen der Bewegung, z.B. Rückschwung im Golf). **Erarbeite die Festlegung der Knotenpunkte** selbst. Greife dabei keine Vision aus Büchern, Unterlagen oder vom Profi auf. Gib den Schlüsselstellen einen Titel, eine Überschrift oder markiere diese durch eine Kurzformel. Suche für jeden Knotenpunkt ein Symbol oder eine Metapher.

Spiele diese Knotenpunkte mental durch, indem du sie leise vorsprichst und visualisierst. Spüre den Knotenpunkten nach – Was fühlst du? Spannungen?

Energien? Benenne das Bewegungsgefühl (Fokus, Energie, Flow, Tunnelblick, noch weiter, Sicherheit) dazu.

Schreibe die Knotenpunkte wieder auf und **lerne sie auswendig**.

Beachte: Die Knotenpunkte können sich durch deine sportliche Entwicklung ändern. Überprüfe daher immer mal wieder deinen Bewegungsplan und die Knotenpunkte.

Die Schlagworte rhythmisieren

Die Schlagworte werden rhythmisch so ausgesprochen, dass sie dem zeitlichen Ablauf der Bewegung entsprechen. Gleichzeitig stellst du dir die Bewegung vor. Wichtig: Führe diese Übung so lange durch, bis die geistige Vorstellung zeitlich genauso lange dauert wie die tatsächliche Ausführung.

Praktische Ausführung

Eine Kombination von mentalem und praktischem Training hat sich sehr bewährt (Eberspächer 1995, Seiler/Stock 1994, S. 140).

Voraussetzungen für die praktische Durchführung:

- Entspannungszustand
- Eigenerfahrung
- Formulierung in der Ich-Perspektive
- Lebhaftes Sich-Vorstellen. Bloßes »Drandenken« reicht nicht aus. Zum mentalen Training braucht es Ruhe und Aufnahmefähigkeit, um die Ressourcen nutzen zu können.

10 Worte zum Schluss

Liebe Leser und Leserinnen,

die meisten von Ihnen werden Eltern, Trainer, Pädagogen, Lehrer oder Menschen sein, die mit Kindern arbeiten bzw. eigene Kinder haben. Vielleicht sind Sie auch aktive Großeltern, die sich viel mit Ihren Enkeln beschäftigen. Danke für Ihr Interesse daran, Kinder mental zu stärken.

Seien Sie oder Ihr Kind bitte nicht ungeduldig. Ich kenne diese Ungeduld, und ich kann sie verstehen. Man möchte das Neue gleich anwenden, und es soll, bitteschön, auch sofort funktionieren! Wenn Sie nach der Lektüre dieses Buches erwarten, dass alle mentalen Probleme der Kinder wie weggeblasen sind, möchte ich Ihnen Folgendes mit auf den Weg geben: Es geht mal schneller und mal langsamer. Jeder Mensch ist einzigartig und durchläuft Veränderungen in seinem eigenen Tempo. Das Gehirn funktioniert wie ein Muskel. Wer ins Fitnessstudio geht, hat auch nicht gleich nach drei Stunden Training Muskeln wie Arnold Schwarzenegger oder eine Kondition wie ein Marathonläufer. Alles braucht seine Zeit.

Geben Sie sich, geben Sie den Kindern Zeit! Diese können Sie gemeinsam genießen und sich über jeden kleinen Schritt freuen. Stufe für Stufe klettert Ihr Kind hinauf zu mentaler und emotionaler Stärke, zu Selbstvertrauen und Mut.

Und: Bitte bewerten und verurteilen Sie Kinder nicht. Kinder sind Geschenke.

Die zukünftige mentale Beständigkeit Ihrer Kinder wird sich im Sport, in der Schule, beim Lernen eines Instruments, bei allen anspruchsvolleren Aktivitäten, in der Freizeit und im Alltag allgemein bemerkbar machen. Der Weg lohnt sich. Und doch heißt es auch an diesem Punkt: Mentales Training muss geübt und regelmäßig angewendet werden. Unterstützen Sie Ihr Kind darin, mentales Training ganz selbstverständlich in den Alltag einzubauen. Davon profitieren auch Sie selbst!

Individuelle Aspekte können in einem Buch nie berücksichtigt werden. Ein Buch ersetzt auch kein persönliches Coaching- oder Therapie-Gespräch bzw. den Besuch eines Seminars und schon gar nicht eine Ausbildung. Vielleicht haben die Inhalte und Übungen Ihr Interesse geweckt, im eigenen Interesse oder im Interesse Ihres Kindes intensiver mit einem Kinder-Mentaltrainer oder Lerncoach zusammenzuarbeiten oder mit mir in Kontakt zu treten.

Ich freue mich über Feedback und Anregungen zu diesem Buch.
Schreiben Sie mir gerne eine Email, wenn Sie mir etwas mitteilen oder Feedback geben möchten, Stichwort: »Mein Kind kann's«.

Danke an alle Leser für die Unterstützung der Kinder. Viel Spaß dabei, Ihr Kind auf seiner »Reise« zu mehr persönlichem Erfolg und Zufriedenheit zu begleiten, wünscht Ihnen

Antje Heimsoeth
info@sportnlpacademy.de

Danksagung

Danke für die vielen Impulse durch Lehrer, Trainer, Eltern, Sportler, Kinder und Jugendliche, die mir ihr hundertprozentiges Vertrauen geschenkt haben, und durch die vielen Teilnehmer der von mir an meinem Institut angebotenen Ausbildungen, u.a. zum Kinder- und Jugendmentalcoach. Danke, dass ich mit Euch lernen und wachsen darf. All meine Erfahrungen und eben diese Impulse, all meine Recherchen und das Wissen aus Ausbildungen, die ich bei Kollegen absolviert habe, bringe ich in meine Arbeit ein.

Ich lerne von und mit den Kindern. In der Begleitung von diesen.
Besonderen Dank an Elisabeth Sennhenn, deren Unterstützung mir bei der Fertigstellung dieses Buches eine große Hilfe war.

Rosenheim, im Januar 2013
Antje Heimsoeth

11 Anhang

Stärkenstrauß

12 Literatur

- Baisch-Zimmer, Saskia; Petrig, Gabriele A.: Kindermentaltraining – Kinder für das Leben stärken, 2001, Beltz Verlag, Weinheim und Basel
- Bandura, Albert: Self Efficacy – The Exercise of Control, 1997, Palgrave Macmillan, Hampshire
- Bauer, Christiane; Hehemann, Thomas: Ich schaff's – cool ans Ziel. Das lösungsorientierte Programm für die Arbeit mit Jugendlichen, 2008, Carl Auer Verlag, Heidelberg
- Baumann, Sigurd: Psyche in Form. Sportpsychologie auf einen Blick, 2011, Meyer & Meyer, Aachen
- Besser-Siegmund, Cora: Mentales Training – Das Praxisbuch, 1998, Südwest Verlag, München
- Birkenbihl, Vera: Stroh im Kopf? Vom Gehirn-Besitzer zum Gehirn-Benutzer, 47. Auflage 2007, MVG Verlag, Heidelberg
- Branden, Nathaniel: Die 6 Säulen des Selbstwertgefühls. Erfolgreich und zufrieden durch ein starkes Selbst, 2. Aufl. 2011, Piper, München
- Caby, Filip; Caby, Andrea: Die kleine Psychotherapeutische Schatzkiste. Tipps und Tricks für kleine und große Probleme vom Kindes – bis zum Erwachsenenalter, 2. Auflage 2011, Borgmann Media/Verlag modernes Lernen, Dortmund
- Caby, Filip; Caby, Andrea: Die kleine Psychotherapeutische Schatzkiste – Teil 2. Weitere

systemisch-lösungsorientierte Interventionen für die Arbeit mit Kindern, Jugendlichen, Erwachsenen oder Familien, 2011, Borgmann Media/Verlag modernes Lernen, Dortmund
- Csikszentmihalyi, Mihaly: Dem Sinn des Lebens eine Zukunft geben, 1995, Klett-Cotta, Stuttgart
- Csikszentmihalyi, Mihaly; Jackson, Susan: Flow im Sport, 2000, BLV Verlagsgesellschaft, München
- Covey, Stephen R.: Die 7 Wege zur Effektivität. Prinzipien für persönlichen und beruflichen Erfolg, 3. Aufl. 2011, Gabal, Offenbach
- Covey, Sean: Die 7 Wege zur Effektivität für Jugendliche. Ein Wegweiser für mehr Erfolg, 3. Aufl. 2007, Gabal, Offenbach
- Dürckheim, K.-G.: Übung des Leibes, 1981, Martin Lurz Verlag, München
- Eberspächer, Hans: Sportpsychologie. Grundlagen, Methoden, Analysen, 1987, Rowohlt, Hamburg
- Eberspächer, Hans: Gut sein, wenn's drauf ankommt. Die Psycho-Logik des Gelingens, 2004 und 2008, Hanser, München/Wien
- Eberspächer, Hans: Mentales Training. Das Handbuch für Trainer und Sportler, 2007, Copress Sport, München
- Edlinger, Heidrun; Hascher, Tina: Von der Stimmungs- zur Unterrichtsforschung: Überlegungen zur Wirksamkeit von Emotionen auf schulisches Lernen und Leisten, 2008, Zeitschrift Unterrichtswissenschaft, 36 (1), Juventa Verlag, Weinheim
- Engbert, Kai et al.: Mentales Training im Leistungssport – ein Übungsbuch für den Schüler- und Jugendbereich, 2011, Neuer Sportverlag, Stuttgart
- Fatzer, Gerhard: Ganzheitliches Lernen, 1998, Junfermann Verlag, Paderborn
- Frädrich, Stefan: Günter, der innere Schweinehund für Schüler – Ein tierisches Motivationsbuch, 2006, Gabal, Offenbach
- Franke, Rainer; Franke, Regina: Sorgenfrei in Minuten, 2005, Integral Verlag, München
- Friedrich, Sabine; Friebel, Volker: Entspannung für Kinder. Stress abbauen. Konzentration fördern, 2002/2011, Rowohlt
- Furman, Ben: Ich schaff's! Spielerisch und praktisch Lösungen mit Kindern finden – das 15-Schritte-Programm für Eltern, Erzieher und Therapeuten. 4. Aufl. 2011, Heidelberg
- Goleman, Daniel: Emotionale Intellingenz, 2011, Deutscher Taschenbuch Verlag, München
- Gürtler, Helga: Kinderärger, Elternsorgen, 1989, Ravensburger Buchverlag, Ravensburg
- Grawe, Klaus: Neuropsychotherapie, 2004, Hogrefe Verlag, Göttingen
- Havener, Thorsten Dr. med.; Spitzbart, Michael: Denken Sie nicht an einen blauen Elefanten! Die Macht der Gedanken, 2010, Rowohlt Taschenbuch Verlag, Reinbek bei Hamburg
- Häcker, Hartmut; Stapf, Kurt-Herrmann: Psychologisches Wörterbuch, 2004, Huber Verlag, Bern
- Heimsoeth, Antje: Mental-Training für Reiter, 2008, Müller Rüschlikon, Stuttgart
- Heimsoeth, Antje: Golf Mental, 2012, Pietsch Verlag
- Hoffmann, Marion: Muckis und Köpfchen – Kinesiologische Übungen und Tipps für gestresste Kids, 2008, Oesch Verlag, Zürich
- Honkanen-Schoberth, Paula: Starke Kinder brauchen starke Eltern, Elternkurs des deutschen Kinderschutzbundes, 2002, Urania Verlag, Stuttgart
- Kahn, Oliver: Du packst es! Wie du schaffst, was du willst, 2010, Pendo Verlag, München
- Käppeli, Marco; Traber, Lukas: Mentales Training – besser konzentrieren in der Schule, Diplomarbeit, 2003, Grin Verlag (Books on Demand), Norderstedt

- Klein, Stefan: Die Glücksformel oder Wie die guten Gefühle entstehen, 2002, Rowohlt, Reinbek bei Hamburg
- Kleinbeck, U.: Handlungsziele. In: Heckhausen, J.; Heckhausen, H. (Hrsg.), Motivation und Handeln, 3. Aufl.2006, Springer Verlag, Heidelberg, S. 255–275
- Knörzer, Wolfgang et al.: Mentale Stärke entwickeln – das Heidelberger Kompetenztraining in der schulischen Praxis, 2011, Beltz Verlag, Weinheim und Basel
- Koneberg, Ludwig; Förder, Gabriele: Kinesiologie für Kinder, Neuausgabe 2000, Gräfe und Unzer Verlag, München
- Komarek, Iris: Ich lern einfach. Das NLP-Programm für effektive Lerntechniken, 2010, Südwest Verlag, München
- Lötscher-Gugler, Hedy: Lernen mit Zauberkraft. NLP für Kinder, 2000, Walter Verlag, Düsseldorf
- Linz, Lothar: Erfolgreiches Teamcoaching, 2004, Meyer & Meyer, Aachen
- Long, Aljoscha; Schweppe, Ronald P.: NLP macht Kinder stark. Magische Tricks bei Ängsten, Mobbing und Schulproblemen, 2011, Südwest Verlag, München
- Lusch, Christian et al.: Ich will nach Athen – Vorsprung durch EQ-Training, 2004, Team 4 Verlag, Baden-Baden
- Müller, Gabriele: Systemisches Coaching im Management, 2003, Beltz Verlag, Weinheim
- Müller-Wohlfahrt, Hans-Wilhelm; Ueblacker, Peter; Hänsel, Lutz: Muskelverletzungen im Sport, 2010, Thieme Verlag, Stuttgart
- Nelsen, Jane: Positive Discipline, 2006, Ballantine Books, New York
- Nerius, Steffi; Himmelrath, Armin: Der ganz große Wurf – Mentale Strategien einer Weltmeisterin im Alltag nutzen, 2001, Patmos Verlag der Schwabenverlag AG, Ostfildern
- Quernheim, German: Nicht ärgern, ändern! 2010, Springer, Berlin Heidelberg
- Otto, J.; Euler, H. A.; Mandl, H.: Begriffsbestimmungen. In: Otto, J.; Euler, H. A.; Euler; Mandl, H. (Hrsg.): Handbuch Emotionspsychologie, 2000, Beltz, PsychologieVerlagsUnion, Weinheim, S. 11–18
- Regner, Michael: Erfolgstraining – Mentale und körperliche Vorbereitung sportlicher Höchstleistungen, 1991, Falken Verlag, Niedernhausen
- Rodner, Manuela; Greine, Rita: Die Haltung macht's! Kinder brauchen Sie – Wege aus dem Konzeptdschungel, 2012, Cornelsen, Berlin
- Rogge, Jan-Uwe: Von wegen aufgeklärt! Sexualität bei Kindern und Jugendlichen, 2008, Rowohlt Taschenbuch Verlag, Reinbek bei Hamburg
- Rogge, Jan-Uwe: Kinder können Fernsehen – vom sinnvollen Umgang mit dem Medium, 1995, Rowohlt Taschenbuch Verlag, Reinbek bei Hamburg
- Rogge, Jan-Uwe; Mähler, Bettina: Lauter starke Jungen – Ein Buch für Eltern, 2003, Rowohlt Taschenbuch Verlag, Reinbek bei Hamburg
- Rogge, Jan-Uwe: Der große Erziehungsberater, 2005, Rowohlt Taschenbuch Verlag, Reinbek bei Hamburg
- Rogge, Jan-Uwe: Ohne Chaos geht es nicht – 13 Überlebenstipps für Familien, 2001, Rowohlt Taschenbuch Verlag, Reinbek bei Hamburg
- Roth, Gerhard: Fühlen, Denken, Handeln – Die neurobiologischen Grundlagen des menschlichen Verhaltens, 2001, Suhrkamp Verlag, Frankfurt am Main
- Rupp, Robert: Das Heidelberger Kompetenztraining (HKT) zur Entwicklung mentaler Stärke: Eine theoretische Fundierung des Modells auf der Basis der Konsistenztheorie Grawes, 2010, Grin Verlag (Google Ebook)
- Sander, Constantin: Jenseits von ›Tschakka!‹ und Incentives, in: Kommunikation & Seminar,

4/2012, S. 10
- Schachinger, Helga E.: Das Selbst, die Selbsterkenntnis und das Gefühl für den eigenen Wert, 2. Aufl. 2005, Huber Verlag, Bern
- Schenk-Danzinger, Lotte: Entwicklungspsychologie, 1995, Österreichischer Bundesverlag, Wien
- Schick, Klaus H. (Hrsg.): NLP & Rechtschreibtherapie, 2004, Junfermann Verlag, Paderborn
- Schlarb, Angelika: Praxisbuch KVT mit Kindern und Jugendlichen: Störungsspezifische Strategien und Leitfäden, 2012, Beltz, Weinheim und Basel
- Schlarb, Angelika; Stavemann, Harlich: Einführung in die KVT mit Kindern und Jugendlichen. Grundlagen und Methodik, 2011, Beltz, Weinheim und Basel
- Sit, Michaela: Sicher, stark und mutig. Kinder lernen Resilienz, 2012, Kreuz Verlag, Freiburg
- Spitzer, Manfred, Prof.: Lernen – Gehirnforschung und die Schule des Lebens, 2006 und Nachdruck 2012, Spektrum Akademischer Verlag, Heidelberg
- Spitzer, Manfred Prof.; Herschkowitz, Norbert: Wie Kinder denken lernen. CD-Sonderausgabe mit vier Hörbüchern (aus den vier Hörbüchern: Wie Babys lernen: Das 1. Jahr; Hallo Onkel Papa: Das 2. Jahr; Wie kleine Kinder lernen: von 3 bis 6 Jahren; Warum Lernen Spaß macht: von 7 bis 12 Jahren), 2010, Galila, Etsdorf am Kamp
- Spitzer, Manfred Prof.; Herschkowitz, Norbert: Pubertät ist, wenn Eltern seltsam werden, Audio-CD, 2009, Galila, Etsdorf am Kamp
- Städtler, Thomas: Lexikon der Psychologie, 1998, Kröner Verlag, Stuttgart
- Storch, Maja; Riedener, Astrid: Ich pack's! Selbstmanagement für Jugendliche, 2009, Verlag Hans Huber, Bern
- Storch, Maja: Mottoziele, S.M.A.R.T.-Ziele und Motivation, in: Birgmeier, Bernd (Hrsg.): Coachingwissen. Denn sie wissen nicht, was sie tun?, 2009, VS Verlag für Sozialwissenschaften/ GWV Fachverlage GmbH, Wiesbaden
- Storch, Maja; Cantieni, Benita; Hüther Gerald; Tschacher, Wolfgang: Embodiment. Die Wechselwirkung von Körper und Psyche verstehen und nutzen, 2006, 2. überarb. Aufl. 2010, Huber Verlag, Bern
- Terry, Peter: Mental zum Sieg, 1990, BLV Verlagsgesellschaft, München
- Vogt, Manfred; Caby, Filip: Ressourcenorientierte Gruppentherapie mit Kindern und Jugendlichen, 2010, Borgmann, Dortmund
- Ines von Witzleben; Schwarz, Aljoscha A.: Endlich frei von Angst, 2004, GU, München
- Wustmann, C.: Resilienz: Widerstandsfähigkeit von Kindern in Tageseinrichtungen fördern. Beiträge zur Bildungsqualität, 2004, Beltz, Weinheim
- Wustmann, C.: Die Blickrichtung der neueren Resilienzforschung. In: Zeitschrift für Pädagogik, Heft 2, 2005, S. 192–206
- Zimmer, Katharina: Widerstandsfähig und selbstbewusst – Kinder stark machen fürs Leben, 2005, Deutscher Taschenbuch Verlag, München

Weitere Quellen, Fußnoten

Hinweis:
Die u.g. Internetadressen wurden, soweit nicht anders angegeben, im Dezember 2012 und Januar 2013 aufgerufen. Die Quellen aus dem Internet wurden nach bestem Wissen und Gewissen angegeben. Änderungen von Online-Inhalten sind im Zeitverlauf möglich; es wird keine Gewähr übernommen.

Kapitel 1: Einführung

(1), (2), (3): vgl. www.wissen.de
(4) Elefanten-Kindergesundheitsstudie 2011/2012 zur Situation der Kindergesundheit in Deutschland. Projekt von Elefanten Kinderschuhe in Zusammenarbeit mit dem Deutschen

Kinderschutzbund, durchgeführt vom Prosoz Institut für Sozialforschung, August 2012. Autoren: Beisenkamp, Anja et al., RDN Verlags GmbH & Co. KG, Recklinghausen.

Weitere:
http://arbeitsblaetter.stangl-taller.at/KOMMUNIKATION/gewaltfreie-kommunikation-rosenberg.shtml
http://methodenpool.uni-koeln.de/download/fantasiereise.pdf
Eckers, Dagmar, 2003, PsychotherapeutenFORUM, 1/2003

Kapitel 3: Zielsetzung und Motivation

(1) http://lexikon.stangl.eu/1378/priming/
(2) Focus Schule, 1/2012, S. 14
(3) Gage, Nathaniel Lees; Berliner, David Charles Bach, in: Gerhard (Hrsg.): Pädagogische Psychologie, 5. Aufl., 1996, Beltz, Weinheim, S. 347, als Google E-Book:
http://books.google.de/books/about/P%C3%A4dagogische_Psychologie.html?hl=de&id=Ytsu6RuGwO4C
(4) http://www.psych.uni-potsdam.de/people/rheinberg/files/Intrinsische-Motivation.pdf
(5)http://www.paed.edu.tum.de/fileadmin/tueds02/www/pdfs/lehrveranstaltungen/grundlagen_der_didaktik/d1k3arbeitstextemotivation.pdf
(6) http://www.elternwissen.com/lerntipps/motivation/art/tipp/jungen-zum-lernen-motivieren.html
(7) http://www.gute-schulen.de/guteschulen/motivation/zerstoerungintrinsischermotivation/index.html sowie
http://www.paed.edu.tum.de/fileadmin/tueds02/www/pdfs/lehrveranstaltungen/grundlagen_der_didaktik/d1k3arbeitstextemotivation.pdf
(8) http://www.sueddeutsche.de/wissen/motivation-von-kinderloben-lernen-1.3831
(9) http://www.elternwissen.com/erziehung-entwicklung/pubertaet-und-erziehung/art/tipp/tipps-fuer-mehr-motivation-in-der-pubertaet.html
(10) http://tirol.owr.at/uploads/Sportpsychologie%20Draxler%202005.pdf

Weitere:
http://www.praxis-jugendarbeit.de/jugendleiter-schulung/motivation.htm
http://www.sportprogesundheit.de/de/sport-und-gesundheit/lexikon/lexikon-details/lexikon_begriff/100/
(aufgerufen am 16.01.2013)

Kapitel 4: Entspannung

(1) http://www.coaching-zone.net/faktoren/faktoren_aktivierung/
(2) http://www.ergotipps.de/11-schritte-zur-entspannung-bei-kindern

Weitere:
http://www.ellviva.de/Gesundheit/Bauchatmung-Entspannung.html
http://www.sportprogesundheit.de/de/sport-und-gesundheit/lexikon/lexikon-details/lexikon_begriff/100/
(aufgerufen am 16.01.2013)

Kapitel 5: Emotionen

(1) http://www.uni-kassel.de/fb4/psychologie/personal/euler/BegriffsbestimmungenEmotion.pdf
(2) Klusmann, Dietrich, Dr. phil.: Warum gibt es Gefühle? Eine Einführung in die Evolutionspsychologie, unveröffentlichtes Manuskript, 1999, Hamburg Quelle: http://zpm.uke.uni-hamburg.de/WebPdf/evopsych.pdf
(3) http://arbeitsblaetter.stangl-taller.at/EMOTION/EmotionEntwicklung.shtml
(4)http://www.wilhelm-wagener-schule.de/wp-content/uploads/2011/07/DOM_klein.pdf S. 18 ff.
(5) Idee von Sandra Ehrenberg, 2011, »Ich bin ok – du bist ok«, Paracelsus Magazin, 03/2011

(6) Seidel, Marion, Dr. med., EMDR mit Kindern, Jugendlichen und Erwachsenen. Manuskript zur Herbsttagung am 14. und 15. 09. 2007, Psychotherapeutisches Zentrum Bad Mergentheim

Kapitel 6: Konzentration

(1) http://suite101.de/article/hilfe-mein-kind-kann-sich-nicht-konzentrieren-a97519#axzz2HxRM7r6O
(2) http://www.schulpsychologie.de/wws/bin/1302602-1303114-1-konzentration_ges.pdf
(3), (5) Thorbrietz, Petra: So üben Kinder Konzentration, Zeitschrift Focus Schule, Nr. 1, 2005
(4) http://www.kinderaerzte-im-netz.de/bvkj/show.php3?id=18&nodeid
(6) http://www.team-andro.com/konzentration-der-oft-vernachlaessigte-erfolgsfaktor.html

Kapitel 7: Selbstbewusstsein

(1),(3), http://www.psychotipps.com/Selbst vertrauen_ Kinder.html
(2) www.familienhandbuch.de
(4) http://www.babycenter.de/a27874/zehn-wege-das-selbstvertrauen-ihres-kindes-zu-stärken#ixzz2IdndtgjH
(5) http://www.palverlag.de/selbstablehnung-selbstkritik.html

Weitere:
http://www.zeitblueten.com/mehr-selbstbewusstsein-selbstsicherheit-staerken/
http://www.paramedius.com/5-ubungen-fur-mehr-selbstbewusstsein/
http://www.sportprogesundheit.de/de/sport-und-gesundheit/lexikon/lexikon-details/lexikon_begriff/100/

Kapitel 8: Ressourcen:

(1) http://www.psychology48.com/deu/d/pygmalion-effekt/pygmalion-effekt.htm
(2) https://dgfp.de/wissen/personalwissen-direkt/dokument/59534/herunterladen (Seite 51 ff.)

13 Übungen auf einen Blick

Im Folgenden sind sämtliche in diesem Buch beschriebenen Übungen nach Kapiteln gegliedert übersichtlich dargestellt. Sie sind dem jeweiligen Alter des Kindes anzupassen und haben nur Wirkung, wenn das Kind oder die Kindergruppe die Übung auch verstanden hat. Auch Sinn und Zweck einer Übung müssen den Kindern vorher erklärt werden (Transparenz). Die Übungen sind geeignet für Kinder ab 6 Jahren, vereinzelt auch schon früher.

Kapitel 2: Gedanken

Gedankenstopp 23
Problembox 22

Kapitel 3: Zielsetzung und Motivation

Kriterien für ein Ziel 31
Motivationsförderer 54
Notfallkoffer für Motivation 50
Verhandlung mit dem »inneren Schweinehund« 52
Zielbalken 41
Zielcollage 41
Ziel-Vertrag 39
Zielvisualisierung 36

Kapitel 4: Entspannung

Bauchatmung 59
Beruhigungs- oder Notfallpunkt 63
Droschkenkutscherhaltung 63
Energiegähnen 59
Progressive Muskelentspannung 65
Ruhebild 62
Schöner Ort 61
Stirn-Hinterkopf-Halten 60
Thymusdrüse aktivieren 60

Kapitel 5: Emotionen

ABC-Technik 76
Atemtechnik 92
Gefühlsbarometer 82
Klopfakupressur 83
Kraftbild 90
NLP-Phobia Cure 90
Pokampf 83
Wut-abschütteln-Spiel 83
Wutbox 83
Wutkissen 82
Wutstuhl 83
Wuttier 83

Kapitel 6: Konzentration

Denkmütze, Ohren massieren 109
Gedanken-Wartehäuschen 107
Glaskugel 107
Imaginäre Ohrstöpsel, Kopfhörer 107
Konzentrationsroutine 113
Mentales Aufwärmprogramm 113
Motorradhelm 107
Muntermacher, Aufwecker 109
Palmieren 110
Überkreuz-Bewegung (verschiedene) 108

Über die Autorin Antje Heimsoeth

Antje Heimsoeth, Jahrgang 1964, geboren in München, ist Leiterin des von ihr gegründeten renommierten Instituts SportNLPAcademy®, NLP-Lehrtrainer (DVNLP), Coach, DVNLP, zert. LernCoach (nlpaed), ECA Sport Coach (Master Competence), Life Kinetik®-Trainerin, Golf Mental Coach, zert. Mental-Coach, Sportmentaltrainerin (HAG), wingwave®-Coach, Business Coach, Gesundheitstrainerin, zert. Work-Health-Balance-Coach für systemische Kurzzeit-Konzepte, Kinesiologin, Trainerin in Fortbildungsinstituten und Unternehmen. Mit den Erfahrungen aus dem Sportmentaltraining, aus Lern-Coachings, Intuitionstrainings, wingwave®-Coachings, NLP, Klopftechniken (EFT, PU), Mentaltraining und aus der Körper- und Energiearbeit begleitet sie seit Jahren Kinder im Sport sowie Hochleistungs- und Freizeitsportler u.a. im Reitsport, Segeln, Golf, MTB, Feldhockey, Ski, Tennis, Triathlon, Tanzsport, Fußball und Snowboard, darunter Olympia- und Weltmeisterschaftsteilnehmer, Europameister und Deutsche Meister.

Immer wieder auch wird in Presse und Hörfunk über ihre Tätigkeit berichtet; sie ist zudem selbst Autorin zahlreicher Medienbeiträge.
Derzeit hält Antje Heimsoeth Seminare und Ausbildungen im Bereich Managementtraining und Sporttraining für Firmen und Verbände.

Sie können sich mit Ihren Fragen und »Problemen« jederzeit an sie wenden. Sie steht Ihnen für Inhouse-Seminare und Ausbildungen zur Verfügung.
Schreiben Sie an:

Antje Heimsoeth
SportNLPAcademy®, Leadership Academy
Wendelsteinstr. 9b
D-83026 Rosenheim
e-mail: info@antje-heimsoeth.de
Kontakt zur Autorin:
www.antje-heimsoeth.de,
www.sportmentaltraining.eu